中国民营经济论

滕 泰 张海冰———著

中国出版集团
中译出版社

图书在版编目（CIP）数据

中国民营经济论／滕泰，张海冰著．－－北京：中译出版社，2024.3
　ISBN 978-7-5001-7711-1

Ⅰ．①中… Ⅱ．①滕…②张… Ⅲ．①民营经济—经济发展—研究—中国 Ⅳ．① F121.23

中国国家版本馆 CIP 数据核字（2024）第 023058 号

中国民营经济论
ZHONGGUO MINYING JINGJILUN

著　　者：滕　泰　张海冰
策划编辑：于　宇　田玉肖
责任编辑：于　宇　龙彬彬
文字编辑：田玉肖　纪菁菁
营销编辑：马　萱　钟筏童
出版发行：中译出版社
地　　址：北京市西城区新街口外大街 28 号 102 号楼 4 层
电　　话：（010）68002494（编辑部）
邮　　编：100088
电子邮箱：book@ctph.com.cn
网　　址：http://www.ctph.com.cn

印　　刷：固安华明印业有限公司
经　　销：新华书店
规　　格：710 mm×1000 mm　1/16
印　　张：22.5
字　　数：242 千字
版　　次：2024 年 3 月第 1 版
印　　次：2024 年 3 月第 1 次

ISBN 978-7-5001-7711-1　　　　　定价：79.00 元

版权所有　侵权必究
中　译　出　版　社

推荐序一

中国有这么多企业家，没有克服不了的困难

有幸应邀为《中国民营经济论》作序。这本书恰逢其时，响应党中央号召，呼应时代发展要求，推动新时代民营经济理论创新，真正把中国民营企业、民营企业家和民营经济的作用、贡献、角色、本质讲透。书中提到改革开放以来中国民营经济发展的过程和关键事件，也让我回想起了我创办企业和创业生涯的一幕幕，也引发了我对民营经济和民营企业家的思考。

民营经济就是民生、就是百业。民营经济成为推动中国式现代化的生力军，它拥有"五六七八九"的特征。正如书中提到"民营企业在商业和物流等流通领域的发展，大大提升了经济的运行效率"。我创办的物美具有强烈的民生属性，我们努力做到民生为本、基础设施、保供稳价、保本微利、保护就业、平战结合。1983年是民营企业破冰的过程，即关于民营企业"光彩不光彩"的争论，1994年，在中央统战部、全国工商联的组织推动下发起实施光彩事业。我对光彩事业是很有感情的，积极践行光彩

事业是民营企业家义不容辞的责任，向社会传递良心、信心、爱心、决心。物美、麦德龙、新华百货、重庆百货等遍及全国的相关企业推进产地直采、农超对接，建立了包括脱贫地区在内的全国性生鲜农产品基地和采购网络，加大农超对接，民营企业必须发自内心，与自身产业发展紧密结合地践行光彩事业，促进贫困地区自力更生，拓宽脱贫致富之路。近几年来，物美不断通过数智化去完善社会责任，数智化引领食品安全高标准，实现智慧能源管理和智能照明，推动绿色环保和可持续采购，助力产销协同与乡村振兴。

要想民营经济发展，要想提振民营企业家的信心，应当大力弘扬企业家精神。企业家是时代的英雄，企业家是创新、创业、创造的最重要的承担者。企业家的价值在于解决别人难以解决的问题，企业家的特质是与时俱进的创新，是持续发展的创造者。1992 年，邓小平同志"南方谈话"后再次全面提振并鼓舞了中国民营经济的信心，我和我的很多企业家朋友，如陈东升、田源、毛振华等也下海创业，被称为"九二派"企业家。"九二派"企业家，不仅拥有家国情怀，更具有企业家精神——创新、创业、创造。也正是在"南方谈话"的鼓舞下，我从国务院发展研究中心下海创办了物美集团，用科技创新推动流通产业快速发展，目前在全国 27 个省有 1 800 个商场，年销售额超过 1 000 亿元。数智化时代的到来，数字技术的普及将在整个社会层面形成一种不可逆转的，甚至是颠覆性的革新。企业家必须顺势而为，为数智化时代的到来做出贡献。2014 年，我和一批年轻人共同创办多点 Dmall，提供全渠道数字零售 SaaS 解决方案，帮助实体零售企业实现数字化转型，拥抱产业互联网，践行数字经济变革，为中国、东南亚、欧洲超过500家实体零售企业提供一站式创新数字解决方案，成为中国甚至是亚洲最大的数字零售解决方案服务商。"物美＋多点"充分利用数智化的理念、思想、方法和工具，提高效率，改善体验。物美连续21年成为中国企业500强，成为数字经济500强。

企业家之所以有存在的价值、存在的空间，就在于其与生俱来就应该具备这种迎接挑战、迎接不确定性的能力。像陈东升这样的成功企业家，什么事都冲在一线；俞敏洪带领新东方，碰到这么大的挑战，还坚定不移地转型。2006年是物美发展的最好时期，物美当时是全国最大的民营流通企业之一，引领中国零售产业的快速发展和技术创新。不料祸事从天而降，物美的发展也遭受了重创，企业也失去了重大发展机遇。但我不会因为自己坚守道德和诚信，不苟且、不违背做人的底线而后悔。坚持原则，既然原则是最珍贵的，就要坚守。2016年11月，中共中央、国务院发布了《关于完善产权保护制度依法保护产权的意见》；2018年5月31日，最高人民法院在经过多年严肃认真的审查、多次开庭后，依法庄严宣判张文中无罪、物美集团无罪。党中央全面依法治国，纠正冤错案件，平等保护民营企业和企业家合法权益，我蒙冤12年终于获得清白。依法宣告张文中无罪，不仅仅是还我清白，还是党和国家对企业家群体的关心爱护，是全面推进依法治国的重要标志。冤案彻底平反以后，物美发展进入快车道。

我强烈推荐这本书，本书实现了以厚重理论回应重大现实问题。正如书中提到的：真正激发民营经济的活力，推动中国民营企业家"集中涌现"，与国有企业一同建立创新繁荣的经济生态。我想说，心中有春天，人生就充满阳光，因为心中的春天不受四季影响！中国有这么多企业家，没有克服不了的困难！

物美集团创始人

多点 Dmall 创始人

张文中

推荐序二

反映时代的声音，为民营经济发展奠定坚实的理论基础

作为一名长期与中国民营企业家打交道的全国工商联老同志，当我收到滕泰、张海冰老师的近作《中国民营经济论》时，感到眼前一亮，这本书系统地、全面地、创新地论述了民营经济基础理论，回答了很多民营经济的"敏感"性理论问题，在理论界尚属首次。这本书引发我很多感想。

习近平总书记在《开辟马克思主义中国化时代化新境界》中指出，"用以观察时代、把握时代、引领时代的理论，必须反映时代的声音，绝不能脱离所在时代的实践，必须不断总结实践经验，将其凝结成时代的思想精华"。目前我国进入推进中国式现代化的历史新阶段，需要进一步激发民营企业的内生动力和创新活力，充分发挥民营经济在高质量发展中的基础作用。这本书就是基于改革开放40多年民营经济发展的实践基础，深入探讨民营经济理论这一时代性课题。

我在全国工商联工作了近20年，退休后，随黄孟复主席创办了北京大成企业研究院，继续研究、服务于我国民营经济，在这个领域里工作了30年。

30年来，我亲身经历民营经济在改革开放的洪流中发展的过程，从小到大，从弱到强，从国民经济的有益补充到社会主义市场经济的重要组成部分。民营经济的发展推动了我国从僵化短缺的计划经济转变为活力繁荣的市场经济，人民从贫困走向富裕的新生活。民营企业是经济社会发展的重要基础，是改革的重要动力，是民富国强的重要贡献者。

30年来，我也目睹了很多民营企业在艰难困苦中拼搏，有的甚至在危机中涅槃重生；很多民营企业家发扬创新、坚韧、敢冒风险、有责任担当的企业家精神，即使是遇到歧视、不公和壁垒，仍然义无反顾地带领企业奋斗不止；我也观察到民营企业家随着企业的发展，其世界观、价值观也不断升华，很多企业家从创业初期为了解决家庭温饱，到后来为了做一番事业实现自我价值，进而又进一步升华到为员工、为社会、为国家做贡献的使命担当。当然，我也看到一些企业由于战略、管理上的失误，或者外部环境导致他们黯然离场，甚至财富归零。也有个别企业家因违规违法而陷入囹圄之中。

改革开放以来，我们党始终坚持"两个毫不动摇"的方针，在发展民营经济的大政方针上，已经跨越了制度、政治、法律和政策障碍，但是在民营经济发展理论方面缺乏根本性突破，社会上对民营经济的认知存在很多谬误并时常引发争论。

目前在理论界，对民营经济的重要性、必要性讨论得多，但缺乏从根本上、底层逻辑上讲清讲透民营经济是社会主义市场经济的必然，是与市场经济同生共存的关系；缺乏论证民营经济与共产党长期执政、与广大人民根本利益的关系；缺乏对民营企业（家）为社会创造价值的公正评价。在一些政府部门还存在思想意识不到位的问题，对支持民营企业心中无底，一有风吹草动就会引起政策上的混淆迷失，在政策的制定、执行、监管上出现对民营企业、资本在市场准入等方面政策的偏差、歧视以及打压等。

社会上受计划经济传统意识的影响，对民营经济的认知存在很多偏见，有些人无视民营经济的重大贡献，教条地搬弄传统理论的某些章句，对民营企业、资本扣帽子、打棍子。也有人利用民粹主义对民营企业家污名化，一些诋毁民营经济的言论在社会上引起轩然大波，导致民营企业家心神不定、心有余悸。尽管中央多次出台了鼓励民营经济发展的文件，但是对民营企业的信心提振作用不及预期。

理论研究的缺失已经制约了民营经济的发展，《中国民营经济论》一书在这样的历史背景下面世，且在民营经济理论研究上做了大胆的创新。我认为主要有三个突出特点。

一是有研究广度和历史厚度。此书对改革开放以来我国民营经济发展的历程、民营经济政策的演变、民营企业不同发展阶段的特点变化等进行了全面系统的梳理，企业案例也很丰富、很有说服力。对我国民营经济发展的重大理论和现实问题都有涉及，对民营经济、民营企业、民营企业家等相关基础问题和概念范畴也进行了明确阐述，对民营经济发展的外部环境、自身问题与困难挑战进行了研究，在民营经济问题研究的全面性、广泛性、历史性上为当前研究领域中所少见。

二是有思想深度。对民营经济理论研究不拘泥于一些传统的政治经济学理论，而是从市场经济规律和发展实践评价民营经济的必要性和必然性，此书较为透彻地分析了民营经济和民营企业的地位作用、民企与国企的关系、民营经济与高质量发展、民营企业发展中存在的问题及其根源、民营经济与共同富裕等方面的问题。书中揭示了中国民营企业资本来源与财富积累的过程，客观认识资本的逐利性与经济动力的关系，指出资本逐利性是经济增长的原动力；论证了民营企业家复杂劳动、创新贡献、管理才能、风险承担与报酬的关系，公正客观地评价企业家在创造财富过程中的特殊贡献，以及企业家获得报酬的合理性和正义性等。观点鲜明、认识深刻、论证严谨有力。

三是有态度、有勇气。此书直面热点、难点和敏感问题不回避，不淡化，研究深入，观点明确。比如鲜明地提出发展壮大民营经济是社会主义市场经济的长期目标，民营经济发展不断扩大党的执政基础；明确民营经济是市场经济的活力之源，国企民企发展需要互相依存、互相促进的"热带雨林"式的经济生态；指出在新的历史条件下正确认识民营企业创造社会财富的本质和存在形式，民营企业家集中涌现是经济繁荣的重要原因；指出妨碍民营企业家涌现的政策、舆论和环境因素及优化建议；对于社会上质疑民营经济的"杂音""谬论"给予坚决的驳斥。此书在理论探索创新上展现了研究者的责任担当。

我为此书的出版发行鼓掌，也希望有更多的专家、民营企业家参与到民营经济理论研究中来，为民营企业在中国式现代化进程中保驾护航，为民营经济发展奠定坚实的理论基础！

中华全国工商业联合会原秘书长

北京大成企业研究院院长

欧阳晓明

2023 年 12 月 28 日

推荐序三

以理论创新引领实践创新，促进民营经济发展壮大

2023年7月，中共中央、国务院发布的《关于促进民营经济发展壮大的意见》（以下简称《意见》）指出，要"加强理论研究和宣传，坚持实事求是、客观公正，把握好正确舆论导向，引导社会正确认识民营经济的重大贡献和重要作用，正确看待民营经济人士通过合法合规经营获得的财富"。《意见》出台时，《中国民营经济论》课题研究工作已经开展了几个月，我作为本课题的发起人之一，也多次参加了相关讨论，课题正好回答了《意见》所提出的问题。今天，在征求各方面意见后，在这一重磅研究成果即将公开出版之际，我愿意借此机会谈一点儿感想。

作为一家民营企业的创始人，我发自内心地感到，改革开放为中国民营企业家创造了前所未有的"时代红利"，正如本书所阐述的，中国民营经济从诞生到发展，每一步都是在党的领导下通过不断解放思想、不断理论创新、不断澄清错误认识来实现的。但近年来，越来越多的民营企业家遇到了不同的发展问题，

在与民营企业家朋友们的交流中，我逐渐认识到，很多企业家遇到的不光是经济周期性波动和行业兴衰变化所带来的问题，还有一些错误的社会舆论，甚至是别有用心的言论，已经影响甚至严重干扰到了他们的信心。

例如有些人将一百多年前用来批评早期资本主义社会的"剥削""原始积累"等概念用来批评民营企业和民营企业家，让民营企业家产生了很深的忧虑。还有些人以一百多年前的"消灭私有制"为依据，炮制出所谓"民营经济离场论""新公私合营论"，让民营企业家人心惶惶，这些错误言论虽然已经受到批评、得到澄清，但是仍然在社会上悄悄发酵，严重地影响着中国经济的健康稳定发展。

作为一名普通的民营企业家，我衷心期望我们的国家繁荣富强，希望中国经济健康稳定发展。习近平总书记号召我们，"深入探索中国式现代化建设规律，不断回答实践遇到的崭新课题，以理论创新引领实践创新"。在2023年3月参加全国人民代表大会之后，我就多次与滕泰院长进行探讨，我们都感觉有必要对民营经济和民营企业家开展深入的调查研究——不是以一百多年前的某些表述为基础与极"左"言论进行无谓的争辩，而是以改革开放40年的伟大实践为基础，开展实实在在的案例研究和理论创新，并以此来推动全社会认知的转变，这样的研究方法与不久前中央经济工作会议提出的"先立后破"的方法论不谋而合。

经过近一年时间的调查研究，又多次召开专家、学者和民营企业家的内部讨论会，以滕泰院长为首的课题组从改革开放的社会实践出发，全面地阐述了民营企业家作为创新者、管理者、风

推荐序三　以理论创新引领实践创新，促进民营经济发展壮大

险承担人、出资人和社会主义建设者的角色与贡献，创新性地阐述了资本作为关键生产要素在形成生产力过程中的纽带作用，不仅客观地阐述了民营经济人士作为社会主义建设者的复杂劳动报酬，还比较科学地阐述了其出资人报酬、创新报酬、管理者报酬、风险报酬，并通过国内外的要素报酬和风险报酬比较，全面地回答了如何正确认识民营经济人士合法合规获得的财富问题，这些理论探索既客观、有实践依据，又创新、具有理论深度，值得高度重视。如果这些正面的研究成果逐步被全社会认识、认可，那么资本"污名化"问题、借"剥削论"向民营经济人士发难等问题，就不攻自破了。

新时期促进中国民营经济发展壮大，对于"民营经济离场论""新公私合营论"等观点，仅仅表明否定态度、简单批评是不够的，必须讲明道理，让全社会彻底认识到这种观点是错误的。《中国民营经济论》从民营经济是社会主义市场经济的必然组成部分、民营经济是市场经济的活力源泉等角度，提出"发展壮大民营经济是我国建设社会主义市场经济的长期必然目标"。同时，从就业、税收、居民收入增长等各个角度，有力地论证了"民营经济的发展壮大正在不断拓宽党的执政基础"。这些观点都有丰富的改革实践做支撑，与我在企业经营管理实践中的感受高度共振，我相信它们也必然会得到相关决策部门的认可。

近年来我也注意到，有些极"左"思想企图把发展民营企业和国有企业对立起来，但改革开放以来的实践已经证明，哪个地区民营经济越发达，哪个地区的国有经济也越发达；哪个行业民营经济越发达，哪个行业的国有经济也越充满活力。因此我向滕

泰院长提议，一定要将民企与国企的经济生态问题作为一个重要的子课题进行研究，这是中国经济改革的一条重要成功经验。《中国民营经济论》用有力的数据证明了民营企业的发展给国有企业带来的正面影响，除了外部竞争压力和激励的示范效应之外，还为国企创造了更好的发展条件，国有经济、民营经济形成互相依存、互相促进的良好"国民经济"生态。这些源自改革实践的论据，也许能更好地化解极"左"思想对民营经济的误解和误导。

改革开放以来，不同阶段的民营企业的确都存在很多问题，尤其是最近几年个别民营企业巨额债务爆雷事件，给民营企业的整体社会形象带来了负面影响。关于怎样看待民营企业在发展中遇到的问题，《中国民营经济论》系统地总结了40年来不同阶段民营企业出现的问题，剖析了导致这些问题的深层次原因，"不虚美，不隐恶"，体现出实事求是的学术作风和研究态度，认清和梳理这些问题对中国民营企业积极健康的发展也是有好处的。

对于怎样看待民营企业家所掌握的财富，《中国民营经济论》也明确提出，民营企业家能够直接消费或支配的财富是有限的，超出其消费或支配能力的财富，不论产权在谁名下，更多的意义上都是社会的财富，一定规模以上的民营企业，不仅其财富本身大部分是生产性财富，而且民营企业家个人能够支配的范围是有限的，大型民营企业内部也会遇到员工贪腐等公司治理问题，大型民营企业与国有企业一样，本质上也是社会企业，都需要不断健全和完善现代公司治理结构。这些理论观点与我个人的实践认知高度一致，对于推动全社会从更高的视角来看待民营企业，化解极"左"思想、民粹思想的影响，也很有价值。

推荐序三 以理论创新引领实践创新，促进民营经济发展壮大

滕泰院长等人还从40多年的改革开放实践出发，发现民营经济的潮起潮落与中国经济的周期性波动息息相关，往往是一轮民营企业家集体涌现之后，就会把中国经济发展推升到一个新的高度，我认为这是一个非常重要的理论发现。近年来，民营企业家集中涌现的力度明显减弱，民间固定资产投资增速持续下滑，要尽快改变这种状况，亟须把全社会对民营经济积极的认识和态度提升到一个新的高度，要推动类似1992年以后那样的民营企业创业高潮。

本着"向前看"和"先立后破"的研究原则，《中国民营经济论》取得了丰富的研究成果，我认为这是为民营经济理论创新贡献智慧和力量的一部力作，希望本书能够推动人们对民营经济有更加科学、客观和深入的认识，也希望它能够激发学术界对民营经济理论问题的研究热情，推动社会更全面、客观地认识民营经济，推动中国民营经济发展壮大，为实现中国式现代化和中华民族伟大复兴贡献力量！

第十四届全国人大代表、河北养元智汇饮品董事长
河北省民营经济研究会会长
姚奎章

目 录

前　言　解放思想，让民营经济理论创新跟上实践发展的步伐　V

第一篇　民营企业家：角色、贡献与财富

第一章　中国民营企业家：管理才能和管理报酬
第一节　民营企业家的管理才能和品质是一种稀缺资源　　005
第二节　中国民营企业家应当获得与贡献相等的管理报酬　　013

第二章　中国民营企业家：创新活动与创新报酬
第一节　中国民营企业是创新的"顶梁柱"　　026
第二节　中国民营企业家创新面临的挑战　　036
第三节　中国民营企业家的创新贡献和创新报酬　　044

第三章　中国民营企业：资本来源和出资人报酬
第一节　资本是形成生产力的纽带　　057
第二节　中国民营企业的资本来源不同于早期资本主义的原始积累　　069
第三节　尊重出资人报酬才能激发投资创业热情　　075
第四节　客观认识资本逐利行为，防止资本"污名化"　　080

I

第四章　民营企业家：最后风险承担者及其风险报酬
- 第一节　创办企业是"勇敢者的游戏"　　091
- 第二节　民营企业家时刻面临各种风险　　099
- 第三节　风险报酬是民营企业家承担风险的必要激励　　108

第五章　民营企业家：复杂劳动及其劳动报酬
- 第一节　民营经济人士的复杂劳动　　119
- 第二节　人工智能时代劳动内涵的新变化　　123
- 第三节　社会主义建设者与民营企业家的复杂劳动报酬　　128

第二篇　民营企业：问题与发展

第六章　中国民营企业发展中存在的问题
- 第一节　不同发展阶段中国民营企业存在的问题　　137
- 第二节　中国民营企业发展中的问题的根源分析　　147
- 第三节　关心民营企业，促进民营经济人士健康成长　　154

第七章　民营企业的社会财富本质与现代企业治理结构
- 第一节　民营企业资产是为社会创造价值的经营性资产　　167
- 第二节　民营企业财富本质上都是社会财富　　171
- 第三节　淡化所有制区别，让民企与国企向社会企业的目标汇合　　177

第八章　把发展壮大民营经济作为社会主义市场经济的长期目标
- 第一节　社会主义市场经济离不开民营经济　　192

第二节　民营经济发展壮大不断扩大党的执政基础　　199

第三篇　民营经济：活力、生态与中国未来

第九章　民营企业家集中涌现是经济繁荣的重要原因

第一节　民营经济的潮起潮落与经济周期　　213
第二节　促进民营企业家集中涌现的因素　　220
第三节　影响民营企业家集中涌现的六大因素　　225
第四节　让民营企业家成批涌现，开启中国经济增长新周期　　244

第十章　民企与国企：互相依存、互相促进的经济生态

第一节　民营经济是市场经济的活力之源　　255
第二节　民营经济发展促进国企效率提升　　262
第三节　民企与国企相互提供更好的发展条件　　269
第四节　国企与民企健康发展需要"热带雨林"式的经济生态　　273
第五节　消除不公平竞争，真正实现"竞争中性"　　282

第十一章　民营经济是实现共同富裕和中华民族伟大复兴的重要力量

第一节　发展壮大民营经济，走中国特色的共同富裕道路　　293
第二节　实现中华民族伟大复兴，民营经济是不可替代的重要力量　　303

跋　澄清错误言论，为民营经济发展创造良好的环境　　313

前 言

解放思想，让民营经济理论创新跟上实践发展的步伐

一、推动新时代民营经济理论创新迫在眉睫

改革开放以来，党和国家始终坚定支持包括个体私营经济在内的民营经济发展，不断解放思想，提高全党和全社会对民营经济地位和重要性的认识。近年来，习近平总书记多次肯定民营经济的贡献，强调要始终把民营企业和民营企业家当作自己人，要毫不动摇地鼓励、支持、引导民营经济发展壮大。然而，中国民营经济信心的提振，仍然受到"民营经济离场论""新公私合营论"等错误思想的影响，以致中国民营经济投资增速连年下滑。

针对这些错误言论，2018年11月1日，习近平总书记在民营企业座谈会上明确指出："一段时间以来，社会上有的人发表了一些否定、怀疑民营经济的言论。比如，有的人提出所谓'民营经济离场论'，说民营经济已经完成使命，要退出历史舞台；有的人提出所谓'新公私合营论'，把现在的混合所有制改革曲解为新一轮'公私合营'；有的人说加强企业党建和工会工作是

要对民营企业进行控制，等等。这些说法是完全错误的，不符合党的大政方针。"①

在党中央、国务院不断出台对民营经济的政策支持下，为什么那些否定和弱化民营经济的错误言论与做法仍然有市场？

一是因为中国有很多人在观念上仍然不能摆脱计划经济思想的影响。一旦那些原本用来批判早期资本主义的"剥削""消灭私有制"等概念被片面、错误地应用到新时期的语境中，就会成为一些别有用心的人兴风作浪的工具，唤醒陈旧的历史记忆，揭开曾经的社会伤疤，将会在公众中造成错误认识和思想混乱。这不但严重打击了民营经济的投资和创业积极性，甚至还会造成民间资本外逃等不良后果。

二是对民营经济的认识还没有根本突破，新时期民营经济理论创新尚未完成。未将党和国家在支持民营经济发展方面的思想解放和改革精神转化为理论创新成果，不能全面提出更符合时代特征的民营经济新理论，就难免会任由这些忽略百年经济发展和社会进步、罔顾改革开放成果和社会主义市场经济实践的过时错误言论继续发酵，影响中国式现代化的进程和中华民族伟大复兴。

2023年7月，中共中央、国务院发布的《关于促进民营企业发展壮大的意见》提出："要加强理论研究和宣传，引导社会正确认识民营企业的重大贡献和重要作用，正确看待民营经济人士通过合法合规经营获得的财富。"同时，要"坚决抵制、及时批

---

① 习近平. 在民营企业座谈会上的讲话［Z/OL］.（2018-11-01）[2023-10-15]. http://www.xinhuanet.com/politics/leaders/2018-11/01/c_1123649488.htm.

驳澄清质疑社会主义基本经济制度、否定和弱化民营经济的错误言论与做法，及时回应关切、打消顾虑"。

可见，破除陈旧计划经济理论的影响，尽快推动民营经济理论创新，已经成为新时代中国经济发展不可回避的、迫在眉睫的重要理论任务。

要完成这个重要理论创新任务，必须从新时代中国经济改革开放的伟大社会实践出发，把中国民营企业、民营企业家和民营经济的作用、贡献、角色、本质讲清楚，把民营企业家的潮起潮落与经济周期的关系，民营企业与国有企业的经济生态关系，以及民营经济在形成市场活力、实现共同富裕、推动中国式现代化和中华民族伟大复兴进程中所承担的任务讲明白，把民营企业在发展中遇到的问题讲透彻。只有这样，才能真正推动社会观念的转变，才能为中国经济的健康发展扫清障碍。

二、深刻认识民营企业家在财富创造过程中的贡献

认真研究"民营经济离场论""新公私合营论""消灭私有制"等前期影响社会舆论的错误观点就会发现，这些观点无一不是把计划经济的陈旧概念和提法，生搬硬套到当前市场经济和中国民营企业头上，不仅严重脱离改革开放后的社会实践，而且对《宪法》和《党章》明确的社会主义市场经济制度相关论述都视而不见。为此，必须从实践出发，实事求是地深入分析中国民营企业家在财富创造中所扮演的角色。

首先，作为现代市场经济条件下的生产组织者和创新者，中

国民营企业家所具有的企业家才能和企业家精神，本身就是创造财富的核心生产要素。与美国、欧洲等国家和地区的大型企业高级职业经理人动辄几百万、几千万美元的年薪相比，中国民营企业家作为自身企业的管理者，其企业家才能、管理者工资应该怎么定价，则需要从理论层面进行深入研究。

其次，大部分中国民营企业家主要以压缩消费、节衣缩食、东挪西借的方式开始创业。对于这些企业创立的出资者，我们应该如何认识他们的出资在形成生产力中的核心要素组织中的作用？如何认识他们作为出资人的作用和由此所获的报酬？如何客观认识资本的逐利性对推动经济增长的作用？这些也需要从实践出发，重新全面、客观地更新认识。

再次，中国民营企业家在创业和经营中承担着来自方方面面的风险。我们应当如何认识其作为风险承担人的角色及其报酬？

最后，无论是在高端芯片、新能源汽车、风能、光伏、储能等领域，还是在众多的互联网应用场景，中国民营企业都走在创新的最前列，与国际竞争对手短兵相接，并用新产品、新模式不断改变人们的生活方式。我们应该如何评价中国民营企业的创新贡献和创新报酬？

就如同给别人做饭是做饭，给自己做饭也是做饭一样，中国民营企业家为自己的企业付出的劳动也是劳动。在复杂多变的市场环境中，中国民营企业家承担着超常的心理压力，无时无刻不在为企业的生存和发展而从事复杂的劳动。在即将到来的人工智能时代，我们应如何客观认识中国民营企业家的复杂劳动及其报酬？

只有从微观企业生产和宏观财富创造过程出发，重新认识中国民营企业的企业家精神和管理者贡献、出资人贡献、创新者贡献、复杂劳动贡献，从管理报酬、出资者报酬、创新报酬、风险报酬和复杂劳动报酬等多方面开展研究，全面阐述民营经济人士的合法报酬，才能真正引导社会全面、客观、正确认识民营企业的贡献和重要作用，正确看待民营经济人士通过合法合规经营获得的财富。

三、市场经济活力的源泉，中国式现代化的生力军

确立社会主义市场经济制度以来，党和国家的有关政策文件中早已不用"资本家"这一特定历史条件下形成的带有贬义的概念来定义和称呼民营企业家，但是社会上总有人套用这些概念来混淆视听、扰乱人心，进而破坏中国经济健康发展的大好局面。这些错误言论之所以能够产生如此恶劣的影响，一个深层次的原因是，人们对中国民营经济作为市场经济的活力源泉，以及社会财富的创造者和社会企业的本质，民营经济与国有经济的生态关系，民营企业家潮涨潮落与经济周期的关系，存在着种种错误认识。

苏联经济和中国改革开放前的经济发展史已经证明，单纯的国有制经济难以保持自身和整个经济的活力。中国改革开放的成功经验更表明，是民营企业的发展给国有企业带来了外部竞争压力，从外部推动了国有企业的管理体制变革。同时，民营经济的发展也为国有企业创造了下游需求，吸纳了大量原国企冗员，承

接了"三产"等国企辅助功能,在关键改革阶段减轻了国企负担。另外,民营企业在商业和物流等流通领域的发展,大大提升了经济的运行效率,国有企业的发展也因此受益。所以,中国民营企业作为市场经济的活力源泉,其发展壮大不但没有阻碍国有企业的发展,反而促进了国有企业的繁荣和活力的增加。

改革开放以来,在党的领导下,中国民营经济不断发展壮大,不仅成为中国式现代化的生力军,还是创新、就业、居民收入和财政税收来源的主力军。如今,80%以上的家庭收入和就业依靠民营经济和民营企业,民营经济贡献了经济增长的主要部分和财政税收的大头,正在从各个方面推动着经济发展和社会进步,并不断扩大党的执政基础。

针对一些人煽动和利用仇富心理攻击民营经济,必须让社会大众认识到,民营经济创造和掌握的财富也是社会财富,很多民营企业已经成长为社会企业。一方面,民营企业家本人和家庭能够直接消费或支配的财富是有限的,超出其消费或支配能力的财富,不论产权在谁名下,更多意义上都是社会的财富;另一方面,民营企业按照市场规律的生产和经营过程,也是为上游提供订单,为下游提供产品,为国家缴纳赋税,为劳动者提供就业岗位,为社会创造财富的过程。

无论是国有企业还是民营企业,只要达到一定规模,都必然被层层管理者所支配,都面临着委托—代理难题。就如同国有企业的经营管理者有可能贪污腐败一样,民营企业的职业经理人也可能利用职权贪污腐败,民营企业和国有企业都需要不断完善治理结构,提升管理水平,加强内部控制。随着国有企业和民营企业法人治理结构不断健全，以及股份制等现代混合所有制的发展，未来国有企业和民营企业的所有制区别将越来越不重要，甚至无须按照所有制划分企业类别，进而使它们都成为构成社会主义市场经济基础的平等市场主体。

通过对改革开放40多年的中国经济发展与民营企业家的涌现情况研究发现，如果一段时间内民营企业家出现"潮涌"现象，几年内中国经济就会呈现出繁荣态势；相反，如果民营企业家的增速放缓或数量变少，中国经济增长接下来就会放缓。改革开放以来，一共出现了四次中国民营企业家的"集中涌现"，每次都把中国经济发展水平推升到一个新的发展阶段。中国经济几次大的周期性波动的背后，都伴随着民营企业家的"潮涨潮落"。由此可见，如何继续推动中国民营企业家的集中批量涌现，对于当前以及未来中国经济稳增长、扩就业都有着至关重要的意义！

四、客观认识民营企业遇到的问题

中国民营企业和民营经济在发展过程中也出现了各种各样的问题。比如在20世纪80年代承包制、租赁制阶段，存在行为短期化、掠夺式使用机器设备等问题。20世纪90年代，少数民营企业在参与国资改制时存在交易不规范，甚至低价购买国有资产的行为；在《中华人民共和国劳动法》实施前，很多民营企业都存在五险一金缴纳不足，尤其是忽视农民工利益、拖欠农民工工资等问题；在参与基建和与政府、国有企业的经济合作中，少数民营企业有行贿行为；在对宏观经济形势和风险认识把握不到位的情况下，部分民营企业金融杠杆过高，引发了超出其自身承担能力的债务风险。

这些问题的出现，既有中国民营企业家自身素质和道德修养欠缺、法治意识薄弱等因素，也与特定发展阶段法治不健全、政策不透明和经营环境复杂等社会背景有关，还有对市场规律及宏观大势缺乏认识、风险意识不够、公司治理机制不健全、决策水平低等原因，很多民营企业家和民营经济人士都为这些错误和失误付出了沉重的代价！

随着时代的进步、法律的健全、政策透明度的提高，新时代的中国民营企业需要不断完善治理结构，提升企业管理水平；民营经济人士也需要加强学习，不断提升业务素质和法律意识。各级工商联、审计机构等社会中介组织、企业家培训机构、资本市场监管部门等，也正在为提高中国民营企业家的素质、引导民营资本健康发展、促进民营企业家更好地履行社会责任，提供越来越多的支持和帮助。

除了中国民营企业自身的问题，还有很多宏观政策和舆论等社会问题也会影响、制约中国民营经济健康发展。比如某些政策执行过程中的偏差、对保护民营企业的政策落实不力，民营企业的资金等生产要素获得成本普遍高于国有企业，部分行业仍然存在政策不透明、行业管制等问题，也是导致中国民营企业家"集中涌现"势头放缓，从而放大中国经济增速下行压力的重要原因。

当然，当前阶段最重要的，还是彻底摆脱计划经济理论和错误言论所形成的舆论氛围的影响，尽快完成中国民营经济的理论创新。只有尽快完成这一重大理论创新并使之转化为全社会共识，才能够彻底消除那些攻击民营经济的错误言论。只有用新的民营经济理论推动社会观念的转变和思想解放，才能让民营企业家放下包袱、轻装上阵，才能从根本上提振民营企业家的投资信心，真正激发民营经济的活力，推动中国民营企业家"集中涌现"，与国有企业一同建立创新繁荣的经济生态，为中国经济和就业增长、提高居民收入和实现共同富裕、赋能中国式现代化和实现中华民族伟大复兴，注入长期可持续的澎湃动力！

五、新时代理论创新的尝试

2021年9月，在全国工商联举办的《坚定信心迈向第二个百年目标》论坛上，我在主旨演讲中首次提出了中国民营企业家承担的五个角色和获得的五种报酬，即应该从管理者、创新者、出资人、风险承担人、劳动者等多重角色出发，来认识中国民营企业家在财富创造过程中的作用，并从劳动者报酬、管理者报酬、创新者报酬、出资人报酬、风险承担人报酬等方面来全面认识民营经济人士通过合法合规经营获得的财富，这些观点得到了参会企业家的普遍认可。

在这个理论框架的基础上，我和张海冰副院长又逐步展开了民营经济与市场经济活力、民营经济"潮起潮落"与经济周期的关系、中国民营经济在发展中的问题、民营企业社会化与公司治理结构等方面的研究工作，逐步加深了对新时代中国民营经济的认识。

2023年初，万博新经济研究院理事长、河北省民营经济研究会会长姚奎章先生结合自己的体会，提出了"民企国企共建良好的经济生态"这一话题，并建议研究院和河北民营经济研究会共同全面开展民营经济理论创新的相关研究工作。

课题进行期间，恰逢中共中央、国务院发布《关于促进民营经济发展壮大的意见》，发出了"加强理论研究和宣传，引导社会正确认识民营企业的重大贡献和重要作用，正确看待民营经济人士通过合法合规经营获得的财富"的号召和要求，我们根据党中央、国务院文件最新精神，又多次邀请专家学者进行内部研讨，前往相关企业、协会进行调研，不断将研究推向深处，最终形成初步课题成果并选择课题成果中相对比较成熟的部分反复修改，形成本书的初稿。

在课题研究过程中，全国工商联原党组成员、秘书长欧阳晓明，《中华工商时报》原总编辑黄文夫，新华社《经济参考报》原总编辑杜跃进，国务院发展研究中心原巡视员、研究员魏加宁，中央党校（国家行政学院）经济学部副主任王小广，河北养元智汇饮品董事长姚奎章，阿里巴巴集团副总裁、阿里研究院院长高红冰，中译出版社社长乔卫兵，腾讯研究院首席顾问吴绪亮，《融资中国》总编辑方泉，大成律师事务所高级合伙人李寿双，加加食品董事、盈创基金创始合伙人李红霞，中岩大地董事长王立建，西泽研究院院长赵建，万博新经济研究院理事赵琴波、王自强、刘薇、李明昊，万博新经济研究院副院长张海冰，以及有关内参部门专家，多次参加了内部研讨，都从不同角度为本课题提出了宝贵的意见和建议。衷心感谢姚奎章先生和各位专家、企业家的鼎力支持！还有很多领导和专家、学者也为本书提出了宝贵的个人意见，在此一并表示感谢。当然，课题中的所有观点和责任，都由我们课题组负责。

祝愿中国民营经济、民营企业和民营经济人士健康成长，祝愿中国经济繁荣昌盛！

滕泰

2023 年 11 月

第一篇
民营企业家：角色、贡献与财富

除了民营经济"五六七八九"的贡献，民营企业家和民营经济人士既是企业的管理者、创新者、出资人，又是企业的最后风险承担者和社会主义建设者，应如何全面认识其应当获得的管理者报酬、创新者报酬、出资人报酬？又应如何衡量其风险报酬以及作为社会主义建设者所付出的复杂劳动报酬？

第一章

中国民营企业家：管理才能和管理报酬

作为管理者，民营企业家是企业组织生产和参与市场竞争的掌舵人。相对于成熟市场经济国家对于企业家管理才能给予的较高报酬，很多中国民营企业家的管理报酬尚未充分体现其管理才能对财富创造的关键作用，社会上对企业家管理作用的认知也不充分。只有推动全社会对企业家才能，尤其是民营企业家作为管理者的贡献和报酬给予充分认可和评价，才能激励中国民营企业家更加积极地投身经济建设，进一步推动中国经济高质量发展。

第一节　民营企业家的管理才能和品质是一种稀缺资源

　　民营企业如果没有意志坚定、目光远大、能力卓越的管理者，就无法在市场竞争中立足，无法实现其目标，更不要说成为市场经济的强者。民营企业家对市场机会的洞察、对人力资源的管理、对各种要素的组合、对战略方向的前瞻、对制度文化的建设，都在经济发展过程中发挥着不可或缺的作用。

一、马克思论企业家：讲求实际的人

马克思在《1844年经济学哲学手稿》中指出，资本家之间的竞争会使利润趋于下降，"中等资本家由食利者变为企业家"，转而去"亲自经营实业"[①]，可见在马克思的语境中，亲自经营实业的资本家就是企业家。

马克思认为，这种亲自经营实业的企业家"是一个讲求实际的人，对于业务范围之外所说的话，虽然并不总是很好地考虑，但对于业务范围之内所做的事，他始终是知道的"[②]；企业家会在管理经营中精打细算，"要做到一点也不损失，一点也不浪费，要做到生产资料只按生产本身的需要来消耗"[③]。可见，在马克思的经典著作中，对企业家的能力也有充分的肯定。

马克思生活的时代，是以蒸汽机为标志的第一次工业革命取得辉煌胜利的时代，工厂生产正在广泛地取代手工业生产，企业的经营和管理需要专门的才能，对这一点马克思是不可能忽视的。尽管马克思更多是从一种复杂劳动的角度去研究企业的经营

---

① 马克思.1844年经济学哲学手稿[M]//马克思，恩格斯.马克思恩格斯全集：第42卷.北京：人民出版社，1974：68.
② 马克思.资本论：第一卷[M]//马克思，恩格斯.马克思恩格斯全集：第23卷.北京：人民出版社，1974：219.
③ 马克思.资本论：第三卷[M]//马克思，恩格斯.马克思恩格斯全集：第25卷.北京：人民出版社，1974：103.

和管理，并且认为与资本所有权相分离的产业经理是"我们工业制度的灵魂"[1]，但马克思对价值创造过程的研究也让读者感觉到，作为传统型企业家的资本家具有一种组合生产要素的才能。因为，只有将投入的货币资本、劳动力、机器、原材料等生产要素合理地组合起来，才会创造出剩余价值。这种生产要素的组合才能，正是企业家才能的具体体现。[2]

二、企业家才能：民营企业家具备的管理能力和重要品质

企业和企业家概念的根源，来自人类的一种宝贵品质，就是锐意进取、追求成功。有人考证过，中文的企业、企业家均源自日语，而日语中这些概念则是来自西方语言中的 enterprise 和 entrepreneur 等词。在西方语言中，enterprise 有承担风险、接受挑战、敢于朝向某个目标的含义；entrepreneur 最早是指军事探险者，后来是指"某项事业的实施者"。

经济学家阿尔弗雷德·马歇尔（Alfred Marshall）认为，企业家应当具有他自己行业透彻的知识，具有预测生产和消费的广泛变动的能力，他必须能谨慎地判断，大胆地承担风险；他也必须是一个天生的领导者；同时企业家要对一切事务实行总的掌握。[3]

---

[1] 马克思.资本论：第三卷［M］.北京：人民出版社，1975：434.
[2] 陈才庚.马克思《资本论》中蕴含的企业家理论［J］.江西社会科学，2003，(11)：51–54.
[3] 马歇尔.经济学原理［M］.朱志泰，陈良璧，译.北京：商务印书馆，1960.

经济学家约瑟夫·熊彼特（Joseph Alois Schumpeter）很好地描绘了企业家的人格特征。他认为，企业家有征服的意志，战斗的冲动，证明自己比别人优越的冲动，他求得成功不仅是为了成功的果实，而是为了成功本身。企业家有创造的欢乐，把事情做成的欢乐，或者只是施展个人能力和智谋的欢乐。企业家会寻找困难，为改革而改革，以冒险为乐事。[1]

从中国民营企业家身上，我们可以看到更加强烈、生动和充满活力的企业家才能，这些管理才能和重要品质是普通人难以具备的，但却是民营企业家成功所不可或缺的。

中国民营企业家具有在困难环境中生存、突破和发展的能力。联想创始人柳传志曾说，鸡蛋孵小鸡的最好温度是 37.5℃～39℃。1984 年创办联想的时候，当时的环境温度是 42℃，太高了，大多数的鸡蛋孵不出小鸡，只有生命力非常顽强的鸡蛋才能孵得出来；到 20 世纪 90 年代中期，大概还有 40℃，也不是很好，但已经不错了，已经有大批的鸡蛋能孵出来了，但还是要生命力比较顽强。柳传志表示，民营企业家不能等温度适应了再去"孵"，那样会永远失去机会，而是要主动去研究怎么提高自身的生命力，以使自己能够在环境温度高一点儿的时候，依然能孵出小鸡来。

作为一个从计划经济向市场经济体制转轨的国家，中国的市场环境特别复杂，民营企业市场化运作所需要的文化和舆论氛围

---

[1] 约瑟夫·熊彼特.经济发展理论[M].何畏，易家详，等，译.北京：商务印书馆，1990.

一度非常稀薄，法律法规不健全、市场规则很模糊，政策经常调整，利益格局多变，中国民营企业家从出现开始就面临着困难的环境，他们的确在不断地主动提高自身的生命力，在常人难以适应的市场环境中创业、发展。

中国民营企业家具有敏锐发现商机的能力。福耀集团在创业之初只是一家生产水表玻璃的乡镇小厂，当曹德旺得知一块汽车玻璃售价可以达到几千元，马上就看到其中的机会，开始寻找技术、人才进入这个新的领域。马云一接触到互联网就发现它的巨大潜力，郭广昌在创业之初以国内尚属空白的市场调查为起点，他们都能在事物还只有一个苗头甚至还处在潜藏状态的时候就看到其中的机会，抢先投入就能获得商业上的成功。

成功的民营企业家都具有敢想敢干、将想法立刻付诸实践的性格，具有变不可能为可能的能力。牟其中是中国民营企业发展史上的传奇人物，他在听到苏联解体后有意出售图–154飞机的信息后，通过周密的策划，将日用品换飞机的计划付诸实践并取得成功，这种敢作敢为，能够将普通人眼中不可能的事情办成的决心、信心和勇气，在很多民营企业家身上都有不同程度的存在。

中国民营企业家必须具备协调方方面面和各种复杂关系的能力。创办企业不只是简单的生产和销售，而是要和社会上方方面面打交道，处理好、协调好各种复杂的人际关系、利益关系，如果没有对利益格局和人性的深刻洞察，面对很多错综复杂的难题时，就难以推动和解决。一度被很多人认为"赚钱容易"的房地产行业，其实需要解决大量涉及融资、拆迁、规划、环评、限购政策等方面的问题，需要和居民、地块原主、政府部门、金融机构、销售中介等方方面面打交道，一个问题解决不好，就可能导致工程停工或者销售暂停，带来巨大的损失。实际上不只是房地产行业，任何一个领域的创业者都会面临同样的难题，只有解决好这些问题的民营企业家，才能在市场上生存和发展。

民营企业家要生存和发展必须具备打不垮的心态，以及在压力、挫折和失败面前仍然坚持不懈的意志和品质。失败和挫折是民营企业发展道路上的家常便饭，那些遇到挫折就灰心丧气的人会在创业竞赛的第一轮就被淘汰。英伟达创始人黄仁勋曾说，创办英伟达要比他预想的困难一百万倍。当时如果意识到创业将会多么痛苦，将会忍受什么样的挑战、尴尬和羞耻，明白有多少问题需要解决，就没有一个头脑正常的人会想去创办一家这样的公司。黄仁勋说，这就是企业家的超能力，他们在不知道创办和经营一家企业有多难的情况下，还是勇敢去做了这件事。企业家的创业技巧之一就是必须让自己相信这并不难，尽管事实上它比想象中的要困难多了。[①] 中国民营企业家也经历着同样的困难、挫折和心理历程，他们不断给自己打气、鼓劲，甚至"洗脑"，让自己相信这并不难。雷军也在一次演讲中坦诚地表示，面对挫折、失败，他也迷茫过、动摇过，甚至放弃过，但无论如何，他都让自己保持信念："永远相信美好的事情即将发生。"

成功的民营企业家必须具备善于"推销"和说服别人的能

---

① 黄仁勋：创办英伟达比我预想的要困难一百万倍［Z/OL］.（2023-11-03）［2023-11-05］. https://mp.weixin.qq.com/s/6B4m1Z_VTS9QlDFrEj89nw.

力。成功的民营企业家不仅要善于对外向客户推销自己的产品、企业，还更要善于对内向员工、投资人推销自己的愿景、理念和理想。这些"推销"不仅是语言表达和口才能力的体现，还是对自己所从事的事业的高度认同和坚定信心。创业团队并不都是目标一致、信念相同的伙伴，怎样说服、组织甚至在某些情况下需要"强迫"这些不同价值取向、不同目标、不同性格的人为同一个目标而努力，这也是对民营企业家管理能力的巨大挑战。

以上这些能力和品质的获得，既有先天性格和禀赋方面的原因，也是后天成长、熏陶和教育的结果，但在整体人群中，具有这些能力和品质的是少数人。要让这些少数人充分运用和发挥好自己的管理能力和相关品质，不仅需要宽松的环境，也需要为他们的管理才能提供充足的管理报酬。

三、"中国经济奇迹"的背后是中国民营企业家才能的释放

改革开放以前，长期的计划经济体制抑制了蕴藏在十亿中国人民中间的企业家精神和创造力，随着对民营经济发展限制政策逐步放开，中国也涌现出了非常具有活力和创造精神，愿意承担风险、创造奇迹的民营企业家群体，在短短几十年市场经济发展历史中，任正非、王传福、马云、马化腾、张一鸣、汪韬等中国民营企业家各自创办的民营企业已经具备了国际竞争力，中国民营企业家在全球企业家的舞台上，也已经具备了相当的影响力。只要提供适宜的创业经营环境，中国的企业家人才将会源源不断地涌现出来，创造出一个又一个经济奇迹。

改革开放之前，计划经济体制下的厂长经理只能说是领取管理工资的管理者，而不是企业家。而在改革开放以后，哪怕是生产针头线脑的家庭工厂，也面临着本钱从哪里来，原料从哪里来，产品销售给谁，忙不过来的时候到哪里找帮手等问题，这样的家庭工厂创办人，也是"将一切生产要素结合的经济行为者"，才是企业家。中国的民营企业和民营企业家，将节衣缩食积攒的有限资金转化为创业资本，实现了高速增值，将数以亿计的劳动力从相对低效的农业部门转移到工业和服务业，实现了财富创造能力提升。

例如，服装加工是民营经济进入最早、发展最快的行业之一，1994年中国就成为全球最大的服装出口国。1998年中国成为世界第一化纤大国，2008年中国成为全球第一大机电产品出口国，2010年中国成为世界第一造船大国，背后都是对民营企业放开市场的结果。

民营钢铁企业2001年时粗钢产量占到全国产量的10%左右，到2012年这一比例超过50%，2020年达到63.21%，2022年在大力压减粗钢产能的背景下，民营钢铁企业粗钢占比仍然达到60%，成为支撑中国工业、建筑业等产业高速增长的主要力量。从质量来看，中国民营钢铁企业一直没有停下管理和技术进步的步伐，山东石横特钢、河北普阳钢铁和江西方大特钢等民营钢铁企业的吨钢利润、净资产收益率等指标已经超过很多大型国有钢铁企业。

民营汽车企业长期在主要由合资品牌占据的市场夹缝中求生存，创业早期的长城汽车因为民企身份产品上不了目录，上不了牌照，几乎遭遇毁灭性的打击。2004年国家发改委发布了《汽车产业发展政策》，民营汽车企业的环境有所好转，吉利、比亚迪、长城、奇瑞等民营汽车企业开始进入快速发展阶段，长期受人诟病的"中国马路上跑的都是外国品牌车"的现象开始转变，比亚迪秦、吉利帝豪、长城哈弗等车型成为很多中国消费者的选择。

同时，吉利在跨国并购方面迈出了可喜的步伐，2010年收购瑞典沃尔沃汽车公司100%股权（包括知识产权），2017年收购马来西亚宝腾汽车49.9%的股份和跑车路特斯51%的股份，2018年收购戴姆勒约9.7%的股权，成为其最大股东。另外，民营汽车企业已经占据中国新能源汽车市场90%的份额，并且在高端车市场站稳了脚跟。

在智能手机行业，中国民营企业已经可以与苹果、三星等国际厂商展开强有力的竞争。2022年中国市场份额最高的前五大智能手机厂商除了苹果，都是vivo、荣耀、OPPO、小米等中国民营企业，而在全球智能手机市场上，前十大厂商除了苹果和三星，其余都是中国民营智能手机企业。

第二节 中国民营企业家应当获得与贡献相等的管理报酬

我们经常能够看到，一些大企业的总经理、CEO，尽管不是企业的创始人或者大股东，但他们却能够获得令人瞩目的高薪酬，例如汇丰银行的 CEO 年薪接近 700 万英镑，AMD 总裁苏姿丰（Lisa Su）在 2019 年的总薪酬为 5 850 万美元，苹果公司 CEO 蒂姆·库克（Tim Cook）的年薪酬达到了 7.7 亿美元。与中国的企业家薪酬相比，这些企业家的薪酬收入的确高出很多，这是否说明了中国对企业家才能和管理报酬定价偏低呢？

一、民营企业家的管理工作对财富创造做出了关键性的贡献

如果说民营企业是一架财富创造机器，那么民营企业家的管理才能和品质就是这些机器的驾驶员，如没有企业家的管理在要素组织、开辟市场、企业管理、文化建设等方面发挥作用，这架机器就会停转；如果没有民营企业家的管理活动，劳动者的劳动和工程师的创新成果就无法变成产品和服务，抵达消费者。

第一，民营企业家作为要素组织者的作用越来越重要，尤其是在一些资本和人才密集度高的行业，筹得足够的资金，找到优秀的人才，是企业家最重要的任务。小米的创始人雷军就曾经感叹，"创业要有烧不完的钱"，雷军不仅将自己前期创业所得的资金投入小米，而且还需要寻找其他的投资者。在创立小米的过程中，不仅需要找到足够的投资方，还需要为"软件＋硬件＋互联网"的独特商业模式搭建合理的技术和管理团队。雷军感叹，创业的第一年，80% 的时间他都用来找人才，最终找到了谷歌工程院副院长、谷歌全球技术总监林斌，互联网新营销专家黎万强，工业设计大咖刘德，原摩托罗拉北京研发中心高级总监周光平，原微软中国工程院开发总监黄江吉和原谷歌中国高级产品经理洪

峰等符合雷军设想的创业团队，为小米的成功奠定了人才基础。

第二，民营企业家是将技术创新成果市场化的最关键环节。汽车的关键技术是内燃机，计算机的关键技术是大规模集成电路，手机的关键技术是移动通信网络，这些技术的思想、模型和工程样机可能早就出现了，但是成为消费者普遍购买和使用的商品，就离不开亨利·福特（Henry Ford）、约翰·欧宝（John R. Opel，20世纪80年代IBM公司总裁，领导推出了IBM个人电脑并带领IBM成功占领了个人电脑市场的大半份额）和史蒂夫·乔布斯（Steve Jobs）这样的企业家。中国民营企业家也是将技术创新成果转化为商品的主要力量，在40多年的市场经济发展历程中，也涌现了将VCD和DVD播放机推向全国的段永平（步步高）、胡志标（爱多），将电动汽车技术转化为市场热销产品的王传福（比亚迪），推动电子商务普及的马云（阿里巴巴）、黄峥（拼多多）和刘强东（京东），为十几亿人提供社交软件服务的马化腾（腾讯），以及在生活服务等领域做出大量创新的王兴（美团）、王卫（顺丰）、张红超（蜜雪冰城）等中国民营企业家。

第三，民营企业家是决定企业战略方向的指挥官。在企业发展的转折性关头，战略方向决定着企业的生死存亡。企业家必须在这里做出正确的选择，才能带领企业走上持续发展的道路。例如王传福在比亚迪的电池产品发展势头很好的时候，决定进军汽车行业，当时也有很多人质疑，一没有技术积累，二没有市场渠道，比亚迪凭什么能做汽车？但是事实证明王传福的眼光是远大而正确的，他从传统燃油汽车入手，掌握了汽车行业的研发、生产、营销等环节，再与比亚迪本身所擅长的电池、电机等技术相结合，使比亚迪成为全球电动汽车领域的执牛耳者。

第四，民营企业家是企业管理和组织形式的设计者。企业家的一项重要工作，就是将不同特长、岗位、诉求和性格的人们团结起来，为共同的目标努力，向共同的目标前进，这就需要为企业设计适当的管理和组织形式。在传统工业社会中，有亨利·福特这样的企业家设计了流水线生产方式，极大地提升了汽车工业的生产效率。曹德旺在承包了公社的玻璃厂以后，重新制定了员工的考核和分配制度，员工的积极性就被极大地调动起来。他将原来的固定工资改成按完成的数量与质量进行考核的双重标准，且上不封顶，工人由原来固定的 8 小时白班变成三班倒，工资水平从 18 元提高到了 100 元左右，比当时的县委书记的工资还高，这个办法打破了原来的"大锅饭"体制下干多干少一个样的状况，产量与承包前相比翻了几番，这就是企业家作为组织和制度的设计师所发挥的作用。而华为通过"知识资本化"的方式使劳动、知识以及企业家的管理和风险的累积贡献得到体现和报偿，[①]这种先进的制度设计对华为的快速发展贡献极大。

第五，民营企业家率先引入、传播和践行了先进管理思想，对提升中国企业管理水平做出了贡献。自工业革命以来，发达国家不仅积累了丰富的科学技术创新成果，也提出了许多先进的管理思想、管理理念、管理方法和管理工具。改革开放之初的中国民营企业家多数靠常识、经验从事管理工作，面对日益复杂的市

---

① 黄卫伟.以奋斗者为本：华为公司人力资源管理纲要［M］.北京：中信出版社，2014.

场环境，民营企业家很快就感受到引入先进市场经济国家管理经验的必要性。中国民营企业家以极大的包容性广泛地吸收美国、欧洲、日本等国家的管理经验，积极参与管理培训，很多成功的老板重新成为中欧商学院、长江商学院的学子；ISO9000 等标准化思想和体系、六西格玛和精益生产等质量管理方法，以及 KPI 等绩效管理措施逐渐进入中国企业并开花结果。在新经济领域，华为斥巨资邀请 IBM 提供集成产品开发（Integrated Product Development，IPD）等战略咨询和流程改造，成为国内研发领域管理革命的标杆案例，IPD 的思想和方法已经成为很多国内企业从事开发活动的重要指导思想；而抖音等数字企业引入并践行的 OKR（Objectives and Key Results，目标与关键成果）管理方法为不确定性更强的软性企业管理提供了新的绩效考核管理思路和工具。在这些外来管理思想的激发下，中国民营企业家在自己的实践中也提出了中国本土的管理思想创新成果，如海尔的人单合一管理、阿里巴巴逐渐发展出的"合伙人＋经济发展执行委员会"式的治理结构、华为的轮值董事长制度、比亚迪的品质文化建设、联想提出的"建班子，定战略，带队伍"以及"拐大弯"和"复盘"等管理理念，对民营企业和国有企业的管理升级都有很强的借鉴意义，中国民营企业家的管理实践推动了中国整体企业管理水平的不断提升。

二、中国民企管理者的管理报酬尚未得到社会充分认识

在成熟市场经济国家，往往给予企业的管理者充分的管理报

酬，但在中国，企业管理者的管理报酬并未得到充分认识，甚至有很多人不能客观地认识企业管理者的合法财富。

研究相关企业的历史就会发现，每一个成功的企业，都是企业家付出心血、苦心经营的成果，甚至可以说企业与个人在很大程度上融为一体。例如，如果没有苏姿丰，AMD公司将深陷于收购显卡公司ATI和出售移动通信部门等"错着"所造成的经营困境而难以自拔，当时公司股价已经跌至最高价的1/10，CPU市场份额萎缩到不足10%，老对手英特尔CEO布莱恩·柯再奇（Brian Krzanich）断言："这家公司永远不会再回来了。"在苏姿丰的带领下，AMD将业务重点聚焦在打造伟大的产品、深化客户合作、简化业务流程三个方面，并将高性能计算和图形技术专注于游戏、数据中心和沉浸式平台这三大增长市场。正确的战略和有力的执行取得了显著的成绩，AMD东山再起，基于Zen架构的一系列新产品大获成功，甚至超过了英特尔的风头，市值从最低迷时的20亿美元左右增长到超过1 800亿美元。如果没有苏姿丰，AMD可能已经被其他厂商收购而退出竞争舞台。作为CEO，苏姿丰在带领AMD公司创造巨大价值的过程中发挥了不可替代的作用，她获得的薪酬，是对她贡献的合理报酬。

在最新一期A股上市公司高管的薪酬排行中，排在前三位的通威股份副总裁李斌、三一重能总经理李强和董事长周福贵薪酬分别为8 653万元、5 497.89万元和4 235.61万元，[①] 与美国上市公司薪酬最高的前三位——黑石集团董事长苏世民（2.53亿美

---

① 数据参考自：https://www.thecover.cn/news/i0SyhukqL/GH90qSdq8Jkw==。

元），Alphabet（谷歌母公司）CEO桑达尔·皮查伊（2.26亿美元）、租车巨头赫兹CEO斯蒂芬·谢尔（1.82亿美元）相比有巨大的差距。[①]尽管两国公司在企业规模、薪酬结构、市场文化等方面有很大不同，这两组薪酬数据不是完全可比，但也在很大程度上反映出，中国职业经理人薪酬与欧美发达国家管理人员薪酬相比还有很大差距，对于管理要素给出的定价还远远低于国际水平。

从年广九、陶华碧到柳传志、鲁冠球，再到沈文荣、梁稳根，一直到李东生、曹德旺，以及刘强东、马云、马化腾和任正非，这些优秀的中国民营企业家，想方设法筹措资金、招揽人才、组织研发、开拓市场，对中国经济奇迹的出现贡献巨大。在这些民营经济人士通过合法合规经营获得的财富中，也包括他们的管理报酬。

不仅是阿里巴巴和华为这样的大型民营企业的管理者应当获得充分的管理报酬，中小微民营企业的企业家和管理者，也应当得到其应得的管理报酬。在中国的基层县城乡镇，只有当一个"能人"——他可能是本地的一个"不安分"的年轻人，也可能是在外打工闯荡开过眼界的中年人，也可能是一个退伍军人或者返乡大学生——出现时，原本撂荒的土地、无事可做的劳动力才会被利用起来，银行信用社才会贷款、外界的工程师和技术人员才知道这里有需求，这个乡镇才会出现能赚钱的企业、能带来收入的工作和能销售到城市乃至全国的商品或者服务，这些中小微民营企业和个体户构成了中国经济的"肌体"，这些中小民营企

[①] 数据参考自：https://new.qq.com/rain/a/20230705A039Z500。

业家当然也应当获得属于自己的管理报酬。如果不能给予合理充分的定价，就无法给管理要素提供足够的激励，长期来看不利于企业家才能的充分投入和释放，不利于经济增长和繁荣。

三、充分的管理报酬是对民营企业家才能的最好激励

苏姿丰、杨元庆、张小龙等企业高管并非企业的创始人或者大股东，他们获得的薪酬就是对其管理工作的报酬，这些薪酬标准就像一把尺子，衡量出了企业家应当获得的管理报酬。也就是说，那些身兼大股东与主要管理者于一身的企业家，他们的管理报酬可以向类似行业、规模和业绩的企业经理人对标，在他们所获得的总报酬中，应当有不小于这个标准的管理报酬。

在数字经济时代，企业的创立和运作涉及更加广泛和复杂的经济社会层面，对企业家的素质和才能也提出了更高的要求，就更需要给予企业家才能充分的激励，推动更多企业家发挥管理才能，创造更多财富。

首先，民营企业家用新供给创造新需求，是创造财富的最重要环节。在工业社会，物质产品的生产能力是最重要的，而在基本物质需求普遍满足之后，怎样通过创新、创意来用新供给创造新需求，是企业家更为重要的贡献。例如，当互联网时代来临，上网人群的规模在不断扩大，宽带逐渐进入家庭，谁能知道该怎样利用这些资源，把它们变成财富？马云做到了，他用自己明确坚定的目标、百折不挠的态度和灵活机动的策略将技术、劳动、资本等要素创造性地组织起来，创造了淘宝和支付宝这样的电子

商务平台、电子支付工具，为全中国乃至全世界的商家和消费者提供了前所未有的交易服务，创造出巨大的财富。同样，马化腾、张一鸣和任正非也在社交媒体、短视频平台和通信技术领域创造了新的市场机会，只有腾讯发明 QQ 和微信、字节跳动开发出抖音，华为开发出 5G 技术，这些新产品才能创造出巨大的市场需求，如果没有这些企业家，计算机、服务器、宽带、移动网络和大量的程序员等资源，不可能自发地组织起来，这些新供给不可能从天上掉下来，也不会自动地出现新的需求。

其次，民营企业家能否设计出有竞争力的组织和制度，往往决定了企业的成败。在数字经济和新经济领域，企业组织和制度的变革速度加快，能否适时而变，是民营企业家所面临的挑战。在马云、张勇、蔡崇信等企业家的主持下，阿里巴巴成立 24 年以来，已经实施了 6 次组织变革来适应初创期、成长期、成熟期、转型期和持续创新期的挑战。类似的大规模组织变革，也是腾讯、京东等大型民营企业应对客观和行业变化的重要手段。而华为创始人任正非曾说自己不懂技术，不懂管理，只懂"分钱"，实际上就是说明了他能够通过建立良好的分配机制来激发员工的积极性，实现华为的快速发展和顽强韧性。

最后，成功的民营企业家，必须成为先进企业文化的创造者和践行者。在工业化高度发达的社会和后工业社会中，硬性的规章制度对企业管理的作用在相对弱化，而企业文化等软性管理力量的作用在上升，驱动高素质人才创造财富的，不仅是对物质报酬的追求，还是共同的目标、理念和文化。那些能够从优秀走向卓越的民营企业，都需要提出和发展独特有效的企业文化，来推动和支撑企业发展行稳致远。华为的成功就与任正非等企业家建立的企业文化密不可分。任正非将自己定位为"文化教员",他相信"资源是会枯竭的,唯有文化才会生生不息""建立富有竞争力的企业文化,提高产品、服务和管理的竞争力,才能战胜竞争对手"。在任正非的带领下,华为建立了包含"以客户为中心""以奋斗者为本""长期艰苦奋斗""坚持自我批判""开放进取""至诚守信""团队合作"等核心价值观的企业文化,对华为在逆境中坚持发展、扭转不利局面发挥了重要作用。

提供满足新时代要求的管理要素的企业家,本身就是稀缺的,他们在财富创造中发挥的作用,更是一般员工和普通技术人员、管理人员所无法替代的。充分认识、尊重民营企业家获得的管理报酬,不仅理所应当,而且是对企业家才能的有效激励,有助于激发更多的企业家人才投身创业创新,成为组织要素、创造财富的产业英雄。

第二章

中国民营企业家：
创新活动与创新报酬

当前，中国民营企业已经站在了创新和全球竞争的最前线：在通信、芯片、人工智能等领域，走在创新前列并与国际巨头展开竞争的是华为公司、科大讯飞等民营企业；在新能源汽车领域，正与特斯拉在全球抢占市场份额的是比亚迪和蔚来、理想、小鹏等民营"造车新势力"；在锂电池领域，民营企业宁德时代全球市场占有率超过36%；在光伏领域，隆基绿能等中国民营企业保持着全球两大主要赛道的电池效率冠军地位；在互联网领域，Temu、CapCut、Tik Tok、Shein等来自中国的App常年占据美国下载排行榜前列；在生活服务领域，美团、饿了么等平台发展出来的O2O（Online to Offline，线上到线下）模式已经深刻地改变了人们的生活方式；还有大量的民营企业活跃在新模式、新业态、新场景、新体验的创新赛道，同样为中国经济提供新供给，创造新需求……

在新时代，中国民营企业的创新也遇到了挑战，如赶超式创新阶段临近尾声，"无人区"创新方向不明，逆全球化现象加剧，创新的外部环境出现不利变化，创新门槛提高，民营企业的创新资源和创新人才均不足，等等，导致部分民营企业对创新出现畏难情绪。更为重要的是，当前全社会对民营企业的创新贡献及其报酬的评价偏低，对除了芯片等卡脖子技术之外的其他各种创新认可度不高，甚至对商业模式创新持否定态度等社会舆论氛围，也是影响创新的重要因素。只有让全社会对民营企业的创新贡献有更充分的认识，切实解决民营企业创新面临的各种困难和挑战，推动提高创新报酬，才能推动民营企业更多地投入创新活动，进一步激发中国经济的创新活力和发展动力。

第一节　中国民营企业是创新的"顶梁柱"

根据全国工商联发布的《2023研发投入前1 000家民营企业创新状况报告》，民营企业在我国社会研发投入占比达78%，集中了全社会80%的国家专精特新小巨人和90%的高新技术企业，已经成为中国经济创新的"顶梁柱"。

一、中国民营企业是创新的"顶梁柱"

作为中国民营企业的卓越代表，华为公司从固定电话程控交换机开始，坚持在通信领域持续投入，不断跟踪国际产业发展的最新进展，逐渐从跟跑者变成5G技术领域的全球领跑者，带动了国内数千亿元的相关投资，推动工业互联网等相关领域快速发展。在遇到美国打压的情况下，华为坚定扩大研发投资不动摇，3年研发投资超过4 400亿元，终于在高端芯片、鸿蒙操作系统、ERP软件、基础数据库等领域都取得了突破性进展，不仅让美国的制裁措施落空，还为中国经济的转型升级创造了很多的基础性创新成果，2023年9月，华为成功推出Mate60 Pro手机，打破了美国的严密封锁，大大地提振了中国经济的信心。

在新能源汽车领域，比亚迪从生产电池开始介入新能源产业，在全面掌握了传统汽车生产技术以后，将电池、电机、电控技术与汽车技术结合起来，成为全球新能源汽车的领军企业。比亚迪研发的刀片电池技术、超级混动技术、"易四方"四电机驱动技术、八合一高效电驱总成技术、汽车超柔性生产制造技术等均处于全球领先地位。同时比亚迪还在车规级半导体领域成为全球领先的企业，拥有从芯片设计、晶圆制造、模块封装与测试到系统及应用测试的全产业链一体化研发生产能力，其IGBT芯片和SiC器件均处于全球领先地位。除了比亚迪，宁德时代在电芯、模组、电池包、BMS等各细分领域均拥有多项核心技术，已经成为新能源汽车电池的全球领跑者。在光伏领域，隆基绿能从2021年到2023年，先后14次刷新太阳能电池效率世界纪录，是目前硅太阳能电池转换最高效率26.81%的缔造者。

在家电行业，中国企业年新增专利数量从2010年的45 355件，增长到2020年的348 922件，增幅达669%，2022年中国的家电专利申请量占全球家电专利总申请量的67.34%，其中民营企业的贡献厥功至伟，在全球家电行业专利申请数量排名前10的申请人中，有海尔智家、美的集团、海尔空调、九阳股份、老板电器等5家中国民营家电企业，其中海尔成为行业专利占比超过60%的冰箱创新之王。①

在互联网和信息产业，阿里集团不仅打造了全球最大的电子商务平台淘宝，而且在云计算技术尚处于起步阶段时就投入数以十亿计的研发资金，阿里云成为全球领先的云计算技术平台，不仅能够应对自身电商平台58万笔/秒的交易处理需求，而且为铁路12306订票系统提供技术支持，解决了春运等高峰时期网站崩溃或交易延迟的问题，创造了巨大的社会效益，被授予国家技术发明奖、国家科技进步奖两项国家大奖。

由"80后"民营企业家张一鸣创立的抖音集团已经实现了国际国内双轨运营，凭借其独特的"基于人工智能的内容推荐"技术，国内版抖音软件用户数超过8亿②，国际版Tik Tok软件日活跃用户数超过10亿③；拼多多的海外发展势头也非常迅猛，旗下的Temu App在2022年圣诞假期的购物旺季全美下载次数达1 300万次，成为美国增长最快的应用程序之一。④ 来自中国的Tik Tok、Temu、CapCut、Shein等App常年排在美国手机应用商店下载排行榜前列，这些创新的软件成果全都来自民营企业。

根据全国工商联发布的《2022研发投入前1 000家民营企业创新状况报告》，研发投入前1 000家的民企研发费用总额达1.08万亿元，占全国研发经费投入的38.58%，占全国企业研发经费

---

① 数据参考自：https://www.qianzhan.com/analyst/detail/220/230103-bc2e4e76.html。
② 数据参考自：https://mp.weixin.qq.com/s/wKKHnGVaWOw6MLh-8bYNHA。
③ 数据参考自：https://www.jiemian.com/article/9100881.html。
④ 数据参考自：https://usstock.jrj.com.cn/2023/03/29174937437944.shtml。

支出的50.16%；同比增长23.14%，增速比全国高8.5个百分点，比全国企业高7.9个百分点；平均研发强度为3.00%，同比增加0.14个百分点，比全国研发经费投入强度高0.56个百分点。在全国工商联发布的"2023民营企业研发投入"榜单上，腾讯、阿里巴巴、百度、浙江吉利、美团、蚂蚁科技、比亚迪、京东、小米、宁德时代等企业位居前10，研发经费投入强度大于10%的500强企业有8家，较上年增加2家；占比在1%~3%的企业数量为130家，较上年增加12家；占比在3%~10%的企业数量为78家，较上年增加4家。在国家知识产权局发布的国内发明专利授权量排名前10的公司名单中，华为、腾讯、OPPO、vivo、百度等民营企业占据了一半的席位。这些事实和数据都证明，民营企业已经成为中国践行创新驱动发展战略的主力军和"顶梁柱"。

二、民营企业的创新动力：从生存立足到产业报国

在创业过程中，民营企业面临着比国有企业更高的要素成本和更加激烈的市场竞争，通过降低成本获利的空间越来越小，只用通过创新才能杀出一条血路，在市场上生存和发展。在企业发展到一定规模、具备一定基础的情况下，民营企业家创新、创业的动机，更多来自强烈的事业心和自我实现的愿望，正如经济学家熊彼特所说的，企业家创业更多是出于一些"非享乐主义"的动机——熊彼特认为，企业家创办企业往往是为了创造的欢乐，把事情办成的欢乐，或者只是施展个人的能力和智谋的欢乐，等等。

中国民营企业在创业创新过程中，没有行政垄断权，更没有垄断资源优势，要想在市场上生存、发展，最根本的途径就是通过创新赢得竞争优势。生存的压力和发展的渴望，推动民营企业不断尝试新产品、新技术、新模式和新业态，"爱拼才会赢"。中国的民营企业家在创业创新过程中，自筹资金、自主决策并自行承担创新的成本和失败的风险，为自己的经营结果负责，随时根据市场需求、技术可能和消费者口味重新组合生产要素，展开创新活动，因此拥有足够大的创新空间。绝大部分中国民营企业在创新创业过程中，没有国家信用担保，没有财政资金支持，直面市场风险，决策失误就可能导致企业陷入困境，甚至企业家多年奋斗的成果付诸东流，因此必须将高度的冒险精神与高度的谨慎决策结合起来，才能成为创新赛道上的胜出者。

对于中国民营企业家来说，还有一个重要的创新原动力，就是不甘人后，立志将中国产业发展推向世界高端的产业愿景和家国情怀。例如比亚迪创始人王传福就曾表示："国家需要什么，比亚迪就生产什么。"宁德时代创始人曾毓群也曾说："如果让中国的一个产业成为全球引领者，仅有一家企业'风光无限'是远远不够的，还需要从理论研究、材料、技术应用、设计、生产制造及产品应用等全产业链实现技术超越，才能构建起该行业在全球的引领地位"；华为创始人任正非也曾表示，"随着中国即将加入WTO，中国经济融入全球化的进程将加快，我们不仅允许外国投资者进入中国，中国企业也要走向世界，肩负起民族振兴的希望""华为要在技术上努力达到很先进、为人类提供最尖端服务的目标"。

三、从跟随式创新到原发创新，中国民营企业从未停步

有观点认为，中国的企业尤其是民营企业都是在"模仿""抄袭"中发展起来的，没有创新的能力，也没有创新的动力，但实际情况并非如此。

创造一种世界上原本不存在的产品或者服务，可能带来很大范围的生产要素重新组合，从而对行业甚至整个经济产生重要影响的创新，我们称之为"原发创新"。原发创新的确需要深厚的技术积累、大量的资本投入和强大的市场营销能力，乔布斯发明 iPhone 就是一个成功的原发创新案例，这一原发创新甚至改变了全球的产业格局。然而，中国作为后发的市场经济国家，在追赶过程中将其他国家、其他地区出现的原发创新移植、复制到本国、本地区的跟随式创新，对于推动生产力的提高、改善人民生活也具有重大意义。

改革开放以后，中国民营企业通过承接国际转移的产能和订单，逐渐学会生产服装、家电和汽车等工业品，为国外和国内两个市场提供了价廉物美的消费品，为下一步的创新打下了基础。例如，联想从电子产品的贸易开始，逐渐成长为全球最大的个人电脑生产商，尽管它没有像 iPhone 那样的重大原发创新，但从为中国市场带来个人电脑这一创新产品，以及为中国电脑产品找到国际市场这两个角度来说，联想也是一个很伟大的创新企业。

更重要的是，在长期跟随式创新的过程中，中国民营企业家也培养了自己的创新能力，逐渐从跟随式创新向原发创新转变。例如，比亚迪从模仿日本企业生产电池开始，逐步建立了自己的

电池生产和研发能力，成为全球最大的锂电池生产企业之一。同时比亚迪还从传统燃油汽车入手，逐步建立了燃油汽车到新能源汽车的生产和研发能力。

在这个过程中，王传福作为企业创始人发挥了关键性的作用。作为一名技术专家出身的企业家，王传福高度重视技术开发，认为"只有掌握核心技术，企业才能在激烈的市场竞争中脱颖而出；只有战略先人一步，跨入高门槛行业，才能赢得发展优势"。

由于比亚迪在电池、电机、电控、芯片等新能源汽车关键基础领域持续研发，还邀请了国际知名的设计师进行外观、内饰设计，大大提升了产品的设计水平和定位。通过研发、设计、品牌等关键领域协调发力，比亚迪不仅是国内新能源汽车销售冠军，而且名列2022年全球新能源汽车销量增长第一名。国产品牌乘用车能够定出100万元以上的单价，并在两天内预售超过1.3万辆，这在以往是不可想象的，但比亚迪推出的仰望U8新能源汽车做到了。

巴菲特的老搭档、伯克希尔公司副董事长查理·芒格向《财富》杂志如此描述他眼中的王传福："这家伙简直就是爱迪生和韦尔奇的混合体，可以像爱迪生那样解决技术问题，同时又可以像韦尔奇那样解决企业管理上的问题""我从来没见过这样的事儿"。[①]

实践证明，只有那些重视创新，敢于在研发上投入并不断总

---

① 胡图.比亚迪制造 另辟蹊径王传福[J].南方人物周刊,2009(09).

结经验提升研发能力的企业，才能成为市场上的常青树。华为研发投入占营业收入的比重常年在10%以上，在遭受美国全面制裁的情况下，2022年研发投入超过1 600亿元，占全年收入的25.1%，处于历史高位，10年累计投入的研发费用接近1万亿元。持续的投入获得了丰厚的回报，2012—2022年，在遭遇外部制裁和打压的情况下，华为的营业收入从2 202亿元增长到6 423亿元，净利润从156亿元增长到356亿元，其增长的动力主要来自创新。[①]

四、中国民营企业家活跃在创新的新维度与新赛道

除了技术和产品创新，得益于中国巨大的市场规模，中国民营企业家在新模式、新业态、新场景、新体验方面的创新都走在了全球前列。

智能手机、移动支付等技术出现以后，美团、饿了么等中国民营企业将这些技术组合起来，推出了生活服务App，把消费者与遍布大街小巷的餐厅、超市以及家政服务公司结合起来，创造了新的生活服务消费模式，这也是一个重大创新。据中金公司2022年7月27日发布的研究报告《同城零售：巨头交汇，渗透率有望速度提升》统计，2023年中国零售O2O平台交易规模预计将超过3 500亿元。

4G和5G网络出现以后，通过移动互联网传输高清晰度的视

---

① 数据参考自：https://mp.weixin.qq.com/s/f5udD23gLb7tIf80j0pFwA。

频已经不再困难，在这种情况下，通过直播平台，面对面的网络视频直播成为可能。在视频直播技术的基础上，人们可以在抖音和快手等平台上推销商品（直播带货）、可以传授知识（直播教学）、可以表演歌舞演奏等才艺（直播演出），甚至可以招聘员工（直播招聘），这些新做法为传统服务找到了新的业态，也是一种创新。随着人工智能、AR/MR 等虚拟现实技术和元宇宙相关技术的发展，未来很多的服务还可以用新的技术再发明新的业态，因此业态创新的空间非常广阔。

2012 年初，深圳大疆公司创始人汪韬将直升机的飞行控制技术，运用到德国人在 20 世纪 50 年代就定型的电动四旋翼无人机上，并将数码相机的功能嫁接进来，推出了小精灵 Phantom 一体机，成为一台"会飞的相机"，由此彻底打开了四旋翼无人机的应用场景创新空间。大疆无人机将电影级别的航拍成本降低到普通人可以承受的水平，高山、峡谷、大厦、海洋和沙漠腹地等以往需要用直升机并花费高昂成本才能拍摄到的景色，普通人运用无人机就可以轻松拍摄，创意摄影摄像成为大疆无人机的最主要应用场景。除创意摄影摄像之外，大疆无人机的很多行业应用场景都是用户自己找到了工具与工作之间的新连接点，从而推动了行业无人机的应用场景创新。从创意摄影到植保、消防、巡检、搜救……大疆与用户一起展开应用场景创新，创造了无人机行业的全球第一，大疆目前在全球消费级无人机市场份额已经超过 80%。

新体验是创造软价值的重要途径，在中国民营企业中，米哈游和养元饮品都是产品创新与体验创新相结合的成功范例。米哈游创业的起点只有 10 万元，前身是上海交通大学三名研究生蔡浩宇、刘伟和罗宇皓在宿舍里成立的游戏工作室。作为二次元游戏资深爱好者，三位创始人既懂得怎样用文化打动游戏玩家的情感，也深谙如何运用科技手段提供流畅完美的体验。米哈游的系列游戏作品都大量融入中国传统文化的细节元素，同时还在卡通渲染技术、动作捕捉数字技术等领域拥有数百项专利，《原神》甚至成为苹果公司展示 iPhone 硬件性能的样本游戏作品。国外专业玩家也认为，《原神》有着极为出色的战斗系统，同时其开放世界所呈现出的探索感是非常优秀的。自 2020 年 9 月发售以来，《原神》全球累计销售额已经超过了 40 亿美元，2022 年全球总收入名列第三位，目前米哈游公司来自海外的收入超过 60%。[①]

在"六个核桃"面世之前，消费者对这种产品的需求并不存在。1997 年，在基本没有核桃资源的河北衡水，从衡水老白干集团生产处长岗位下海创业的姚奎章创办了世界上第一家核桃乳企业，并且在短短几年内就做到了销售额近百亿元的规模，成为当地纳税第一的民营企业。"六个核桃"出现以后，"经常用脑，多喝六个核桃"成为脑力工作者和学生在疲劳时的自然联想，建立起了大脑营养饮品的"国民级"产品群体认知和数亿人规模的认知群体。目前创造出"六个核桃"的河北养元智汇饮品股份有限公司在全国发展核桃种植面积超 100 万亩，精准扶贫惠及原料产地农户逾十万户，带动了上游罐装、钢材等饮品包装和材料行业，下游上千家经销商等产业环节共同发展，创造出植物蛋白健

---

① 卢扬，韩昕媛.《原神》首开国际赛事，米哈游为游戏 IP "续命"［N］.北京商报，2023-06-08.

脑饮料的新需求、新蓝海。

在熊彼特看来,如果停止创新,也就丧失了企业家的身份。他曾经说过,"充当一个企业家并不是一种职业,一般来说也不是一种持久的状况,所以企业家并不形成一个专门意义上讲的阶级""一旦当他建立起他的企业以后,也就是当他安定下来经营这个企业,就像其他人经营他们的企业一样的时候,他就失去了这种资格"。[1] 在中国改革开放40多年的经济发展历程中,大多数民营企业家一直在绞尽脑汁地进行创新活动,他们不仅符合广义企业家的概念,也符合熊彼特所说的狭义企业家的概念,创新是中国民营企业家的灵魂。

第二节 中国民营企业家创新面临的挑战

由于中国发展市场经济的历史较短,使得中国民营企业一方面具备极强的创新动力和创新勇气;另一方面在技术积累、人才储备、资本充足和对市场经济规律的把握方面,还存在不少的短板,甚至在经济下行阶段出现了创新意愿减退的现象。高度重视企业家的创新报酬,激励民营企业家的创新意愿,对于激发中国经济活力,具有格外重要的意义。

---

[1] 约瑟夫·熊彼特.经济发展理论[M].何畏,易家详,等,译.北京:商务印书馆,1990:89.

一、新时期民营企业的创新挑战

虽然中国民营企业有很强的创新动力,但由于全球经济形势、产业转型发展、个体条件和其他因素的影响,当前也正在面临创新方向不明、创新能力不足、创新资源不够、创新人才缺乏、创新机制不灵等多方面的挑战,甚至出现了创新意愿减退的现象,其深层次原因值得高度重视。

第一,走过赶超式创新阶段,"无人区"创新方向不明。改革开放40多年,中国民营企业主要开展"跟随式创新",创新方向非常明确,即在尽可能短的时间内,吸收西方发达国家前几次工业革命的成果,经过引进、消化、吸收再创新,使之成为本土的创新成果。时至今日,中国传统制造业的绝大多数领域已经与全球先进水平并跑甚至领跑,数字经济等新经济领域同样以"跟随式创新"的模式打完前半场,后续正在进入任正非所说的"无人区",空间有多大,方向在哪里,都需要企业家自己去探索。

宁德时代创始人曾毓群曾说:"中国企业若要突破原有的技术固化藩篱,就需要有自立自强的精神和敢于超越的勇气,尤其在面对新技术方向和路线选择时更要审慎而行,谋定而后动;同时,在技术战略上要有长期的战略定力,勇敢迈入技术创新路上的'无人区'。"[1]

第二,逆全球化思潮上升,企业创新的外部环境出现不利变

---

[1] 曾毓群.为动力电池产业科技创新点亮"万家灯火"[J].中国网信,2023(3).

化。改革开放40年，正好是全球化快速推进的40年，中国不仅获得了发达国家的产能转移、技术转移，而且在加入WTO之后获得了全球的广阔市场，供给侧和需求侧都面临着比较友好的创新环境。当前逆全球化思潮兴起，外源性技术供给减少，地缘政治、贸易战和出口对象国的通胀等因素导致市场需求不确定性上升，外部创新环境已经大不如前。

第三，创新门槛提高，民营企业创新资源不够。工业化阶段的创新资源主要是技术和资本。在中国工业化快速推进阶段，创新的门槛较低，外源性技术供给充裕，对资金的需求也较少，很多大企业起家时的投资不过数十万元。进入新时代，创新资源更加多元化，所需技术的数量和难度大幅提升，创新所需要的资金规模往往需要以千万甚至以亿计，普通民营企业难以通过自身积累或筹措达到这种规模。另外，新形势下创新还需要流量、数据、算法等新资源，目前不仅外源性技术供给存在"卡脖子"，数据资源也掌握在政府部门和少数头部企业手中，流量资源由少数平台企业控制，算法掌握在少数大企业和技术专家手中，对于一般民营企业来说，创业的门槛大大提升，而资源的可得性明显降低。

第四，面向未来的创新人力资本不足。改革开放之前，中国就已经建立了与工业化基本配套的教育体系，随着高校扩招，中国的理工科人才培养规模全球第一，工业化人才供给充沛。进入新经济时代，创新不仅需要工程师，还需要程序员、架构师、设计师甚至编剧、导演和心理学家，同时新经济创新的不确定性大幅提升，个人经验、情商甚至感受等因素的影响也越来越大。而这些人才需求与目前的教育体系尚不完全匹配，高素质人才往往已经被头部创新企业"一网打尽",普通民营企业面临着严重的创新人才荒。

大疆创新CEO汪韬在2016年全国"双创"周活动上发言称,他在创业过程中深刻感受到,科技创新需要具备真知灼见的优秀创新型人才,他们应该能够看到事物的本质,能在创造性工作中找到突破口。而我们的教育,我们的文化,还没有足够涵盖这方面的智慧。即使是一流大学取得优秀成绩的人,走向社会也要经历重新洗牌,导致新的创新活动需要不断去重复低级的去伪存真过程,造成很大浪费。

第五,民营企业对创新掌控能力不够。工业化阶段创新要求的能力,主要是在加工自然资源的过程中提升效率和降低成本,当时的民营企业家在不同程度上都能够掌握创新的规律和方法,每个省、每个市甚至每个县都可能涌现办厂、搞运输、开超市创业成功的企业家。而面对在新经济领域创新的任务,大多数民营企业在无人区生存、探索、找到出路的能力明显不足。很多民营企业家能够解决"从1到10"的问题,但是对于"从0到1"的问题就束手无策;能够解决实体店的销售问题,却对线上销售如何增长智穷计拙。

当大量民营企业家用工业时代的"攻关""突击"方式搞研发却面临一次次失败,用创办工厂的模式在新经济领域创业却被证明行不通,用管理制造业的方式管理新经济企业却发现事倍功半的时候,很多人都感到迷茫、困惑,生意越来越难做,创新意愿自然会下降。

中国民营企业家是人群中风险偏好最高的人群,也是承担压力最大的人群,更是最活跃的生产要素组织者。我们给民营企家的政策空间越大，自由组合生产要素的空间就越大，新供给涌现的可能性就越高，创造新需求的可能性就越高，整个经济体的活力也就越强。只有不断解决民营企业家遇到的各种困难和问题，尊重、鼓励民营企业家去实现自己的创业和创新梦想，才能为整个社会带来经济活力；让新供给不断涌现，持续创造新需求，才能推动经济不断发展，社会不断进步。

二、全社会重视和尊重企业家创新报酬，是激发创新动力的根本措施

从技术方面而言，苏联在很多方面与西方国家的差距并不大。"二战"结束时，苏联几乎与美国同时开始对电子计算机的研制，而且有些方面的进展甚至稍稍快于美国。但苏联的科研成果都属于国家，且优先用于军工领域，发明这些成果的科研工作者得到的是荣誉和微薄的奖金。而美国的体制则相反，创新者能够通过将成果转化为产品，在市场上获得经济利益的回报，由此形成一个强大的正反馈，循环继续推动产品和技术不断迭代、创新、发展。

在这个过程中，美国20世纪80年代通过的《贝多法案》就是"让创新者获取创新回报来激发创新动力"的一个绝佳案例。"二战"以后，美国对于科技研发的重视不断提高，政府用于研发的资金投入也不断增长，但到20世纪70年代，人们发现投入的资金的确换来了很多成果，但是与当时日本、德国的情况相比，这些成果对于经济增长的推动作用却不明显，很多成果没有

转化成产品，科研人员的积极性也受到影响。到 1980 年，美国联邦政府拥有 2.8 万个由政府资助而产生的专利，而通过专利使用许可用于生产的数量仅占 5%。作为重要科研力量的美国高校在 1980 年以前每年获得的专利从未超过 250 项，从事科技成果转化的学校则更少。

1980 年通过的《贝多法案》的核心是将以政府财政资金资助为主的知识产权归属于发明者所在的研究机构，要求这些机构加快科研成果转化，鼓励社会资金转化这些科研成果，以促使科研成果的应用。①

《贝多法案》使得创新者可以通过成果转化最大限度地获得创新报酬，这对于激发创新热情的效果是非常明显的。有人总结认为，《贝多法案》实施以后，美国出现了三种现象，首先，科学家创业者开始出现，这些大学里的研究者用政府的经费搞研究发明，因为可以享受到专利的经济利益，不少大学教授还纷纷出来办公司，成为万亿级的富豪。这在《贝多法案》颁布之前是无法想象的。其次，博士毕业生们更愿意留在大学当教授，因为不仅可以从事学术研究工作，源源不断地输出最前沿的知识，而且自己也可以从中获益，名利双收。更重要的是，越来越多的科学家成功创业后，有些成为连续创业家，部分则转化成为天使投资人，支持新的科技创业者，形成了"科学家—创业者—天使投资

---

① 黄亚生，张世伟，余典范，等.《贝多法案》与美国科研成果转化制度［J］.中国经济周刊，2015（12）.

人—新的科学家"的"人才循环"模式。①

当前，中国社会已经开始重视创新对经济发展的重要性，但对于创新报酬的认识还不深入，我们有必要借鉴《贝多法案》的成功经验，让更多的创新者获得其应得的创新报酬，这是激发创新动力的根本措施。

三、让通过市场检验的创新都能获得报酬

我们前文曾经分析过，创新有原发创新，也有跟随创新；有产品创新，也有模式创新、业态创新、体验创新、场景创新等，这些创新成果能够获得多大的报酬，应当由市场来决定，而不应当人为划分创新的等级，来为它们制定不同的创新报酬。

对于大多数民营企业来说，自身的实力有限，决定了他们只能进行跟随式创新，而在服务业增速明显高于制造业的今天，模式创新、业态创新、体验创新、场景创新等"轻创新""软创新"的数量，肯定会比开发新产品等"硬创新"要多得多。

例如，蜜雪冰城并没有发明冰淇淋、奶茶和柠檬水，也没有发明连锁店这种经营方式，但蜜雪冰城用高效的供应链，实现了极致的性价比和每年新开店超万家的扩张速度。据蜜雪冰城股份有限公司首次公开发行股票招股说明书（申报稿），2019—2022 年，蜜雪冰城的利润从 4 亿多元增长到近 20 亿元，创始人也获得了

---

① 创新产业研究组. 双长制：美国式创新的一大秘密［Z/OL］.（2022-03-15）.［2023-11-05］. https://mp.weixin.qq.com/s/XW1j3lZTDfs6C1gGAGzxMQ.

丰厚的回报。

又如，比亚迪在创业之初，也是跟在日本电池企业后面进行跟随式创新，但王传福抓住国内人工成本低的特点，在生产过程中增加劳动力投入比例，替代昂贵的自动化设备，从而使得成本比日本产品低30%~40%，且性能有过之而无不及。有人说这是"倒退"，但从本质上说这是一种管理模式和生产模式的创新。比亚迪这种创新获得了市场的肯定，就是在这个过程中，比亚迪掌握了越来越多的技术诀窍、生产工艺和创新原理，才能成为今天创造出"DM Ⅱ 双模技术""刀片电池""双向逆变充放电"等原发创新、硬科技的创新巨头。

在新经济蓬勃发展的今天，创新报酬又被赋予了更多的形式和路径，不仅可以通过产品销售获得利润的方式获得报酬，还可以通过场景创新、体验创新的方式形成流量回报，也可以通过将专利、文学作品、戏剧形象等知识结晶IP化，然后进行再开发的方式多元化地获得回报，还可以通过公司估值、股票市值的方式在资本市场上获得资本回报，等等。

正如江小涓所指出的："企业家是一组富有冒险精神并实施创新行动的群体，愿意进行'新的生产要素组合'（这是创新的本质）并愿意承担创新的风险。愈是新产业新产品新商业模式，投入和结果的不确定性就愈强。因此可以说，在一个技术创新加速的时代，企业家才能要比所有权重要的多。因此，企业家带来的创新实践才是社会发展的核心动力。由于这种才能和行动的极端重要性，在资本市场的加持下，创新成功者可以在短期内获得大量财富，这是对创新的奖赏。"①

第三节　中国民营企业家的创新贡献和创新报酬

企业家作为生产函数变化的主导者，生产要素组合的创新者，是经济增长的主要动力源泉，应当获得充分的创新报酬。

一、创新是企业超额利润的来源

利润的来源，是经济学上一个长期探讨的话题。让·巴蒂斯特·萨伊认为，利润是对企业家所付出的劳动的报酬，而马歇尔则认为，利润是组织的报酬。从他们当时所处的历史阶段来看，他们对利润的认识都有所深入，但他们又在很大程度上，将利润作为企业家的"管理薪酬"，这不足以完全解释利润的来源。

设想在一个静态的经济体中，没有新产品、新技术、新市场、新原料和新组织模式，厂家都用不变的技术生产他们一直以来在生产的产品，卖给一直以来都不变的客户，销售产品的总收入都会转化成参与生产的各种要素的收入，如工资、房租、利息等，最后剩下的就会是一个固定数额的"利润"，实际上这个超出成本剩余，只是厂家的"管理薪酬"，而不是真正的企业利润。

熊彼特使用"循环流转"来称呼这种静态循环。熊彼特认

---

① 江小涓.发展民营经济需要各方共同努力［N］.北京日报，2023-08-09（09）.

为，在循环流转中，一个企业的总收入（不包含垄断因素的收入）刚好足够与支出相抵。在这样的企业中，只有既不赚取利润又不遭受亏损的生产者，他们的收入的特征完全可以用"经营管理的工资"一词来加以表述。①

我们一般所说的企业利润，也被称为"超额利润"，就是不仅扣除了劳动、土地、资本等要素成本，还扣除了企业家投入资源的机会成本，也扣除了管理薪酬的剩余部分。"超额利润"的来源，是经济学上一个长期争论的话题，但这些争论最终都指向了一个关键，就是能否打破上述假设中的"静态"。

熊彼特进一步分析认为，只有实现了生产要素新的组合，才会有真正的"超额利润"②，有人甚至将由创新带来的利润称为"熊彼特利润"。

爱迪生发明电灯、福特发明T型车、吉列发明刀片、乔布斯发明iPhone，以及马云创立淘宝和阿里云、马化腾带领腾讯发明QQ和微信、华为研发5G技术和麒麟芯片……创新是通过创造新的产品、服务、模式，创造出新的需求，获得新产品（服务、模式）的定价主动权，由此获得的利润是非常丰厚的。

从动态的角度来看，创新能够带来的竞争优势也会被同行的模仿和竞争对手的进一步创新削弱和抵消，因此对于企业来说，创新是一个需要不断投入、不断取得成果、不断经受市场考验的持续的过程。

---

① 约瑟夫·熊彼特.经济发展理论[M].何畏，易家详，等，译.北京：商务印书馆，1990：147.
② 同上。

创新能够为消费者提供更丰富的产品和服务，消费者福利得到了提升；通过创新来获取利润的企业，不但能够获得利润回报，而且在创新过程中增强了企业自身的能力；通过创新来创造社会财富的企业，还能够收获正面的社会声誉；社会整体在创新的推动下不断进步，创新带来丰富的产品、增长的财富和不断普及的技术，可以改善贫困人口的生活境遇，让整个社会变得更加丰裕和文明，因此，创新不仅是"超额利润"的来源，也推动了经济发展、社会进步和人类文明的繁荣。

二、新供给创造新需求，并带来新的经济增长

在乔布斯发明 iPhone 之前，世界上对 iPhone 的需求是零。

只有当乔布斯在大屏幕前展示着 iPhone 完美的外形、强大的功能、流畅的体验，当 iPhone 被摆在柜台里、拿在手中，它所代表的科技、时尚的趋势，才激发起了消费者的购买欲，创造出了对 iPhone 的需求，这是原本不存在的、新的需求。

汽车大王亨利·福特也曾说过，在汽车大规模生产之前，如果去做市场调查，顾客们都会说他们需要一辆更快、更舒服的马车。只有当福特发明了流水线生产方式和 T 型车，将汽车的成本降低到普通工人都可以负担的水平，汽车才成为每个美国家庭都盼望拥有的"新需求"。由此可见，是新供给创造新需求，不断改变人们的生活方式，才带来新的经济增长。

无论是新技术、新产品、新模式、新业态，还是新场景、新体验，各种新供给都可以像苹果智能手机一样，创造出 N 倍于自

身的新需求。而供给成熟和供给老化的产业，往往会形成库存或产能过剩，一个单位的供给，只能创造出 1/N 的需求。所以，如果一个经济体中新供给占比高，总需求增长率就会加快；反之，如果老化供给占比高，总需求增长率就会变慢。

在 1934 年出版的《经济发展理论》一书中，熊彼特指出，创新就是"建立一种新的生产函数"，即"实现生产要素的重新组合"，具体包括下列五种情况。

（1）采用一种新的产品——也就是消费者还不熟悉的产品——或一种产品的一种新的特性。

（2）采用一种新的生产方法，也就是在有关的制造部门中尚未通过经验检定的方法，这种新的方法决不需要建立在科学新的发现的基础之上，并且，也可以存在于商业上处理一种产品的新的方式之中。

（3）开辟一个新的市场，也就是有关国家的某一制造部门以前不曾进入的市场，不管这个市场以前是否存在过。

（4）掠取或控制原材料或半制成品的一种新的供应来源，也不问这种来源是已经存在的，还是第一次创造出来的。

（5）实现任何一种工业的新的组织，比如形成一种垄断地位（例如通过"托拉斯化"），或打破一种垄断地位。[①]

熊彼特认为，企业家的创新活动是一种"创造性的破坏"，也就是"不断破除旧的生产方式、创造新的生产方式，经济结构

---

① 约瑟夫·熊彼特.经济发展理论[M].何畏，易家详，等，译.北京：商务印书馆，1990：76.

不断地从内部进行革命突变"的过程，是经济发展的最主要动力，这种创新驱动的增长也被称为"熊彼特增长"，与分工带来的"斯密增长"和要素投入增长带来的"库兹涅茨增长"并列，代表着不同阶段的经济增长模式。

三、工业革命以后，企业创造的财富大部分来自创新贡献

《共产党宣言》曾这样描述工业革命后的全球财富创造："蒸汽和机器引起了工业生产的革命。现代大工业代替了工场手工业；……大工业建立了由美洲的发现所准备好的世界市场。世界市场使商业、航海业和陆路交通得到了巨大的发展。这种发展又反过来促进了工业的扩展。"[①]

工业革命早期的企业家们，要征服自然力，采用机器，在工业和农业中应用化学，使用轮船、铁路、电报等先进的交通和通信技术，开垦新的大陆，让河流能够通航，将大量的人口组织进入生产过程，人们还要奔走于全球各地，到处落户，到处开发，到处建立联系……

在马克思晚年，以电力为标志的第二次工业革命正在酝酿，在他去世60年后，第三次工业革命兴起，这两次工业革命创造的财富一次比一次巨大，而企业则是三次工业革命中财富创造的主要力量。

---

① 马克思，恩格斯.共产党宣言［M］//马克思，恩格斯.马克思恩格斯文集：第二卷.北京：人民出版社，2009.

第一次工业革命中出现了詹姆斯·瓦特（发明蒸汽机）、史蒂芬孙（发明蒸汽机车）、约翰·凯（发明飞梭）、哈格里夫斯（发明珍妮纺纱机）、理查德·阿克莱特（发明水力纺纱机）、埃德蒙·卡特赖特（发明动力织布机）、拉罕·达比（发明焦炭炼铁法）、亨利·科特（发明熟铁搅炼法和轧钢机）等发明家，他们的技术在被企业采用后创造了巨大的财富。根据测算，1760—1830年，英国经济人均产值增长量的2/3以上都应归功于生产力的提高，而不是劳动力和资本的集中。[1]

第二次工业革命中，出现了一批将发明家与企业家两种角色兼于一身的创业者，在电力、电气、石油、石化、冶金、汽车等领域创立了一批企业，其中有不少是至今仍然活跃的百年老店，例如美国的爱迪生创立了通用电气，亨利·福特创立了福特汽车，约翰·洛克菲勒创立了标准石油公司，安德鲁·卡耐基创立了卡耐基钢铁公司，德国的维尔纳·冯·西门子创立了西门子－哈尔斯克电报机制造公司，弗里德里希·埃贝尔斯创立了巴斯夫公司，卡尔·本茨发明了世界上第一辆三轮汽车，戈特利布·戴姆勒发明了世界上第一辆四轮汽车，戴姆勒公司与奔驰公司合并成立了戴姆勒－奔驰汽车公司……

第三次工业革命是信息技术革命，由企业家推动创新活动来创造财富的特点更加明显。例如20世纪60年代在美国的硅谷地区，发明晶体管的科学家威廉·肖克利创办了仙童公司，由仙童

---

[1] 弗兰克·萨克雷,等.严匡正,译.世界大历史：62个大事件塑造700年世界文明：下[M].北京：中国画报出版社，2021：54.

公司离职的 8 个创业者又分别创办了自己的半导体企业，其中涌现出了英特尔、AMD 等世界级的芯片公司。而比尔·盖茨创办微软、乔布斯创办苹果公司、拉里·佩奇和谢尔盖·布林创办谷歌公司等案例更是为大家所熟知。

经济史和企业史都说明，创新是企业创造财富的主要驱动力，而企业家是创新的主体，应当让他们获得创新的回报。

四、改革开放以后的经济增长和财富积累与创新高度相关

过去 40 年中国经济高速增长的过程，就是从服装、家电到汽车、住房，再到互联网和移动互联网产业，层出不穷的各种新供给不断创造新需求的过程。

改革开放以后，曾经出现过几轮相对中国市场而言的"创新潮涌"，分别是 20 世纪 80 年代到 90 年代中期的家电等耐用消费品，20 世纪 90 年代中期到 2020 年之前的房地产，2000 年到 2010 年的互联网，以及 2010 年以后持续至今的移动互联网。这几次创新潮涌基本都是以民营企业为创新主力，分别涌现出了海尔、美的、绿城、龙湖、阿里巴巴、新浪、百度、美团、抖音等代表性企业，这些企业在创新潮涌期间获得了相应的超额利润，业绩表现明显优于其他行业。

每当经济陷入低速增长的困境时，往往是新供给带领经济走出低谷。1997—1998 年，由于亚洲金融危机等因素影响，全球经济形势严峻，但正是在这个时期，第一代互联网企业以新供给创造新需求，用网络改写了我们的生活方式，带来新的经济增长动

力；2007—2008 年，全球金融危机造成经济衰退，但也是在这个时期，iPhone、3G/4G 网络逐渐普及，让全球经济进入移动互联时代，移动社交软件、网约车、移动支付、共享单车、短视频等新供给不断涌现，形成又一轮新的经济增长动力。

例如，当很多人认为互联网产业的大局已定，很难有新机会时，张一鸣在北京知春路的单元房内创立了影响全球网络产业的中国产品——抖音。通过智能算法的推荐，让人与需要的信息匹配，辅之以视频与音乐的完美配合、简单易用的特效、字幕和剪辑工具，抖音在传统互联网企业已经把市场瓜分完毕的时候异军突起，目前国内版抖音日活跃用户数已经超过 7 亿，海外版（TikTok）日活跃用户数超过 10 亿，由此带动的娱乐、电商、教育等新需求正在日益增长。

当前，在房地产、家电、燃油汽车等传统消费增长乏力的背景下，比亚迪、蔚来、理想等新能源民营车企正在快速成长；在人工智能、虚拟现实等前沿创新领域，民营企业也成为创新的主力军；在餐食茶饮、文化娱乐等领域，也有很多民营企业正在如火如荼地开展产品、模式和场景创新。只有推动供给老化产业的创新升级和各种新供给产业的持续扩大，持续推动供给结构升级，中国经济才能缓解长期增速下行压力，早日进入新增长阶段。

五、如何认识民营企业家的创新报酬

民营企业家不断打破旧的生产函数，创造出新的生产要素组合，以新供给创造新需求，并推动经济增长，可以说创新是工业革命以来财富的重要源泉甚至主要源泉。作为创新的主要承担者，民营企业家获得创新报酬与他们所创造的财富相比，只是一小部分。

市场机制实际上在奖励每个时代的创新企业家。有人将洛克菲勒、范德比尔特、卡内基、阿斯特、福特和摩根列为为构建美国做出重大贡献的商业大亨，他们是当时的创新者，分别代表了19世纪末到20世纪中叶的石油、铁路、钢铁、船舶、汽车和金融行业，他们所应用的技术、创造的产品、开创的经营模式一次次推动了美国经济的发展，他们也成为自己时代令人称羡的超级富豪。"二战"以后，美国有代表性的创新如连锁零售、半导体、个人电脑、互联网、移动互联网和电动汽车，也都使他们的代表性企业家成为时代骄子，如山姆·沃尔顿（沃尔玛创始人）、罗伯特·诺伊斯和安迪·葛洛夫（英特尔创始人）、比尔·盖茨、史蒂夫·乔布斯、拉里·佩奇以及埃隆·马斯克等，都是通过创新受到市场和时代的奖励，成为全球知名的企业家和财富拥有者。

改革开放以后，中国民营企业家的创新热情更高。将连锁家电卖场开到全国的黄光裕、张近东，将电子商务做到全球的马云、黄峥，为大众提供优质线上购物体验的刘强东，为全球用户提供娱乐和社交服务的张一鸣，将中国电动汽车推向全球领先地位的王传福，为全球移动通信提供全天候优质软硬件支持的任正非，以及在新能源领域做出极致成就的李振国和曾毓群……他们获得的财富，主要应当归因于创新。

有人说，能够进行创新的只是少数企业家，因此也只有少数企业家能获得创新报酬。但实际情况并非如此。如前文分析，少数企业家可以开展原发创新，更多的企业家可以开展跟随式创新，越来越多的企业家在模式创新、场景创新、体验创新等新赛道上展开竞赛，甚至一家小吃店开发了新菜品、一家服装店重新装饰了店面、一个网络游戏又增加了新的道具和皮肤，都是一点一滴的创新。可以说，在竞争的推动下，企业家的创新活动无处不在，而创新报酬是市场和消费者给予他们的奖励。

如果与普通劳动者的工资收入相比，这些民营企业家获得的财富的确要高很多，但如果因为这个差距就怀疑创新报酬的正当性，让创新的民营企业家对获取创新报酬心怀疑虑，无疑会抑制民营企业家的创新动力。即使是通过税收等二次分配来调节收入分配差距，也不应当将创新收入作为调节的重点。

另一种不尊重创新报酬的现象，是对那些侵犯知识产权、抄袭、模仿创新成果的现象采取纵容的态度。由于抄袭者无须付出创新的成本，就在市场竞争中处于明显的优势地位，创新的企业无法充分获得创新报酬，就被廉价的仿制品挤出了市场，这种现象对创新热情的打击也是非常严重的。

因此，要一个经济体充满创新的活力，就必须引导全社会更深刻地认识、尊重和保护民营企业家应当获得的创新报酬。

第三章
中国民营企业：
资本来源和出资人报酬

资本是形成生产力的关键生产要素。在社会主义市场经济中，需要充分发挥资本要素的作用，正确认识民营企业家的资本来源，尤其是应当客观认识资本的逐利特征，在法治范围内给予资本要素充分的自由，防止对资本的污名化，尊重和保护民营企业家的出资热情，才能够促进民间投资增长，充分发挥资本要素在促进社会生产力发展中的关键纽带作用。

第一节 资本是形成生产力的纽带

资本并非与劳动、土地等同的普通生产要素，而是在创业、经营、生产和销售中发挥着纽带作用的"特殊要素"——土地（厂房、楼宇）是用资本租赁的，劳动力是用资本雇来的，技术（专利、软件等）是用资本购买的，常规的企业管理也可以通过资本聘用职业经理人的方式来实现。如果没有资本，土地、劳动、技术和企业家会像断线的珠串，无法作为一个整体运行，也就无法创造价值和财富。因此，习近平总书记曾指出，资本是带动各类生产要素集聚配置的重要纽带，是促进社会生产力发展的重要力量，要发挥资本促进社会生产力发展的积极作用。[1]

一、资本是现代市场经济中的关键生产要素

资本之所以能够在生产力的形成中发挥纽带作用，是因为其本身所具备的一些特点。

首先，资本是货币的转化物，因此具备广泛的等价支付能力。马克思认为，货币是资本的最初表现形式，无论是商人资本、产业资本，还是生息资本，一开始都是采取货币形式。[2]熊彼特也认为，企业家通过信贷获得购买力，是资本的主要来源。这两种观点都可以得出结论，资本是货币的转化物，资本本身也具备与货币一致的、广泛的等价支付能力，它可以用来购买机器设备、支付厂房租金、雇用工人和经理，这是劳动、土地和技术等要素无法实现的。

其次，资本有着追逐利润和追求增值的特性。无论是一家工厂、一个商店，还是一家银行，如果常年亏损，它的资本将会不

---

[1] 习近平在中共中央政治局第三十八次集体学习时强调 依法规范和引导我国资本健康发展 发挥资本作为重要生产要素的积极作用［Z/OL］.（2022-04-30）［2023-11-10］. http://www.xinhuanet.com/politics/2022-04/30/c_1128611985.htm.

[2] 程恩富，等.现代政治经济学新编：通用版，第三版［M］.上海：上海财经大学出版社，2008.

断折损，最终会倒闭，只有不断获得利润，这些企业才能持续经营下去。不论是工业资本、商业资本，还是金融资本，其存在的目的就是追求利润，不断增值。

这种对于利润和增值发自生命的追求，使得资本成为市场经济中最活跃的要素，也是推动经济增长和发展的重要力量。马克思曾经说过："资本作为孜孜不倦地追求财富的一般形式的欲望，驱使劳动超过自己自然需要的界限，来为发展丰富的个性创造出物质要素……由此可见，资本是生产的；也就是说，是发展社会生产力的重要的关系。"[1]

我们必须承认，资本要素的逐利性是经济发展的动力。由于竞争压力的存在，资本永远无法"躺平"，要实现持续获利，就需要通过扩张的方式将更多的要素组织起来，或者通过创新的方式实现要素的新组合，由此推动经济不断发展。

最后，资本投入是经济循环的起点。无论是传统政治经济学还是西方经济学，都建立起了各自关于经济循环的理论和模型，其中资本投入是循环的起点。马克思在《资本论》第二卷指出，资本的循环过程经过三个阶段：第一阶段，资本家作为买者出现于商品市场和劳动市场，他的货币转化为商品；第二阶段，资本家作为资本主义商品生产者进行活动，产生了一种商品；第三阶段，资本家作为卖者回到市场，他的商品转化为货币。因此，货币资本循环的公式是：$G—W\cdots P\cdots W'—G'$。在这个公式中，

---

[1] 马克思，恩格斯.马克思恩格斯全集：第46卷（上）[M].北京：人民出版社，2016：287.

虚线表示流通过程的中断，G 为货币预付资本，W 为商品，P 为生产过程，而W′和G′表示由剩余价值增大了的W和G。[①]

而西方经济学则是先建立起商品市场的一般均衡，再建立起生产要素市场的一般均衡，最后通过将两个市场联系起来，建立起整个经济的一般均衡，从而形成了一个完整的经济循环模型。在这个模型中，循环也是从厂商购买生产要素来组织生产开始的。

由此可见，将资本投入转化为产品是经济循环的起点，而将产品再转化为销售收入是经济循环的终点，这是经济循环的一般形式。而这种投入的前置性和收入的滞后性，也是资本与生俱来的风险特质的根源。

二、如果没有资本，生产力将怎样形成

资本的重要性也是随着财富创造方式的变化而变化的。农业社会主要通过劳动力和土地的结合，运用动植物的繁殖规律来创造财富，无须大量的货币资本投入，因此资本在农业社会并不像工业社会那么重要。

随着丝绸之路和海上贸易的出现，人们发现如果将资本投入商业贸易，可以创造比农牧业高得多的回报，因此在一些地中海国家和阿拉伯国家，商业资本开始出现，而到了大航海时代，贸易的利润更加丰厚。

---

① 马克思. 资本论：第二卷［M］. 北京：人民出版社，2018：31-32.

第三章 中国民营企业：资本来源和出资人报酬

到了工业时代，机器设备等的作用超过了农业时代的简单工具，需要大量的资本投入建造工厂、矿山、铁路、轮船——没有资本，就没有工业化的生产方式。拿破仑时代的法国经济学家萨伊敏感地注意到了这一点，他看到建立工厂时必须投入资金来购买机器、原材料和租赁工作场地，雇用劳动力，否则无法建立成规模的工业生产。面对各种不同的机器设备，萨伊将其抽象为"资本"，指出劳动、资本、土地是一切社会生产所不可缺少的三个要素，并且在价值创造的过程中都做出了贡献，因此应当分别获得各自的报酬。

由此可见，资本能否发挥作用，还要看与怎样的财富创造方式或生产方式相结合。经济学家熊彼特对资本的研究，也是以工业化大生产为背景的。熊彼特认为，在工业化生产过程中，企业家通过信贷等方式获得"购买力"，凭借这种购买力，企业家可以支配其他的生产要素，这就是资本的唯一职能。熊彼特认为："资本，无非是一种杠杆，凭借着它，企业家可以使他所需要的具体商品受他的控制，无非是把生产要素转用于新用途，或引向新的生产方向的一种手段。这是资本唯一的职能。"[1]因此我们可以看到，在工业社会，那些资本的拥有者，如发放信贷的银行和金融机构成为经济中的重要角色，从事工业生产的企业家们，纷纷争取这些机构的青睐，以获取自己创业和经营所必需的资本。

从另一个角度来看，在现代市场经济中，除了资本，没有其

---

[1] 约瑟夫·熊彼特.经济发展理论[M].何畏，易家详，等，译.北京：商务印书馆，1990.

他要素能发挥纽带形成这样的作用。可以设想一下，如果没有资本这样一个发挥纽带作用的关键要素，生产力将会怎样形成？我们会发现，无论是土地、技术，还是劳动，都无法承担这样的任务，唯一能够实现这种替代作用的是一种非市场的力量——计划经济的行政权力。在行政权力的作用下，的确能够不依赖资本而将其他的生产要素组织起来形成生产单位，无论是在苏联，还是在改革开放之前的中国经济中，工厂、车间都是由计委根据计划，通过划拨土地、资金，调拨劳动力、技术人员建立起来的。这样建立的"企业"实际上不能被称为企业，它只是附属于国家计划体系的工厂或生产车间，由于缺少资本作为生产组织要素，相应也就缺少与其他生产要素之间平等交换的性质，缺少对价格和利润的敏感，缺少自我发展的能力，因此计划经济长期来看是没有活力的。

三、新经济时代资本作用的新变化

工业化大生产凸显出了资本的重要性，随着后工业社会的来临，新技术、新模式、新业态等创新思维成果的重要性逐渐显现，而资本的重要性相对下降。在美国硅谷、中国深圳这样的创业之都，谁拥有颠覆性的新技术，谁就是财富创造的稀缺要素，这时资本不但丧失了在众多追求者中挑选的特权，反而需要排队等待新技术、新模式、新业态的挑选。

深入研究新经济的创业过程就会发现，在获得资本的青睐之前，新技术、从一个创意到变成初步的产品，仍然离不开种子资金、天使资金的帮助，这个阶段的很多创业者是依靠自己的储蓄、借贷和亲友的支持才能把创意变成产品；在企业的扩张阶段，也需要资本将各种要素组织起来，扩大产能和市场规模，持续进行研发。可以说，在新经济中，资本仍然发挥着上文所分析的纽带作用，但已经不是最为稀缺的要素。

以谷歌的发展过程为例，拉里·佩奇和谢尔盖·布林最初搭建工作室需要的电脑设备，是两人刷信用卡透支15 000美元买来的，而作为谷歌最初的数据中心的1 000G硬盘，也需要两人省吃俭用才能买得起。就是靠这些不起眼的资金投入，佩奇和布林将他们的学术成果转化成了一个卓越的搜索引擎产品，才有可能获得第一笔10万美元的天使投资。据说在获得这笔天使投资之前，佩奇和布林拜访了许多天使投资人，但没有人看好他们的项目，直到遇到安迪·贝托尔斯海姆（Andy Bechtolsheim），他的10万美元的投资在谷歌上市之后获得了数千倍的回报。

现在佩奇和布林合计持有约10%的谷歌公司股票，而且两人都是个人财富超过1 000亿美元的富翁，如果计算他们的投资，新的网络搜索技术当然是更为关键的投入，但如果没有当时刷信用卡和节省下来的"启动资金"，就没有现在的谷歌。

1999年6月7日，硅谷的两家头部风险投资机构KPCB和红杉资本同时决定对谷歌一共投资2 500万美元，对谷歌第二阶段的发展起到了至关重要的作用。当然，KPCB和红杉资本也都获得了丰厚的回报，他们投入的2 500万美元增值到超过50亿美元。

如果说KPCB和红杉资本的投资获得了200倍的投资报酬，安迪·贝托尔斯海姆的投资获得了1 000倍的投资报酬，那么拉里·佩奇和谢尔盖·布林作为企业创办人，其更早的初始投资不应该获得万倍的出资人报酬吗？

对于谷歌这样的新经济投资项目，投入的阶段越早，项目失败的风险越大，但是获得成功以后的回报也越大。当项目的前景开始明朗时，新技术、新模式、新业态等创造性思维成果成为稀缺要素，拥有创新成果的创业者就有了更大的主动权，风险投资等资本退居配角的地位，为了获得投资的机会而展开竞争。

四、正确认识不同经济阶段的要素稀缺性报酬

在市场经济条件下，要素的报酬是由其在价值创造过程中的边际贡献决定的。根据要素的边际报酬递减法则，每一单位要素的投入都会带来生产力的下降，最后一单位要素投入所产生的产品数量，也就是边际生产力决定了要素的价格，如工资、利息等。

假设某种商品的生产只需要劳动和资本两种要素，如果保持劳动的投入量不变，每增加一单位资本投入时，产出对应发生变化。当边际生产率递减时，每增加一个单位的资本投入，产出增量都会有一定的减少。假定投入一个单位的资本时，产出的增量为 AB，投入第二个单位的资本时，产出的增量为 $A^{I}B^{I}$，投入第三个单位的资本时，产出的增量为 $A^{II}B^{II}$……以此类推，$A^{I}B^{I}$、$A^{II}B^{II}$、$A^{III}B^{III}$……$A^{IV}B^{IV}$ 就是资本的边际生产率。该厂商最终的资本边际生产率为 $CD = AE$，资本的边际生产率 CD 决定了资本的利润。这时矩形 $ADCE$ 所代表的面积，一方面代表了资本的边际生产率与资本投入量的乘积，即资本所做出的贡献；另一方面也代表

了利润率与资本投入量的乘积,即资本所获得的报酬总额(见图 3-1)。

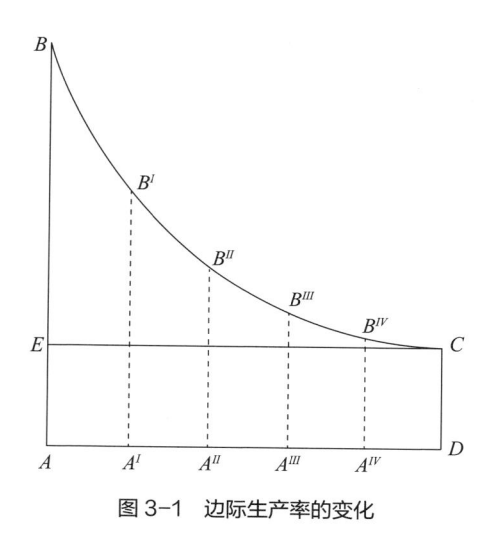

图 3-1 边际生产率的变化

资料来源:滕泰.新供给经济学:用改革的办法推动结构转型[M].上海:上海财经大学出版社,2019.

"要素报酬等于要素的边际贡献(边际生产率)"是一个一般规律,但是在不同的历史阶段,由于不同要素的稀缺性不同,导致稀缺性更高的要素在收入分配中占据了更加有利的地位,从而获得要素稀缺性报酬。比如,当资本的稀缺性提高,如果企业要维持原有的资本使用量,就需要支付更高的要素报酬,利息有上升趋势。

假设资本的供给量为 C_*,按照要素边际贡献报酬的分配原则,对应的要素报酬是 R_*,但由于资本供给量减少,C_* 下降到 C_1,会提高资本要素的相对稀缺性,从而导致要素报酬从 R_* 提高到 R_1,其中 (R_1-R_*) 为稀缺性的改变带来的要素报酬,新供给经济学将其称为"稀缺性要素报酬"。公式如下：

$$\Delta R_1 = R_1 - R_*$$

其中，ΔR_1 表示稀缺性要素报酬。这种要素报酬的增加往往是以其他要素报酬的减少为代价的。

当稀缺要素的供给方处于主要地位时，稀缺要素所有者也会获得要素稀缺性的企业家的报酬，即

$$\Delta R_2 = R_2 - R_1$$

其中 ΔR_2 表示稀缺要素的所有者索取的超额要素报酬（见图3-2）。

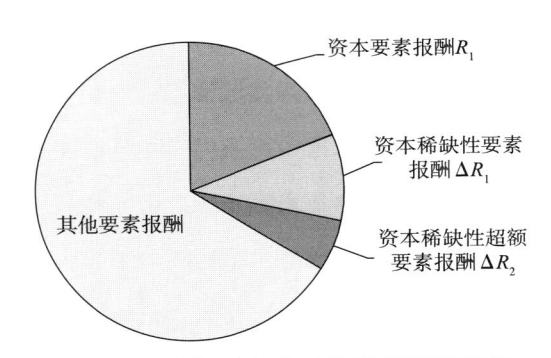

图3-2 稀缺性要素报酬和稀缺性超额要素报酬

资料来源：滕泰.新供给经济学：用改革的办法推动结构转型[M].上海：上海财经大学出版社，2019.

研究显示，从1317年至今，全球实际利率呈阶梯状下行趋势，但在1790—1846年的工业革命期间，利率出现了明显的上行现象，形成了一个历史性的"波峰"，这实际上就是工业革命使得资本成为稀缺要素，从而获得了要素稀缺性报酬，乃至超额要素报酬（见图3-3）。

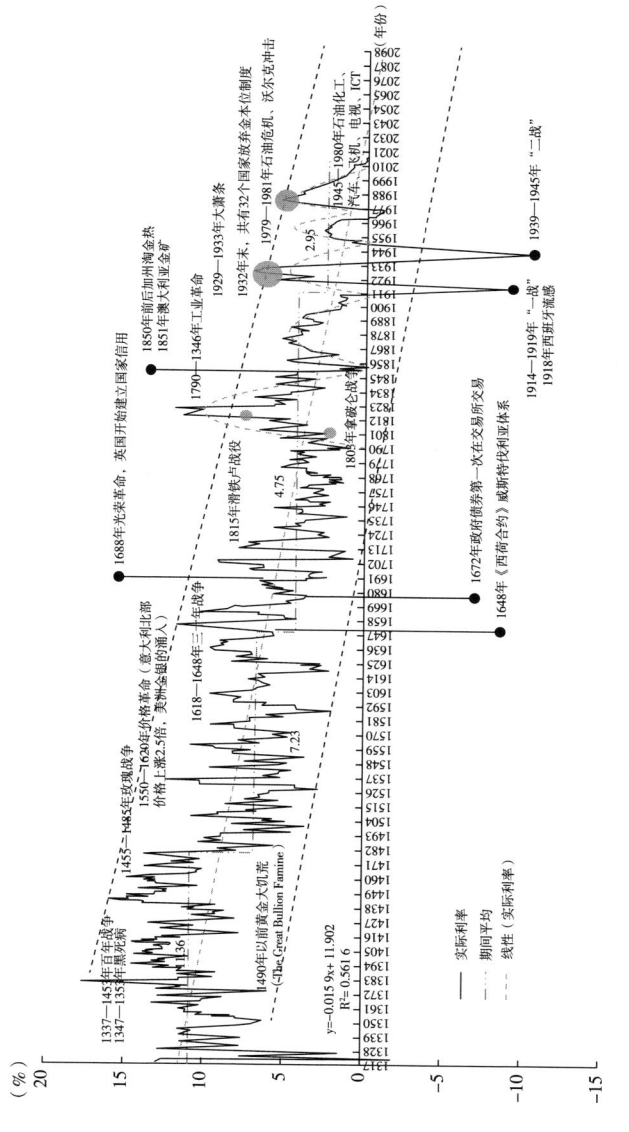

第三章 中国民营企业：资本来源和出资人报酬

图3-3 全球实际利率走势（1317—2018年）

资料来源：Schmelzing, 2020, 东方证券

到了工业化的中后期阶段,资本稀缺性逐渐降低,资本获得的报酬再次下降。研究显示,工业革命前后英国劳动力价格与资本价格的比值,在 1550 年前后大致是 1,到 18 世纪后期,这个比值上升到 2,也就是说相对于劳动力的价格,资本的价格贬值了 50%。[①] 在后工业时代,对于许多高科技企业来说,资本不再稀缺,可以从风险资本市场、股票市场和债券市场获得,创新技术才是稀缺要素。这就是为什么拥有技术或者创意的企业家可以在短短几年里积累大量财富,超过历史上的许多百年工业巨头——在美国的硅谷,技术精英们比福特和克莱斯勒的股东更富有;比尔·盖茨和埃隆·马斯克多年来一直是世界上最富有的人之一。

改革开放之后,中国也出现了资本报酬逐渐降低的现象。从 1—3 年的贷款利率数据来看,1989—1996 年基本在 10% 以上,资本要素也获得了相应的稀缺性报酬,到 1996 年以后开始出现明显的下降(见图 3-4)。

因此,资本要素在一定阶段获得较高的报酬,主要原因是资本的稀缺性导致的要素稀缺性报酬,在垄断、要素供给被政策限制等特殊情况下,甚至会出现超额要素稀缺性报酬。充分认识到这一点,才能以正确的态度看待资本及其报酬,才能"正确看待民营经济人士通过合法合规经营获得的财富",对那些简单将资本"污名化"的观点,自然也就有了鉴别能力。

---

① 朱悦.不是所有人都能从工业革命中获益[N].经济观察报,2018-10-12.

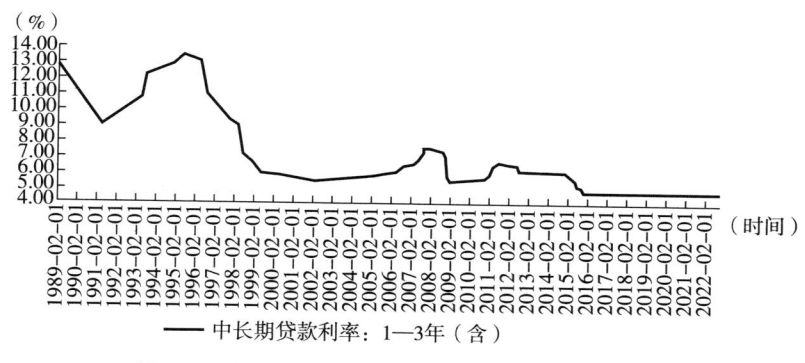

图 3-4　中国 1—3 年贷款利率变化（1989—2022 年）

资料来源：同花顺 iFinD，万博新经济研究院

第二节　中国民营企业的资本来源不同于早期资本主义的原始积累

在早期资本主义社会，资本的原始积累的确有不少带着"血腥"，但是在 200 年后的中国，改革开放中的民营企业家，通过压缩消费、个人借贷、滚动发展等方式获得了创业资金，其资本来源与传统意义上的"原始积累"完全不同。

一、早期资本主义的原始积累

在马克思的经典理论中，与资本积累相伴的是"美洲金银产地的发现，土著居民的被剿灭、被奴役和被埋葬于矿井，对东印度开始进行的征服和掠夺，非洲变成商业性地猎获黑人的场所"①，所以马克思说："资本来到世间，从头到脚，每个毛孔都滴着血和肮脏的东西。"② 这句话放在200年前是符合历史事实的。

日本、德国等后发资本主义国家的原始积累，也与对外掠夺和对内压榨不可分割。例如在中日甲午战争中获得赔款，就是日本资本原始积累的重要来源，而对国内农民和工人的压榨，也为日本的工业化增加了资本，《啊，野麦岭》和《蟹工船》等文艺作品都反映了底层劳动者困苦和绝望的生活。

当然，在工业革命中，也有不少企业是靠创始人的劳动积累创办的。法国经济史专家克鲁泽专门研究了工业革命初期的创业资本来源后写道："工业是如何筹集自身所需要的资金的？简而言之，主要靠企业家自己筹集资金。"③ 19世纪初改良动力织布机的英国企业家W.拉德克利夫也曾回忆："一个勤劳的年青织工能够攒下足够多的钱来开设工厂，但是有勇气进行创业尝试的却是极少数，我属于这种少数人。"④

整体而言，资本主义早期对殖民地国家掠夺和对内部工农的压榨是资本原始积累的主要来源，因此马克思对资本原始积累的论述在当时的语境下是正确的。

---

① 马克思.资本论：第一卷[M].北京：人民出版社，1975：819.
② 马克思.资本论：第一卷[M].北京：人民出版社，1975：829.
③ 尹建龙，陈晓律.企业家创新性劳动的理论和实践——以工业革命时期的英国企业家为例[J].思想理论战线，2022，1(04)：26-40+140-141.
④ 同③。

二、中国民营企业家的资本来源

与早期资本主义社会通过殖民、掠夺、贩毒、战争和内部压榨等手段来完成"原始积累"的过程完全不同，中国民营经济的资本形成，主要是通过压缩消费、个人借贷、滚动发展、市场化融资等途径实现的。绝大多数中国民营企业家以"筚路蓝缕，以启山林"的精神，凭借很少的资本，从很低的起点做起，成就了一个个"春天的故事"。从资本形成的角度来看，改革开放以后民营企业的发展经历了几个具有鲜明时代特征的阶段。

首先是党的十一届三中全会以后到20世纪80年代中期涌现出来的民营企业家，资本来源主要是个人和家庭储蓄。1980年的中国，是一个大多数人都身无长物，相对平均的低收入国家，全国居民年人均可支配收入只有200元，当时民营企业家主要依靠个人储蓄、亲朋好友集资、民间借贷、海外侨资等获得最初的启动资金。可以说，当年创业时资本的最大来源就是从"牙缝中省出来"的辛苦钱。

例如，运动服装企业361°发端于创始人丁健通出资2 000元办起来的每天只能生产5双鞋的小鞋厂；通威股份的创始人刘汉元最初从事网箱养殖时，自己拿出仅有的200元存款，父母又卖掉原本准备置办年货的2头猪，总共凑了500元；奥克斯创始人郑坚江创业时只有信用社贷来的2 000元；而张大中是拿着母亲王佩英女士平反后每个孩子获得的1 000元抚恤金，从创办"张记电器加工铺"起步，逐步发展成估值几十亿元的大中电器。这些出资看起来非常有限，但就是这些"星星之火"，一旦与中国工业化、城镇化、全球化的历史大趋势相遇，就成为创造巨大财富的起点。

其次是在20世纪90年代初涌现出来的一批民营企业家，参与国企改制是当时民企发展的重要特色。例如创建万达集团的王健林、创办碧桂园集团的杨国强等，他们中的很多人出身于体制内，有国企负责人，也有政府部门工作人员，在创业时很多人通过承包或改制社办企业、县办（区办）企业的方式获得了创业所需要的资本。例如王健林接手大连市西岗区住宅开发公司，杨国强在企业改制中与多名同乡合资将顺德区北滘建筑工程公司买下，张士平将魏桥镇县属第五油棉厂改制成民营控股、国有参股的魏桥创业集团，等等。

一般而言，在国企改制"抓大放小"的大背景下，当时能够拿出来承包、租赁和改制的地方国有企业，往往是常年亏损甚至资不抵债，如果没有人接手经营，原有企业的存续发展都有问题。在民营企业家接手以后，通过自己的经营盘活了这些资产，并且实现了发展。随着政策的变化，这些企业后来一般都由承包的民营企业出资收购了，并进一步发展壮大，虽然不排除部分收购有低估现象，但绝大多数情况下不存在"侵吞"的情况。

也有些企业家是前期从事"小生意"积累了一定资金，借此创立了更大的事业。例如张力在1994年创立富力地产，主要是凭借自己在装修和工程设计行业发展积累的1 000万元；而在纺织行业，陈建华在创业起步时是以自己前期从事丝绸原料生意积累的250万元为主，收购了濒临破产的乡镇企业吴江化纤织造厂，今天已经发展成为中国石化行业的民企领头羊——恒力集团。在这一轮创业大潮中,也有凭借少量的储蓄或借款创办的企业,例如宋卫平在1994年创办绿城时只有借来的15万元,王传福在1995年创办比亚迪时,是靠亲戚借的250万元起步。

最后是在新世纪初涌现出来的一批新经济企业家,创业资金主要来自个人劳动收入或者家庭储蓄,在随后的发展中得到了风险投资的帮助,这是更符合现代市场经济的资本要素获取方式。例如马云创办"中国黄页"的启动资金是自家储蓄的六七千元,加上借债一共凑了2万元开始创业;在正式创立阿里巴巴时,他手头的启动资金是十几个人的创业团队每人一两万元、两三万元集资得到的五十万元,后期获得了高盛集团的500万美元投资和软银集团2 000万美元投资。京东是在今日资本的资助下渡过了另一家投资商撤资带来的危机。李彦宏创业伊始就寻求风险投资,在第一笔120万美元风险投资的支持下,百度开始起步,几个月之后,风险投资商德丰杰联合IDG又向百度投入了1 000万美元。

2015年左右涌现出的一批企业家,如创立滴滴出行的程维、创立抖音集团的张一鸣等,从技术和时代的角度可以被划为新一代企业家,但从资本形成的角度看,他们与马云、刘强东等企业家没有明显不同,基本是以自己的积累启动创业,在风险投资的支持下迅速做大。例如张一鸣是用自己劳动所得开展一些小规模创业尝试,获得成功并积累一定资金后,创立了今日头条,随后开展了一系列的融资,从数百万元的天使轮融资到数十亿美元的第七、八轮融资,今日头条也脱胎换骨,发展到后来的字节跳动和抖音集团。

绝大多数民营企业家在创业过程中还有一个共同的特点，他们没有将企业盈利都作为分红装进自己的口袋，而是将大部分利润作为追加投资继续用于扩大经营，这个过程中不断投入的资金数量难以统计，但资金的性质也是企业家的投资和经营所得。因此，中国民营企业家主要是通过压缩消费、市场化融资和滚动发展等途径完成了资本形成，既不血腥，也没有什么罪恶，是自我积累、自我发展的过程，与传统政治经济学教科书所批判的原始积累完全不同。

现在有不少人认为，民营企业家在早期发家过程中都有不规范甚至不合法的做法，甚至有人提出了民营企业家有"原罪"的说法。不能否认，在市场经济逐步建立的过程中，不排除极少数人通过行贿等手段低价收购国有资产来获得第一桶金的情况，但毫无疑问这绝不是中国民营经济的主流。绝大多数民营企业家的资本来源是正当的，不少企业家抵押了住宅、厂房、设备和股权，常年背负着债务压力为企业提供融资，与"原罪"的说法毫不沾边。

正如中国社会科学院大学教授江小涓所指出的那样，"在我们国家，民营企业家是改革开放后成长起来的，不同于西方资本主义社会中那种靠掠夺、靠贩奴、靠殖民等不道德方式积累资本并持续依靠资本获利的资本家，我们的民营企业绝大部分依靠勤劳与智慧创业致富""民营经济与财富的关系是先创造后持有，正当性无可置疑"。[①]

[①] 江小涓.发展民营经济需要各方共同努力[N].北京日报，2023-08-07（09）.

第三节　尊重出资人报酬才能激发投资创业热情

一、民营企业家应当获得出资人报酬

中国的民营企业家创办企业，很多时候启动资金是自己的劳动收入和家庭储蓄，这笔钱如果存进银行，可以获得储蓄利息回报，而这笔钱如果用于创业，当然也应该获得回报，即出资人回报。

企业的资本由股权资本和债务资本构成，而股权资本又可以分为内部股权资本，即创业者投入的资金，以及外部股权资本，即由外部投资者投入的资金两部分构成。

根据企业收入的分配顺序，首先应当支付工资、房租、利息等成本，因此债务资本的收益顺序就高于股权资本，股权资本能否获得股息分配，要看在支付成本之后是否还有剩余，以及企业的发展是否需要进一步投入。尽管这部分剩余能否得到是不确定的，但内部投资者和外部投资者，在获得出资者报酬上，应享有同样的权利。

如果存款不能得到利息，就不会有人把工资存进银行；如果贷款不能得到利息，银行就不会贷款给企业家和购房者；如果出资人不能获得合理的回报，就不会再有创业者自筹资金开办企业，也不会再有风险投资。因此，出资创办企业的民营企业家，当然应该获得出资人报酬。

在市场经济中，居民将他们收入的一部分存入银行，企业家再融资创办企业或扩大生产，这就形成了资本的供给和需求。在

供需力量的作用下，市场对资本（也包括其他要素）给出了定价，在不同的经济发展阶段、不同的宏观经济周期、不同的行业和不同的社会氛围下，资本获得的定价是不同的，民营企业家出资创办企业也会获得不同的出资人报酬。中国是全球最大的居民储蓄国，几乎家家户户都有储蓄存款，而中国家家户户的储蓄收入本质上都是资本报酬。有的人一方面希望自己获得存款利息收入、股票和基金投资收益，另一方面批评资本报酬和资本逐利性，这不是自相矛盾吗？那些否定资本报酬、批评资本逐利性的人愿不愿意先放弃自己的存款利息收入呢？

二、出资人报酬的不同表现形式

出资人报酬有分红、企业股权增加、股权估值溢价、股份市值增长等不同的表现形式。

企业经过一段时间的运作获得了利润，出资人根据其出资的份额获得利润的一部分，这就是分红，是出资人报酬的最直接方式；企业利润也可以不以现金方式分配给出资人，而是留在企业用于扩大投资，这时出资人在企业的股权就增加了，这也是出资人报酬的一种方式。

当股权通过交易转让，或者企业引入新的投资者，需要对股权进行作价时，会根据企业的赢利状况和发展前景给出估值，如果股权估值在一段时间内增长了，出现了股权估值溢价，这也是出资人报酬的一种形式；如果企业成为上市公司，股票价格上涨带来的公司市值增加也是出资人报酬的一种形式。

随着资本市场的发展，一些企业在上市后市值上涨，作为出资人的民营企业家也获得了不菲的身家，有些人认为这是"无中生有"的虚拟财富，资本市场的发展也会加重两极分化，但实际情况并不是如此。

马克思在《资本论》中就曾指出，股票价值实际上是收入的资本化："例如，在年收入 =100 镑，利息率 =5% 时，100 镑就是 2 000 镑的年利息，这 2 000 镑现在就被看成是每年取得 100 镑的法定所有权证书的资本价值。对这个所有权证书的买者来说，这 100 镑年收入实际代表他所投资本的 5% 的利息。"[1]

资本市场的基础功能首先是为需要资金的创业者提供融资的场所，其次是为曾经出资的投资者提供退出的通道，在这两个功能的基础上，其他投资者可以通过参与企业的股权融资获得分红收入和资本利得。作为出资人的民营企业家，只要他坚持合法合规，诚信经营，上市对他来说将意味着承担了更大的责任。无论一个企业的市值是 1 亿还是 1 000 亿，本质都是这家企业未来创造的现金流的折现，或者说是市场其他投资者对这家企业盈利能力的估值。

对于出资创办这家企业的民营企业家来说，市值所代表的财富更多的时候都只是一个数字，他一般不会套现离场，因为他本人的掌控和参与就是这家企业能够实现这一估值的最根本保证，因此我们可以看到大股东的套现行为往往会引发股票价格的大幅下跌，这就意味着人们看到大股东对企业的价值有"看空"的可

---

[1] 马克思.资本论：第三卷 [M]// 马克思，恩格斯.马克思恩格斯文集：第七卷.北京：人民出版社，2009：528-529.

能，于是他们对企业未来的盈利能力产生了怀疑。

很多上市公司的创始人，在公司遇到困难时，不得不将手中的股份抵押融资后再借给上市公司来渡过难关，如果股价持续下跌而引发"爆仓"，公司大股东也可能因此丧失企业的控制权。2018年，在股价连续下跌中，数百家上市公司的民营控股股东的股权质押触及平仓线，就此失去股权的也不在少数。

必须指出的是，严格来说，无论是分红、股权增加、股权估值溢价还是市值增长，其中不仅包括企业家出资人报酬，还包括管理报酬、创新报酬、风险报酬和劳动报酬等，是若干种报酬的综合体。如果要量化计算企业家的出资人报酬，需要用机会成本的思维来看待。设想企业家如果没有将这笔资金用于自己创业，而是投入与自己的企业行业、规模和盈利能力都相近的企业时，能够获得怎样的投资回报呢？

我们说民营企业家应当获得出资人报酬，但出资人报酬绝不是无风险收入，而是面临着很大的不确定性，当企业经营状况良好时，可能大大超越银行存款利息；当企业勉强维持时，就没有收益；当企业面临破产清算时，这些投入可能血本无归。因此，企业家作为出资人投入的资金，无法保证是无风险收益，出资人报酬要靠企业家自己的经营、管理和创新而来，没有回报甚至亏损也是家常便饭。

无论是从企业利润中获得分红，还是上市后的资本增值，都应当得到科学合理的认识，既不能被"幸存者偏差"遮蔽而忽视了大量企业家在生死边缘艰难挣扎甚至黯然退场，也不能受市值数字迷惑而对资本增值持否定态度。只有让出资人获得合理的出资回报，才能让资本的源泉充分涌流，为社会创造出更多的财富。

三、低估或否定出资人报酬将造成经济衰退

当资本处于稀缺阶段时，从市场定价的角度来说，资本应该获得高回报，而随着经济的发展，资本不断充裕，资本回报率长期来看处于下降的趋势。在这种情况下，如果否定出资人报酬，无疑将会进一步打击出资人的投资积极性，导致市场化的投资信心弱化，进而将会引发经济衰退。

长城证券宏观研究团队的一份报告显示，中国的资本回报率在近15年总体处于下降趋势：宏观资本回报率在2008年处于20%左右，之后几年保持平稳，2012年之后快速下降，在2020年时一度掉到5.6%，到2022年已经降至8.6%，净资本收益率在2022年已经下降至5.7%，距离4%越来越近。根据资本存量和资本回报率的关系，中国资本净收益率可能在2027年降至3%，在2030年降至0（见图3-5）。

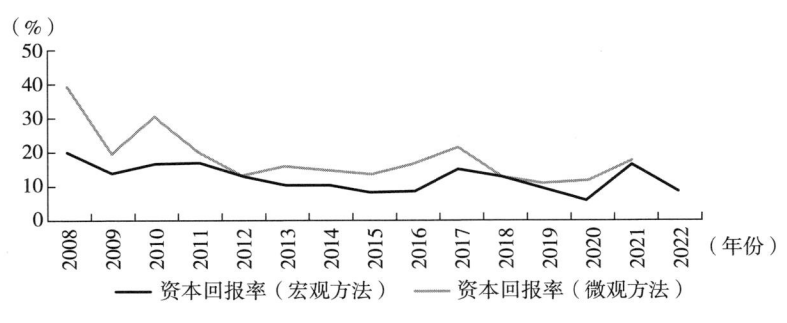

图3-5 2008年以来中国资本回报率变化趋势

资料来源：长城证券，万博新经济研究院

已经延续超过 10 年的民间固定资产投资增速下降，与资本回报率下降之间有着密切的关系。在这种背景下，如果怀疑出资人获得相应的出资人报酬的合理性，将会导致资本逐渐退出市场，引发利率不合理上行，导致经济增速放缓甚至衰退。

尽管资本回报在较长的时间跨度来看呈现下降的趋势，美国、日本等国家在此之前也已经进入零利率甚至负利率的资本过剩区间，但中国仍然处于资本回报率为正、资本相对稀缺的阶段，仍然需要国内外的资本所有者在中国投资创业。我们应当充分肯定出资人获得出资报酬的权益，鼓励和激发出资人投资实业的信心，才能为中国经济走出增速下行区间创造良好的资金环境。

第四节　客观认识资本逐利行为，防止资本"污名化"

资本不仅是创造财富的生产要素，而且是形成生产力的关键要素。社会主义市场经济条件下，如何认识资本的作用，尤其是如何客观认识资本逐利行为，是关系到中国经济的活力、创新能力和发展前景的重大理论问题。如果对资本逐利赋予过多的道德色彩甚至将其妖魔化，必然会影响资本发挥"作为带动各类生产要素聚集配置的重要纽带"[①]的作用，对民营企业家的投资信心和

---

① 习近平. 习近平谈治国理政：第四卷［M］. 北京：外文出版社，2022：219.

投资意愿产生消极影响，甚至会引发民间投资下滑、经济下行。

一、资本作为形成生产力的关键纽带要素作用

如前文所述，资本是在生产中发挥着纽带作用的"关键要素"。只有通过资本，民营企业家才能将劳动、土地、技术、管理等其他要素联合起来，完成生产过程和价值创造。

无论从企业的微观角度，还是从国家的宏观角度来看，资本都是创业和经济发展最先要具备的前提要素。绝大多数民营企业家创业的第一步都是筹措资金，如果没有资本，创业者即使有很好的发明、创意，也无法将其变成现实的生产力。

正如熊彼特所说，如果我们找到资本之外的其他力量，把各种要素组织起来，那么资本就与其他生产要素的作用别无二致。显然，工业革命以来，这样的力量只有计划经济，但是苏联和我国改革开放之前的实践都已经证明，计划经济长期必然走向低效并失去活力。

正因为如此，我国长期以来都把引进外资作为重要的对外经济政策，各省市也都把招商引资作为推动地方经济发展的重要手段。当前中国经济正处于转型升级的关键阶段，正需要资本要素发挥其促进社会生产力发展的积极作用。为了保持中国经济的可持续发展，必须及时回应和批判关于资本作用的错误言论，引导全社会正确认识资本的作用，资本不仅是创造财富的生产要素，而且是形成生产力的关键纽带要素。

二、资本逐利是经济增长的原动力

马克思对资本逐利的批判，发生在几百年前法治不健全的早期资本主义社会，但人们不太了解的是，马克思还曾经这样评价资本逐利："它会产仔，或者说，它至少会生金蛋。"

作为一种重要的生产要素，资本会追求在循环运动中不断增值，也会追求向着利润率更高的行业和市场流动，这就是资本的逐利行为。

从资本循环增值的过程来看，如果资本在循环中不能增值，而是不断减损，最终将面临生产过程无法持续而退出，也就是破产或者倒闭，这是任何一个正常的企业都不可能自愿接受的，因此，资本必然追求增值。从资本向利润率更高的领域流动来看，这自然会有利于全社会资源配置效率的提高。

市场经济是由利润信号驱动的经济。市场配置资源的基本规律，就是资本把各项生产要素和资源引向利润更高的新用途、新方向，只有承认和运用好资本的逐利行为，才能让市场机制正常运转，因此资本逐利是市场经济的内在驱动力。

利润为企业的经营活动提供了有效的激励，如果贬低、抑制甚至禁止正当的资本逐利，实际上是减弱甚至取消了市场的重要信号，"市场在资源配置中的决定作用"将变成一句空话，市场运转将放慢，甚至有可能陷入混乱。

逐利是资本存在和增值的必要条件。资本是一种可以在运转中不断增值的要素，这种增值能力也是企业做大做强，国家繁荣兴旺的重要基础。如果怀疑、限制甚至禁止正当的资本逐利行为，必然会导致资本不断减损，进而导致民营企业的萎缩和宏观经济的衰退。

改革开放以来，正是我们承认、接受、允许甚至鼓励资本的逐利性，义乌的农民才会挑着货郎担走街串巷，晋江人才会"宁可睡地板也要当老板"，将闲钱、闲房、闲散劳力组织起来办作坊，已进不惑之年的任正非才会创建华为……也才有了中国民营经济的蓬勃发展。资本在逐利行为的推动下循环增值，才能够推动中国制造业、服务业不断做大做强；资本在逐利行为的推动下不断寻求回报更高的领域，才有了各种各样的技术创新、产品创新、模式创新和业态创新，中国才能够在短短 40 年内完成 GDP 总量从世界第九到世界第二的飞跃。

三、资本"污名化"会危害中国经济增长

如果理论认识不够充分，或者社会舆论出现偏差，使得人们认为资本逐利不具有正义性或者合理性，甚至对资本"污名化"，使得民营企业家对资本逐利感到羞耻或者恐惧，就必然会造成民间投资下滑、经济增长放缓，类似的情况在历史上已经多次出现。

改革开放之前，中国一度不仅不能发展市场经济，就连农村社员经营一些家庭副业，家里养一些鸡鸭猪羊，都要被冠以"资本主义尾巴"的罪名而予以取缔，导致农民收入常年无法增长；在城市里，没有逐利动机的国有企业经营效率长期偏低，缺乏开发新产品、开拓新市场的动力，导致消费品品种少、质量差，人们生活水平长期得不到提高。改革开放初期，从事个体私营经济

"不光彩"，也是一种对资本"污名化"的现象。

1990年前后，社会上出现了限制非公有制经济发展的思潮，使得民营经济发展受到影响。截至1989年底，全国登记注册的个体工商户数和从业人员分别下降了14.15%和15.8%[1]，当年GDP增速从上年11.2%降到4.2%，固定资产投资增速从25%变成-7.2%[2]，与民营经济发展受到影响也有一定的关系。后来还出现过"姓社姓资"的争论，很多民营企业不敢投资、扩张和发展，刘永好的工厂一度因为雇工超过100人面临强制关闭的命运。我们应当深刻汲取这些经验和教训，引以为戒。

当前，中国经济正在经历改革开放以来为期最长的一次经济增速下行周期，民间投资增速从2012年两位数的增速持续下滑，到2023年11月已经连续6个月负增长，外商直接投资在2023年4月、5月和7月分别出现-3.3%、-5.6%和-9.8%的负增长。从很多民营企业家的反映来看，社会舆论批评甚至谩骂、攻击资本逐利性，乃至于用一些不符合当前时代的过时陈旧的概念对资本"污名化"，也是导致民营企业投资意愿不足的原因之一。

当前对资本污名化的现象主要表现在以下几个方面。

第一，将中国民营企业的资本来源与几百年前的所谓肮脏"原始积累"联系起来。与早期资本主义国家通过殖民掠夺、贩毒、奴隶贸易、战争等手段来完成"原始积累"的过程完全不同，中国民营企业的资本形成主要是通过压缩家庭消费、亲友

---

[1] 庄聪生.中国民营经济四十年：从零到"五六七八九"[M].北京：民主与建设出版社，2018.

[2] 数据参考自：同花顺iFinD数据库。

借贷、内部滚动积累、抵押融资等途径实现的，还有类似大中电器的创始人张大中先生利用其母亲平反所获得的抚恤金来开启创业的案例，绝大多数民营企业家将大部分利润作为追加投资继续用于扩大经营。但现在有些极"左"言论和敌对势力对中央多次澄清和表态视而不见，故意脱离历史语境、错误地套用几百年前的所谓"资本每个毛孔都留着肮脏的血液"等过时观点来丑化资本，这种严重违背历史事实的错误言论，既不符合改革开放以来的中国经济实践，也严重影响中国民营企业家的荣誉感，成为影响民营企业家投资和发展信心的一个重要舆论因素。

第二，用"无私"的道德标准来批评、否定资本逐利行为。逐利是资本作为生产要素的必然特征。如果将资本逐利行为赋予道德色彩，用"无私"的道德标准来批评资本逐利就是"唯利是图"，就会否定正常的市场运行规律，使得民营企业家对资本逐利感到羞耻或者恐惧，就必然会造成民间投资下滑、经济增长放缓、就业机会减少并影响居民收入增长。

第三，刻意将正常的资本经营活动混同或等同于无序扩张。"强化反垄断和防止资本无序扩张"是党中央、国务院前几年针对个别领域的资本要素在市场运行中暴露的特殊问题所提出的决策，有其特殊性和必要性，目前已经取得了显著效果。与此同时，也有极"左"言论和敌对势力趁机将"无序扩张"扩大化甚至极端化，刻意将正常的资本经营活动混同或等同于无序扩张，进而采取怀疑甚至贬斥的态度，这种氛围是造成部分民营企业家选择"躺平"或观望的重要原因。

如果资本正常的经营活动都被以"逐利"的名义受到批判甚

至谩骂，那么民营企业就不会再扩大生产，也不会向上下游延伸；如果正常的资本追求利润和回报的行为都被视为带有贬义的"逐利性"而被污名化，那么民营企业家宁可卖掉企业，用无风险收入过一份安稳的生活；如果资本在高风险新领域的投资也被视为无序扩张，那么新产品、新技术、新业态、新模式就永远只能停留在纸面上，而不可能变成现实的财富增长、就业和消费者福利……中国经济正处在转型升级的关键时刻，当前又面临着国内外诸多新的困难挑战，更应当引导全社会客观认识和正确对待资本逐利行为，才能够充分发挥资本要素的积极作用。

四、以法治为基础，鼓励发挥资本要素的积极作用

为了充分发挥资本要素的积极作用，建议以法治为基础，从理论认识上加强引导，形成推动资本正当逐利活动的舆论氛围、认知环境和政策条件，进一步激发资本要素的活力。按照《中共中央国务院关于促进民营经济发展壮大的意见》要求，及时回应、不断反击相关的错误言论。

第一，全面正确看待中国民营企业的资本来源。应及时回击极"左"思想和敌对势力把几百年前批判早期资本主义概念套用到中国民营资本的错误做法，通过权威的渠道对改革开放以来中国民营企业的资本来源问题进行正面宣传，树立一些典型案例，引导全社会了解中国民营企业资本来源的合法性和所走过的艰难历程。只有根据党和国家的历次决议和有关政策，有针对性地尽快澄清、消除社会上那些混淆视听的错误言论和思想，才能像习

近平总书记要求的那样,"让企业家卸下思想包袱,轻装前进"。

第二,明确鼓励资本在法律允许的范围内进行逐利活动。习近平总书记曾多次对资本的纽带作用和地位做出科学明确的论述,我们应当认真学习党的十八届三中全会以来的各项决定和政策,大力宣传资本在形成生产力过程中作为关键生产要素的纽带作用,客观、全面地认识"资本逐利"现象,坚决落实中央关于"充分发挥资本促进社会生产力发展的积极作用"的政策精神,尊重和运用好资本逐利行为,大胆鼓励各类资本尤其是民营资本在法律允许的范围内自由、积极地开展逐利活动,对新技术、新产品、新模式、新业态进行大胆探索和勇敢尝试,对传统产业和传统业态开展大刀阔斧的转型升级。

第三,讲明、讲透民营经济人士合法合规经营获得的财富性质。中国民营经济人士通过合法合规经营获得的财富,是其正当的出资人报酬、风险报酬、创新报酬、管理报酬和复杂劳动报酬的综合体现,是社会主义市场经济按要素贡献分配机制的具体体现。某些极"左"言论,简单套用一些过时概念来否定民营经济人士的合理报酬,体现的不仅是对现代经济和财富创造过程的无知,也是对党的十八届三中全会以来的各项决定和政策精神,以及对中国40多年改革开放实践的否定。为了防止极"左"思想,以及敌对势力煽动和利用仇富心理来打击中国民间投资积极性,必须引导全社会更全面客观地认识民营经济的贡献,把民营企业创造社会财富、创造就业岗位、提高居民收入和社保水平、为国家上缴财政税收的社会企业性质向全社会讲明白、讲透彻。

第四,客观全面认识资本作用,承认、接受、允许甚至鼓励资本逐利，必须在社会主义法治的范围内。对那些超出法律规范和约束的违法犯罪行为，以及利用资本优势、滥用市场支配地位的垄断和不正当竞争行为，还有那些与权力勾结的资本逐利行为，必须依法严惩。只有引导全社会全面客观认识资本的作用，尤其是客观看待资本逐利行为，反对资本污名化，才能够真正"激发包括非公有资本在内的各类资本活力，发挥其促进科技进步、繁荣市场经济、便利人民生活、参与国际竞争的积极作用"，更好地发挥民营资本和民营经济在推动实现共同富裕、建设中国式现代化、实现中华民族伟大复兴过程中的重要作用。

第四章

民营企业家：
最后风险承担者及其风险报酬

人们都认为民营企业家是光鲜亮丽的董事长和CEO，却忽视了他们长期处于风险和压力下身心俱损。除了民营企业家主动承担的市场风险，来自市场之外的各种政策、行政、法律和舆论的非市场风险也让民营企业家时常承受着巨大的压力。对民营企业家承担的风险，公众的认识还很不充分，而对民营企业家应当获得的风险报酬，总体上认识不足，严重低估。如果不能正确认识民营企业家承担的风险及其报酬，将会影响民营企业家创新创业的意愿和热情，给中国经济增长带来负面影响。

第一节　创办企业是"勇敢者的游戏"

有抽样调查显示，中国民营企业平均寿命仅 3.7 年，中小企业平均寿命更是只有 2.5 年；而在美国与日本，中小企业的平均寿命分别为 8.2 年、12.5 年。中国大公司的平均寿命是 7 到 9 年，欧美大企业平均寿命长达40年，日本大企业平均寿命有58年。[①]可见创办企业是一项"勇敢者的游戏"，只有真正投入资金、时间、精力参与这项游戏的人，才有资格谈论成败。成功者可能获得丰厚的回报，而失败者将丧失自己付出的一切，还可能背上沉重的债务。民营企业家是企业经营风险的最后承担者，理应获得风险回报。但目前的社会舆论对民营企业家所承担的风险和应当获得的回报缺少相应的认识，这与我们的经济学教育中缺少对风险和风险报酬的研究与讲述有很大的关系。

一、"惊险的一跃"：马克思论企业家承担的风险

马克思在《资本论》中曾说道：商品到货币是一次惊险的跳跃。"这个跳跃如果不成功，摔坏的不是商品，但一定是商品的所有者。"[②] 这句话形象而深刻地描述了生产资金投入的前置性和收益的滞后性给企业家带来的风险：在产品的研发和生产阶段，企业家投入资金（货币）来组织各种要素生产出产品，这个过程是从货币到商品的转换，但企业必须再次完成从商品到货币的转换，才能收回投资获得的利润，这个转换就是马克思所说的"惊险的一跃"。商品可能由于各种原因无法变成货币，如果这惊险的跳跃失败，那么摔碎的不是商品，而是商品的所有者——企业家将无法收回前期投入的资金而面临亏损、负债甚至破产。

---

① 刘兴国.中国企业平均寿命为什么短[N].经济日报，2016-06-01.
② 马克思.资本论：第一卷[M].北京：人民出版社，1975：124.

第四章　民营企业家：最后风险承担者及其风险报酬

习近平总书记曾指出："如果说马克思在《资本论》中揭示的关于资本主义生产的基本原理和规律难以适用于社会主义条件下的计划经济的话，那么，对于我们当前正在大力发展的社会主义市场经济，却具有极为重要的指导意义。"[①] 因此，充分理解民营企业和企业家所面临和承担的风险，对于客观正确认识民营企业家的角色和作用，有着非常重要的意义。

在中国民营企业发展的过程中，每家企业都会面临"惊险的一跃"，只有通过创新，不断提升质量、效率和用户体验，才能成功完成这一跃。例如，雷军在推出小米的第一代手机之前，先着力在互联网上培养用户，等粉丝数量达到30万左右时，才决定推出第一款小米手机；而且将原本市场定位三四千元的产品定价1 999元，最终举办了盛大的发布会，经过这样的努力，第一代小米手机才能完成"惊险的一跃"，一炮而红。

现代工业生产的精细程度已经远非马克思时代的工厂可比，仅仅供应链管理就是一项浩大而复杂的工作。记录苹果公司现任CEO生平的《蒂姆·库克传》的作者曾经这样感叹，供应链管理"如果出了差错，要么就没有成品交付，要么就被库存压垮。无论哪一种结果都是致命的"[②]，这可以说是"惊险的一跃"的现代版本。

这"惊险的一跃"如果失败了，那么摔碎的不是商品，但一定是商品的所有者——马克思的形容是那样的精确，很多企业都

---

① 习近平. 对发展社会主义市场经济的再认识[J]. 东南学术，2001（04）：26-28.

② 范海涛. 一往无前：雷军亲述小米热血十年[M]. 北京：中信出版社，2020.

因商品滞销而走向衰落。最著名的案例就是随着智能手机的崛起，功能机时代曾经显赫一时的诺基亚、摩托罗拉、波导、金立等手机被迫退出市场，而商品的所有者，也就是企业家，也将经历重大的挫折。

二、企业家风险：在不确定的条件下决策

18世纪初，英国古典经济学家理查德·坎蒂隆（Richard Cantillon）在他的《商业性质概论》（*Essay on the Nature of Commerce in General*）一书中明确提出，企业家就是"按照固定价格购买和按照不确定价格出售"的风险承担者。[①] 坎蒂隆的观察非常准确，民营企业家就是以固定的价格购买各种生产要素，但却要用不确定的价格出售制成的商品。万一商品在"惊险的一跃"中摔得粉身碎骨，而员工的工资必须支付，供应商的货款必须支付，厂房和办公室的房租必须支付，银行的利息必须支付……最终的风险只能由企业家承担。

1916年，美国经济学家弗兰克·奈特（Frank H. Knight）在《风险、不确定性和利润》（*Risk, Uncertainty and Profit*）中认为，"企业家是在上一个时间购买生产要素并通过一个生产期间将它们转换为在下一个时间里出售的产品""通过生产期间之前的预期以及生产时间之后预期的实现与否来讨论完全竞争条件下利润

[①] 理查德·坎蒂隆.商业性质概论[M].余永定，徐寿冠，译.北京：商务印书馆，1986.

的出现"[1]，从这个角度来看，奈特对风险和利润的理解，与坎蒂隆、马克思的思想有着某种程度的暗合。奈特认为，企业家能够在不确定性情况下采取行动，所以应当成为利润的拥有者，而利润可能为正（盈利），也可能为负（亏损）。[2]

企业家在行动之前对市场前景有一个判断，最终这个判断是否符合实际则是不确定的，这就是风险存在的原因。企业家明知自己不可能完全控制事态发展，但也要尽最大的力量来实现自己预判的有利情形，这就是企业家发挥作用的空间。当企业家的努力使得自己的判断最终符合实际，他就将获得市场的奖励——利润。

2006年，通威集团已经成为水产饲料业内的龙头企业，对于多元化发展一向谨慎的通威董事长刘汉元，判断出新能源产业将会有广阔前景。从多晶硅的生产入手，进入光伏产业，是否能像刘汉元预计的那样成为第二条成功的赛道？其中的风险不言而喻。刘汉元采取的战术谨慎、稳妥而又坚定，例如，多晶硅项目规划了万吨级的规模，但第一期只投1 000吨的产能，而且分成两种技术工艺、两条生产线，以便可以选择更优的技术；而在多晶硅经过一轮爆炒后坠入低谷时，刘汉元谨慎地增加了3 000吨产能，还并购了因欧美"光伏双反"等原因陷入困境的电池片企业，使得产业链条向下游延伸。坚定而谨慎的战术路线使得通威

---

[1] 安佳. 风险、不确定性与利润以及企业组织——奈特理论介评[J]. 科学·经济·社会，2006（01）：15-18+22.
[2] 风险与不确定性的这种区别是奈特个人的定义决定的，把两个词倒过来用也不会影响我们的分析，因此我们仍然将企业家面临的失败的可能性称为"风险"。

光伏产业的发展符合刘汉元的预判，当无锡尚德、赛维 LDK、汉能集团等一度非常成功的光伏企业在 2012 年左右的行业风暴中倒下时，通威的新能源业务逐渐进入行业前列，成为全球最大的高纯晶硅和光伏电池片生产企业，刘汉元也获得了利润和上市公司市值的双重回报。

随着经济学、金融学的发展，它们对人类心理和行为的研究逐渐深入，结合风险偏好理论对企业、企业家和雇员的出现提出了自己的解释。根据对待风险的态度不同，人群可以分为风险规避者（risk averter）、风险中立者（risk neutral）和风险偏好者（risk lover），面对相同的风险 - 收益比，不同类型的人群有不同的选择。例如，风险规避者会选择领取固定工资，实际上是将市场不确定性风险转嫁给风险偏好者——企业家，同时向企业家支付"风险佣金"，自己却自愿领取一个固定的低于期望收入的"确定性等价"工资；相反，企业家因风险偏好优势，承担了市场不确定性风险而取得经营管理权威，并成为剩余索取者，享有"风险佣金"。[1]

很多中国民营企业家都是放弃了稳定的职业，选择了风险更高的创业之路。例如，新希望集团的创始人刘永好放弃了教师岗位，从在家养殖鹌鹑开始了自己的创业之路；陈东升离开了《管理世界》副总编的岗位，创立了嘉德拍卖和泰康人寿；俞敏洪从北京大学辞职，创办了新东方学校；郭凡生从国家科委辞职创办

---

[1] 杨瑞龙，杨其静. 对"资本雇佣劳动"命题的反思［J］. 经济科学，2000（06）：91-100.

了慧聪公司；樊建川辞去了宜宾市常务副市长的职务，创办了房地产公司和建川博物馆，等等。他们是市场经济中的风险偏好者，选择了承担市场不确定性，从而也取得了企业的经营管理权，并成为剩余索取者而获得风险回报。

金融学家们对于金融领域的风险也进行了深入的研究。1952年，哈里·马科维茨（Harry Markowitz）在论文《资产组合选择》（*Portfolio Selection*）中第一次将收益和风险定义为均值和方差，从而给出了风险和收益的精确定义，率先将数理统计方法引入了资产组合选择的研究中。

在金融市场上，人们可以越来越精准地给风险定价，金融市场也会给愿意承担风险的投资者提供风险报酬（risk premium），例如，资信较差的债券往往需要以更高的利率才能售出。风险定价的理论、模型和技术也逐渐应用到风险投资领域，风投机构对不同阶段企业的风险有着深刻的认识，投资人对风险较高的项目，往往会要求创业者给出更高的回报，甚至签订严苛的对赌协议。

蒙牛在接受摩根士丹利两笔大约6 000万美元的风险投资时，也接受了严苛的对赌协议。第一次，如果蒙牛在一年之内没有完成双方约定的增长任务，投资方就将拥有蒙牛的绝对控股权，且可以随时更换管理层；第二次，约定蒙牛乳业三年的业绩复合年增长率不低于50%，如果达不到，蒙牛公司管理层将输给摩根士丹利6 000万—7 000万股的上市公司股份；若业绩增长达到目标，则摩根士丹利等机构就要拿出自己的相应股份奖励给蒙牛管理层。所幸蒙牛两次都完成了业绩指标，保证了创业大股东对公司的控制权,也获得了相应的股份奖励,但其承担的风险也可想而知。

三、风险报酬是对勇敢者的回报

中国民营企业家在创业过程中,承担了各种各样的风险,在新兴领域创业的企业家,面临的风险更大,一方面他们在融资时需要付出更高的成本,另一方面如果成功他们也应该获得更高的风险溢价。

据说,在京东创业初期急需融资的阶段,刘强东曾经向国内一家企业融资500万元,当时这家企业给付了第一笔100万元之后,因为京东当时处于亏损状态,就决定撤资,导致京东的资金链面临风险,发工资都出现了困难。当时京东日订单量刚刚突破3 000单,公司的发展前景非常不明朗,这家企业撤资的决定也许是理性的,但它也失去了让资金实现指数增长的机会。为京东解了燃眉之急的投资机构是今日资本,在投资1 000万美元,获得40%股权的协议中,还包含着业绩增长的对赌协议:每年销售增长100%,第四年要求盈利,如果实现目标,今日资本就拿出一部分期权奖励京东团队。如果没有今日资本的投资,京东可能就倒在了电商产业爆发的前夜,而今日资本决定承担风险,也获得了100倍以上的投资回报。[①]

在民营企业的发展过程中,那些风险偏好更高、能够及早看

---

① 李志刚.创京东——刘强东亲述创业之路:第二部分之融资[M].北京:中信出版社,2015.

出行业发展趋势、愿意领风气之先的企业家，往往能够获得更高的回报，而在行业趋势明朗之后再跟风进入的风险厌恶者，就只能获取有限的报酬。

例如，黄光裕曾因为国美电器对原有家电营销体系的冲击而遭受供货商的攻击和抵制；王健林在创业初期曾经努力通过银行获得贷款但最终失败，背负着年利率25%的百万负债拼命开拓市场；马化腾成功开发出了QQ软件却找不到正确的商业模式，甚至想出售股权都找不到买家；张一鸣在美国政府的制裁封杀下，在美国、印度等国的巨额投资面临着巨大的不确定性政策风险……他们都是在行业发展的大潮中先发一步，承担了比其他人更多的风险，也获得了比其他人更高的风险报酬。

风险本身就是市场淘汰机制的一部分，那些不能正确应对风险，没有足够能力和资源处理风险能力的企业将会被市场淘汰；让出的市场份额和减轻的竞争压力，就是对那些能够承担风险的企业的报酬；而能够带领企业正确处理风险的企业家，理应获得相应的风险回报。

第二节　民营企业家时刻面临各种风险

企业并不是一个建立起来就能自动运转并且产生利润的机器。在运行过程中，企业时刻面临着各种各样的风险，有些来自内部，有些来自外部。这些风险如果不能及时化解，轻则导致企业面临损失，重则可能让企业失败、破产。

一、不可预知的政策风险：另一种"不可抗力"

2023年8月，某市某区一家创意公园里的中小企业突然收到一份"腾退通知书"，称由于园区已经被列入了"非建设空间"，要求企业无条件配合房屋疏解腾退工作，未在一周期限内搬离者，则视为放弃房屋内外各种设备、家具、电器等相关物品的所有权及相关权益，届时将会采取相关措施收回资产，进行拆除。这些企业入驻园区的时间仅有三个月，前期投入的装修、设备、家具等费用从十几万元到几十万元不等，这些企业一时都陷入了困境。[①]

为了确保公平，政策出台前往往会严格保密；为了确保效果，政策实施过程中往往会雷厉风行，这两个因素导致政策风险难以预料且没有应对时间。突如其来的政策变化，可能让企业立即停产、搬迁，也可能造成企业的市场缩小、成本上升，还可能导致企业的业务范围发生变化，严重时会影响企业的生存。

在国内，"双减"政策与治理"散乱污"问题在某种程度上影响了企业的发展。在国际市场上，企业也可能因为外国政府的政策变化而遭遇风险。21世纪初时，华为在美国市场发展势头迅猛，2002年美国市场销售比上年度增长将近70%，但在美国政府的制裁和打压下，华为彻底退出了美国市场。类似的案例还发生在光伏、新能源汽车等领域，2011年的欧美对中国光伏企业发起

[①] 景一鸣，高源. "腾退令"下，企业权益谁来保障[N]. 北京日报，2023-08-21（07）.

的反倾销、反补贴诉讼导致中国光伏产品遭遇高额关税或进口限制，导致大量中国光伏企业陷入困境，无锡尚德、赛维LDK等企业倒闭。

面对政策执行的突发性和"一刀切"，民营企业经营受到重大影响，企业被停业甚至关门。尽管从法律意义上来说，政策风险不属于"不可抗力"，但对于普通民营企业来说，任何突发性的政策变化带来的冲击都是不可抵御的。

二、法律风险、行政风险和舆论风险：从微观层面影响投资信心

2006年9月，物美集团创始人张文中被带走调查，失去自由。2008年9月，因所谓的涉嫌单位行贿、挪用资金及诈骗被起诉，一审判处其有期徒刑18年。时隔10年，2018年5月，最高人民法院重新审理此案并宣布张文中无罪，张文中12年的冤案彻底平反。

2021年9月，北方某市为弥补财力紧张及不合理支出等产生的缺口，在6月份已经完成非税收入预算7亿元的情况下，向下辖15个乡镇（街道、开发区）分解下达了3.04亿元的非税收入指标，各乡镇、村街以安全生产执法检查等多种名义，对中小微企业和个体工商户进行集中罚款、摊派、收费。据不完全统计，2个月的时间里该市15个乡镇入库和未入库罚没收入6 700余万元。

在司法机关、政府部门和新闻媒体面前，民营企业处于弱势

地位，这些权力部门一旦出现"乱作为"，就可能给民营企业带来风险。

司法机关的责任是维护正常的社会和市场秩序，在有些情况下，也会受到当时社会舆论和理论思潮的影响，对民营经济采取过于严苛的执法标准给民营企业带来风险，例如改革开放初期"傻子瓜子"创始人年广九被逮捕事件，与当时社会上对民营企业的偏见有很大关系。还有一种情况，是有些人利用法律手段来打击异己甚至公报私仇。2018年11月，最高人民法院副院长江必新在接受新华社访谈时表示，一方面要防止有些人抓住民营企业和企业家的一些行为上的瑕疵、轻微的违法行为而置民营企业和企业家于死地；另一方面要警惕一些人抓住一些鸡毛蒜皮的事情，对民营企业和企业家敲诈勒索。还要警惕一些利用一些瑕疵来恶意诉讼，甚至提起虚假诉讼，来坑害民营企业和企业家的行为。[①]

在中央提出构建"亲清政商关系"，优化营商环境的大背景下，一些政府部门及工作人员头脑中仍有官本位思想的残余，使用行政手段干预民营企业。个别人为了个人利益影响民营企业正常运行的现象仍然存在，"一刀切"、宁严勿宽，甚至层层加码的现象屡禁不止。

不同于真正的舆论监督，舆论风险是那些由于误会、误伤甚至恶意中伤，在社会舆论中给企业的形象、商誉、销售收入、股

---

① 【聚焦】最高人民法院副院长江必新：防止少数人抓住民营企业的一些轻微违法行为而置之于死地访谈视频。https://www.sohu.com/a/280480076_99920760.

票市值等造成的负面影响。有权威媒体曾总结了民营企业遇到的几种谣言,如丑化个人、抹黑产品、诋毁对手、捏造新闻等,这些谣言通过"爆黑料""泼脏水""蹭热点"等方式呈现裂变式传播,给企业造成很大影响。①

法律风险事件、行政风险事件和舆论风险事件不仅给具体企业带来损失,更加值得重视的是,这些风险事件往往会成为民营企业家评价当地营商环境的重要指标,如果酿成公众舆论事件,就会给当地的营商环境带来破坏,一些影响较大的法律案件、舆论事件甚至会影响全国的社会氛围,影响民营企业家信心。

三、金融风险:可能致命的流动性短缺

2023年,多家民营房地产企业传出美元债票息未能支付的消息,这是美联储加息与中国房地产市场偏冷叠加,给相关企业带来了流动性风险。对于那些高度依赖融资的企业来说,金融风险有可能导致融资链断裂,业务突然陷入停顿。例如,对流动资金高度依赖银行贷款的企业而言,银行加息或者收贷就可能是致命的。对于处于业务扩张阶段,高度依赖风险和股权融资的企业而言,IPO失利也可能导致即将开始的新一轮融资陷于停顿,业务的扩张戛然而止,甚至有可能让大股东失去控制权。例如,2012年,某知名餐饮企业在A股市场和港交所两次申请上市失败,触

---

① 之江轩.让民营企业免受谣言困扰[Z/OL].(2023-07-22)[2023-11-21]. https://mp.weixin.qq.com/s/w8zhIOHFMlyzW5gHoBiaTA.

发了与股权投资机构签订的"股份回购条款"及"领售权条款",超过 80% 的股权被出售给第三方机构,随着后来的法律运作,创始人、大股东持有的少数股权也被冻结和转让,彻底失去了对企业的控制权。

与金融机构相比,广大民营企业处在天然的弱势地位,在申请融资时要付出更高的成本,而在金融风险来临时更早受到冲击。出台收缩银根政策时,中小民营企业往往成为第一批被催收、断贷的对象;某些因为行业特点对融资依赖较多的企业,也面临着更大的金融风险。

四、市场竞争风险:公平竞争和不公平竞争

当诺基亚、摩托罗拉等"功能机"在移动通信市场风头正劲的时候,谁也没有预料到 iPhone 的发明会让它们在短短两三年内退出舞台。微信公众号、微博、短视频等自媒体的发展已经让平面媒体和电视新闻日渐式微,电动汽车的快速崛起和传统燃油车的困境再次验证了"消灭你,却与你无关"的"三体法则"。

企业面临的最大外部风险,还是来自市场竞争的风险。每家企业都想加高自己的竞争壁垒,挖宽挖深自己的"护城河",但竞争对手永远会从你想不到的角度发现它自己的优势"野蛮生长",很多时候,跨界而来的对手甚至会消灭称霸行业。

改革开放以来,数不清的民营企业在市场竞争中倒下,其中绝大多数是中小微企业和个体工商户,打败他们的未必是多么强大的对手,而是不断上升的原材料价格、人工成本、房租,或者

是新技术、新业态、新模式的崛起，这些纯市场的因素是企业面临的最普遍的外部风险。面对市场竞争风险，企业家唯有通过自身的努力，通过提升效率、降低成本、增加研发投入等办法来应对，或者尝试转型来适应新技术、新业态、新模式带来的变化。如果在公平的市场竞争中失败，民营企业家无怨无悔。

但是还有一种在市场竞争中遇到的风险，就是不公平竞争的风险。例如，因为所有制差异，处于同行业的部分企业可以获得廉价的、有时甚至是无限量的信贷供给，而另一部分企业则只能得到昂贵的信贷资金，有些需要通过非标准渠道融资，有的根本借贷无门。又比如，一些占据垄断地位的企业可以凭借市场地位涨价，一些具有特殊市场影响力的企业可以迫使下游用户与自己签订独家合作协议（如平台企业的强制性"二选一"政策等）。这些不公平、不正当的竞争，使得很多民营企业处于不利地位，如果长期得不到改善和解决，将会影响地方、行业乃至全国的民营企业家的创新热情，给经济发展带来严重负面影响。

五、决策风险和管理风险：来自内部的威胁

1997年，巨人大厦被迫停工并就此烂尾，宣告了史玉柱亲手创办的巨人集团破产的命运。通过开发巨人汉卡和脑黄金等产品，史玉柱获得了巨大的成功，但是建设巨人大厦无疑是一个错误的决策，尤其是在冲动之下将原来的18层设计改为70层，更是将企业的资金链绷到了无法承受的地步，决策失误，可以说是巨人集团陨落的最主要原因。

有些民营企业的诞生和发展，与企业家敢于冒险的决策有关，但更多是因为这些企业处在了宏观经济行业整体上升的大趋势中。如果这些企业家过度地估计了自己的能力，或缺乏科学决策机制，或宏观形势发生了重大变化，就可能造成决策风险。

有些企业管理团队在创业时尚能团结一致，发展到一定规模就会因为战略方向、利益分配等问题出现分歧甚至矛盾，最终走向分裂。

安全生产是每一家企业都必须高度重视的问题，一旦发生重大安全事故，不仅会给企业带来损失，甚至可能导致员工等相关者有生命危险。

民营企业内部的管理层决策失误、企业的重大创新活动失败、管理层内部斗争、关键岗位人员变动，安全生产事故……这些风险因素都有可能对业绩甚至资产质量产生重大影响，甚至威胁到企业生存。

这些风险无法通过外部的环境变化来改变，只能通过企业家和管理团队的学习、摸索、实践和成长，构建合理的治理结构和治理机制，建立完善的规章制度和企业文化来逐渐改善，如何应对决策风险、管理风险，是每一代企业家都需要长期学习的经营管理课程。

六、创业就是企业家主动承担风险

从以上的分析可以看出，民营企业承担的风险，既有来自市场内部的竞争决策等风险，也有来自市场外部的司法、行政、舆

第四章　民营企业家：最后风险承担者及其风险报酬

论等风险。创业就是民营企业家主动承担风险的行动。在经济面临艰难转型的关键阶段，仅是市场风险就已经让民营企业压力非常大，如果再面对很多不可预测、不可抗辩、难以化解的非市场风险，自然会影响民营企业的投资意愿。

从决定"下海"创办企业的那天起，企业家就开始主动承担市场风险：他必须先付出资金（无论是自有资金还是借贷资金），才能雇来员工、租到场地、购置设备，开始生产经营活动——在收入产生之前，他已经付出了一大笔资本，由此就产生了创业的风险。

而在企业的后续经营中，每一轮生产都会面临着从商品到货币的"惊险的一跃"，研发等创新活动面临的风险更大。关于研发活动的成功概率，有人说美国企业研发的成功率是20%~30%，也有人说在快速消费品行业，只有28%的新品为品牌带来销售增量，只有6%的新品为品牌带来了新消费者，还有数据显示新药研发成功率平均为7.9%。总体而言，研发活动都是失败的概率远远大于成功，但企业家仍然必须承担这个风险。

在比亚迪发展的历程中，从2008年到2018年，王传福坚持10年时间，投入了数以百亿计的资金，将插电混动DM技术提升到全球领先的水平，但插电式混动汽车的销售仍然不温不火。因为收入和利润不足以支持技术迭代的投入，很多车企已经放弃了插电混动的技术路线，"真的差点就走不下去了！"王传福回忆起当时的压力也一度哽咽。是否还要在这条技术路线上坚持下去，比亚迪内部也出现了争论。"但我还是要继续走插混路线，必须咬牙坚持下去，即使走错了也认了！"事实证明，王传福"赌"对了，插混路线从之前的非主流逐渐走向主流，2022年以来，插混车销量同比增速超过了纯电动车，在市场上的占有率也节节攀升。

民营企业家是创业创新风险的主动承担者，也是所有市场风险和非市场风险的最终承担者：成功，就可能脱颖而出；失败，就可能一败涂地——这就是不确定性很高的"风险"项目，只有下决心投入并全力以赴，才能够获得风险报酬，也应当获得风险报酬。

第三节　风险报酬是民营企业家承担风险的必要激励

民营企业家承担风险应当获得回报的含义是，创办企业的结果如何，不确定程度很高，并且成功或失败的概率无法估计，如果成功，就能够获得高回报；如果失败，就要承受巨大损失，成功的高回报就是风险报酬。

一、民营企业家是风险的最终承担者

民营企业一旦成立，就时时刻刻暴露在各种各样的市场风险和非市场风险下。而非市场风险，如政策变动、行政管制、法律诉讼、舆论事件等，也都可能影响甚至打断民企的正常经营过程，给民营企业造成损失甚至导致失败。民营企业家本人也以其投入的资金、在社会上的声誉乃至身家性命，来作为这些风险的

最终承担者。

20世纪90年代初,华为开发的模拟交换机JK1000在市场上遭遇了惨败,几乎赔光了华为的老本。如果华为从自主开发的道路上退回去,一直做国外设备的代理商,可以很稳妥地赚钱,但是随着竞争对手越来越多,利润率也会逐渐降低。而走自主开发的道路,成功了就可能成为国内市场的领先者,能够赚取比贸易多几倍的利润,但失败了就会损失之前从事设备贸易积累的资金,不仅会打回原点,甚至可能破产。

面对这样的状况,任正非决定开发国产的数字交换机。在开发过程中,华为的现金流只出不进,出现了财务危机,人员也不断流失,这时任正非仍然决定坚持在数字交换机上的研发投入,他对华为研发团队的成员说:"这次研发如果失败了,我只有从楼上跳下去,你们还可以另谋出路。"最终,C&C08数字程控交换机研发成功,成为华为打开国内和国际通信设备市场的拳头产品,创造了数十亿元的利润。如果没有任正非承担风险,就不会有C&C08的成功,也不会有丰厚的回报,任正非当然应该为承担风险而获得报酬。

有人认为,对于大部分民营企业来说,企业家的确是风险的最终承担者,但那些通过高杠杆、高负债、多元化搞无序扩张的企业,出现风险时给上游供应商和下游客户都造成了损失,严重时还需要政府出面用财政资金来为他们托底,因此这种企业的创始人和负责人并不是最终的风险承担者。

企业家被一段时期的成功冲昏头脑,将阶段性的顺境当作常态,通过高杠杆、高负债和非相关多元化快速扩张而出现风险的案例，在国内外都曾经出现过。例如，在 2007 年之前，美国房价持续上涨，房利美、房地美等贷款机构和雷曼兄弟等金融机构都以此为依据开展业务，要么放出了过多的次级贷款，要么以次级贷款为基础资产发行了大量的金融衍生产品，这些业务在房价上行阶段都带来了丰厚的收益，但是在房价出现逆转后却随时可能"爆雷"，置企业于死地。

实际上这是市场经济发展过程中不可避免的现象，甚至可以说是人类共有的人性所导致的必然结果。诺贝尔经济学奖获得者乔治·阿克洛夫（George Akerlof）和罗伯特·希勒（Robert Shiller）就指出，因为人是经济生活中的主角，而人性中所包含的"动物精神"则是人们行动的真实动机。阿克洛夫和希勒认为，信心、公平、腐败与欺诈、货币幻觉与故事是动物精神的五个方面，其中信心是最重要的动物精神元素，包括了人对未来的一种盲目预期；公平因素的重要性不亚于理性的经济动机；腐败与欺诈是经济中不可消除的阴暗面，也会随着时间而变化；货币幻觉会让人对价格，尤其是资产价格的变化产生不符合事实的认识；而鼓舞人心的故事往往能够带来高涨的信心……因此，在由人构成的市场经济中，这些动物精神因素始终在发挥作用，期待市场的参与者完全理性行事是不符合实际的，他们会在这些精神因素的作用下偏离理性而做出决策，最终可能是冒险成功而开拓了新的事业，也可能是"胆大妄为"给自己、企业甚至社会造成损失。

对于这种动物精神催生的不理性行为，社会既要有一定的宽容度，否则将会扼杀承担风险和创新的勇气，又需要加以适当的约束，尤其是对腐败和欺诈行为，更应当通过审计、监管等措施尽量消除。例如，次贷危机之后美国出台了《多德-弗兰克华尔街改革和消费者保护法》（Dodd-Frank Wall Street Reform and Consumer Protection Act），对金融监管机构的职能进行重新整合，强调了对金融消费者利益的保护，对金融体系中复杂的金融衍生品进行了制约和规范。而中国的宏观经济管理部门尽可能汲取其他国家的经验和教训，对于房地产行业设立"三道红线"等监管措施，对杠杆过高的企业提出警示，推动行业整体健康发展。无论是亡羊补牢还是未雨绸缪，都是防范因企业风险引发宏观风险的重要举措。

从中国民营经济发展的历史来看，那些给国家利益、社会利益、消费者利益和投资者利益造成严重损失的企业及其管理者，都受到了法律的追究和制裁，也受到了社会道德的广泛批评。从这个角度而言，这些企业和他们的创始人，也都是风险的最终承担者。

很多发展到需要政府部门出手救助的企业风险，都与宏观经济形势的误判及逆转有密切关系，很多时候不能完全归因于企业家的微观操作或者道德风险。要避免这种风险一再出现，或者避免将大量企业牵涉进同一次风险事件而造成系统性风险，就需要宏观经济监管部门更加科学的监测和监管。

而对于那些内部控制失效，甚至有意利用监管漏洞来扩张牟利的企业，则需要通过加强外部监管，弥补漏洞，督促建立有效的内控体系等方式来防患于未然，对于已经造成损失的企业和负责人，应当追究法人和个人的责任。

二、民营企业家与高管、员工面临不同的风险压力

有人认为，企业的风险是由全员承担的，但事实并非如此。风险来临时，企业内的基层员工、中层管理者甚至高管，面临的都是局部的、间接的损失，甚至会对风险缺乏感受，但是民营企业家是最终的风险承担者，如果处理不好，每个风险都可能给企业带来很大的损失甚至灭顶之灾，他们必须全力以赴。

2001年，福耀玻璃遭遇美国的反倾销诉讼时，基层员工感受不到这件事的任何影响，很多公司高层也认为，即使不应诉，大不了退出美国市场，国内的订单都做不完，为什么要费力和美国人打官司？但是曹德旺看到了其中的风险——不应诉就是放弃美国市场，而全球汽车工业的国际化程度很高，如果不能在以美国为代表的国际市场立足，未来福耀玻璃很可能会被排除出跨国车企的供应链，最终中国市场也有可能保不住。因此曹德旺决定全力以赴应诉，聘用了水平最高的美国反倾销律师，集团各部门无条件配合，经过两年的时间终于胜诉，不仅挽回了因为反倾销税而多缴纳的税款，更重要的是确保了公司在全球市场的正当竞争地位。

如果曹德旺也像那些基层员工和公司中高层管理人员一样，对于风险没有清醒的认识，最终风险来临时，企业将会受到重创。很多在走下坡路或面临风险的企业中，员工和中层管理人员很快就可以找到新的工作，而民营企业家则只能想尽各种办法化解风险与企业同进退，成为风险的最终承担者。因此，风险报酬是对企业家勇于承担的回报，而不应当见者有份，全员均沾。

三、风险报酬可正可负，是民营企业家承担风险的必要激励

在金融市场上，国债和银行存款的利率被认为是无风险利率，因此一般都较低；而企业债券则需要支付较高的利息，因为企业债券的投资者要承担两重风险：一是企业经营亏损甚至破产的风险；二是央行加息，导致债券市场价格下跌的风险。因此企业债券利息高于国债利息的部分，就是企业债券投资者获得的风险报酬。而股票带来的回报是不确定的，既包含了不确定的股息，也包含了价格变动带来的资本利得（包括亏损）。股票收益可以用不同股息率和相应的概率，以及不同的资本利得及其相应的概率来计算。股票收益也包含无风险收益和风险收益两部分，无风险收益率等于银行或国债利率，扣除无风险收益的部分就是风险收益。

企业家创办企业所获得的总收入，主要包括薪金收入、分红收入、股权增值收入等几个部分，同样也可以分为无风险收益和风险收益。无风险收益部分可以这样计算：如果企业家将投入企业的资金用来购买国债，将创办企业的时间和精力用来"打工"，也就是在其他企业担任职业经理人，获得的利息和工资将构成企业家的无风险收入。从企业家获得的总收入中，减去无风险收入部分，剩余部分就是企业家的风险报酬和创新报酬，而这两种报酬的具体比例金额则难以进行简单准确的计算。

特别需要指出的是，企业家的风险报酬并不一定为正。风险的本质就是不确定性，承担风险可能获得巨大收益，也可能承受严重失败。因此，可正可负的风险收益就是一份公平的报酬，谁

也无须为此"眼红"。根据全国工商联推出的第一部《中国民营企业发展报告》所公布的调研数据,中国民营企业的平均寿命为2.9年,[①]而创新失败的概率远远高于成功的概率,一旦创新失败、企业破产,企业家的风险报酬就会为负。任正非的C&C08交换机可能研发失败,王传福的插混技术可能不会成为行业主流,这些情况在无数民营企业身上不断上演,这时我们还会注意到民营企业家收获的"负风险报酬"吗?

在金融市场上,投资标的风险越高,投资者所要求的风险补偿即风险溢价越高。其实在企业经营中也是这样,民营企业家面临的风险越大,他应当获得的风险报酬也就越大。如果企业家无法获得相应的风险报酬,他就放弃这项决策,如果企业家的报酬中不包含风险回报,就无法正面激励企业家去承担风险,这将是对开办企业这一行动的根本否定。可以说,如果企业家不能获得风险报酬,世界上就不会再有人去开办企业。因此,企业家作为企业风险的最终承担者,获得风险报酬的权利必须得到保证。

硅谷之所以能够成为全球创新的中心,很重要的一个原因就是通过与风险投资和资本市场的紧密连接,形成了良好的风险报酬机制。一方面,新技术、新产品、新模式和新业态能够得到风险投资的支持;另一方面,成功的风险投资项目也能够在资本市场上获得充分的风险报酬,从微软、苹果到谷歌、特斯拉,企业家创业的风险都获得了相应的报酬。因此,风险报酬是民营企业

---

① 王泠一.中小企业为什么"做大就死"?[J].中国乡镇企业,2005(10).

家承担风险的必要激励,只有充分认识和肯定风险报酬,让在法治范围内承担风险创新创业的民营企业家都能够按照市场机制获得风险报酬,才能充分激发民营企业家投资的积极性,推动经济出现繁荣。

第五章

民营企业家:
复杂劳动及其劳动报酬

从早期工业化阶段对工人劳动的监督指挥，到工业化时代对各种要素的组织协调，再到数字经济和人工智能时代的创新创意，企业家都在从事着长期、困难的复杂劳动。很多个体工商户和中小企业主更不曾脱离一线劳动。在新的形势下，尤其是即将到来的人工智能替代劳动的时代，我们不仅需要对劳动的定义进行符合实践的延伸和拓展，更需要对民营企业家的复杂劳动付出给予肯定，承认民营经济人士应当获得其相应的劳动报酬。

第一节　民营经济人士的复杂劳动

一、马克思论企业家的劳动：乐队指挥的监督劳动

马克思在他的研究中就曾注意到资本家的劳动问题。马克思指出："凡是直接生产过程具有社会结合过程的形态，而不是表

现为独立生产者的孤立劳动的地方，都必然产生监督劳动和指挥劳动……凡是有许多个体进行协作的劳动，协作过程的联系和统一都必然表现在一个指挥的意志上，表现在与各种局部劳动无关而与工场全部劳动有关的职能上，就像一个乐队要有一个指挥一样，这是一种生产劳动，是一种结合的生产方式中必须进行的劳动。"①

《资本论》的研究者指出，首先，马克思把监督和指挥称为"劳动"；其次，把这种劳动看作是必然产生、必须进行的劳动，他用了两个"必然"："监督和指挥"是必然的，"指挥的意志"是必然的；最后，他把这种劳动看作是生产劳动。很明显，这种由企业家所承担的监督和指挥劳动的性质、地位、作用，是受到马克思的明确肯定的。②

在《剩余价值学说史》中，马克思更加明确地指出："资本家在生产过程中是作为领导的管理者和指挥者出现的，在这个意义上，资本家在劳动中起积极作用……这种劳动当然就与雇佣工人的劳动一样，是一种加入产品价值的劳动。"③

马克思认为，这种劳动可以由领工资的经理人员来承担，在没有这种职业经理人的情况下，资本家自己也可能承担这种劳动，这时在资本家的"利润中也包含一点属于工资的东西（在不

---

① 马克思.资本论：第三卷 [M]//马克思，恩格斯.马克思恩格斯全集：第25卷.北京：人民出版社，1974：431.
② 勇飞.如何理解马克思关于企业家生产劳动的论述 [J].团结，2001（03）.
③ 马克思.剩余价值学说史 [M]//马克思，恩格斯.马克思恩格斯全集：第26卷第3分册.北京：人民出版社，1974：550-551.

存在领取这种工资的经理的地方)。资本家在生产过程中是作为劳动的管理者和指挥者出现的,在这个意义上说,资本家在劳动过程本身中起着积极作用"[1],可见,马克思即使在其劳动价值论中,也不曾否认资本家付出的劳动。

二、民营经济人士的复杂劳动

大部分中国民营经济人士既作为出资者投入资本,也参与创造财富的劳动活动。

首先,对于个体工商户和中小企业来说,很多情况下户主、企业主与普通员工没有截然的界限,他们的工作并未脱离第一线的生产、营销和服务工作。贵州著名食品企业"老干妈"凭着一瓶辣椒酱成为销售额超 50 亿元的大企业,但是在创业之初,创始人陶华碧只有从村委会借的两间房子,剁辣椒的工序需要人工完成,因为辣眼睛,没人愿意做,陶华碧也只好亲自上阵,并且乐观地说,"我把辣椒当成苹果切,就一点也不辣眼睛了"。生产扩大了,市场还没有打开,陶华碧就亲自用一个小篮子拎着,敲开各个饭店和食堂的大门一家家地推销……

陶华碧的故事只是千百万中国民营经济人士的缩影,企业的规模决定了个体工商户和中小企业难以实现普通劳动者和管理者的完全分工,几乎所有的个体工商业主本人都是店里的主要劳

---

[1] 马克思,恩格斯.马克思恩格斯全集:第26卷[M].北京:人民出版社,1974:500-501.

动力，而大多数中小企业主也都兼任"首席业务员""第一设计师""高级工程师"和"大客服"。

其次，对于企业家来说，更重要的劳动不是在一线从事普通员工的工作，他需要为企业发展中的远虑近忧费神。从劳动时间的角度来看，员工有下班的时候，企业家没有固定的上下班时间，没有周末，除了睡眠，大部分时间处在工作状态。企业家要为企业的运营付出大量的时间、精力和体力，很多企业家的工作时间要超过一般员工，往往是早上一睁眼就面临着企业经营发展的千头万绪，晚上睡觉前还在考虑企业的各种问题。

当然，对于民营企业家来说，更重要的工作是吸收分析各方面的信息，了解行业的新技术进展，研究竞争对手的动向，对企业经营做出判断和决策，协调和调动各种资源组织生产经营，解决随时可能出现的各种问题……所有这些活动不仅要付出劳动，而且还需要调动情感、智慧等各方面的能力。如果我们能够承认和接受科学技术工作人员从事的是复杂劳动，企业家的工作当然也是一种复杂劳动，自然应该获得相应的劳动报酬。

目前学术界对民营企业家的复杂劳动的研究已经取得了不少成果，有学者认为，民营企业家的劳动可以称作管理劳动，主要包括决策劳动、创新劳动、组织劳动和学习劳动几个方面，[1] 也是马克思所说的一种"生产力特别高的劳动，起了自乘的劳动作用。或者说，在同样的时间内，它所创造的价值比同种社会平均

---

[1] 孟范昆.必须正确认识私营经济主的管理劳动［J］.经济与社会发展，2003（06）.

劳动要多"。①

也有学者认为，企业运转所需要的经营管理劳动具有与一般劳动不同的七个特点：第一是组织协调指挥的劳动，第二是决策性劳动，第三是创新性劳动，第四是风险性劳动，第五是全局性的多层面劳动，第六是难以监督和计量的劳动，第七是工作时间不规则，常常是超负荷投入。②

第二节 人工智能时代劳动内涵的新变化

一、与时俱进，深化对劳动概念的认识

传统政治经济学对劳动的定义是："劳动是人们支出体力和脑力，使用劳动工具，改变自然物质形式的有目的的活动。"这一定义在以工业化大生产为主要特征的资本主义早期阶段具有很强的解释力，但也有学者认为，这个定义过于强调劳动的物质特性，而对于那些不改变自然物质形式的劳动，也就是服务性劳动有所忽略。

厦门大学经济系教授陈永志认为，《资本论》分析的"生产劳动"是基于当时的时代背景，但随着生产方式的变化和社会分工的发展，从单纯劳动过程考察的生产劳动已经远远不能满足时

① 马克思.资本论：第一卷［M］.北京：人民出版社，1972：354.
② 商桂秋.重新认识经营管理劳动和科技劳动的特点和作用［J］.中国劳动，2010（04）.

代的需求，随着"劳动"内涵的变化，"劳动"外延必然要相应地扩大。①

随着经济社会的发展，劳动的内涵和外延的确有了新的变化。例如，随着服务业的发展，人们对非生产性劳动、非物质劳动和服务劳动的研究比以往更加深入。有学者指出，虽然在传统政治经济学的劳动价值理论中，与作为资本增殖手段的生产劳动相比，非生产劳动本质上就是游离于资本体系之外，并不创造剩余价值的"服务性劳动"；但如果把它作为资本增殖的手段，非生产劳动也就变成了生产劳动，服务劳动行业也就变成了服务产业，其中蕴含了"休闲价值"的可能性。意大利马克思主义理论家奈格里就认为，如今劳动形式已经发生巨大的变化，非物质劳动成为劳动的重要形式。所谓非物质劳动，即创造非物质性产品，如知识、信息、交往、关系，甚或情感反应的劳动。②

美国哲学家阿克塞尔·霍耐特（Axel Honneth）提出，应该认识到必须扩展劳动概念，以便将除生产之外的其他社会必要活动纳入其中。据此，以生产有用物品为目的的加工活动，以照护、咨询和教学为目的的互动活动，以计算、分析、处理社会和经济进程管理的数据为目的的符号操作活动，都应被视为社会必要劳动。③

---

① 王雅卉，谢元态.十四大以来关于管理劳动创造价值的研究综述及启示［J］.经济师，2013（06）.

② 李春建.非物质劳动理论对深化与发展马克思主义劳动价值论的启示［J］.广西社会科学，2022（06）.

③ 阿克塞尔·霍耐特.劳动：一个现代概念的简史［J］.国外理论动态，2022（06）.

第五章 民营企业家：复杂劳动及其劳动报酬

在数字经济兴起之后，数字劳动的概念又成为研究的热点。例如，提出这一概念的意大利学者蒂兹纳·特拉诺瓦（Tiziana Terranova）在其著作《免费劳动：为数字经济生产文化》（*Free Labor: Producing Culture for the Digital Economy*）中认为，数字劳动就是互联网用户的"免费劳动"，也就是网民在网络虚拟空间中进行的一系列活动，包括评论、聊天、阅读、浏览网页、修改软件包等。而国内有代表性的研究者将数字劳动定义为："数字劳动是一种以互联网平台为劳动工具，对现存的数字信息进行加工和制造最终生产数据商品的劳动。"[①]

可见，随着经济发展，劳动不再仅仅指体力劳动，科学家、工程师的劳动，主要是通过大脑活动研究自然规律，解决技术难题，应当是不同于简单体力劳动的"复杂劳动"；文学家、艺术家的劳动，主要是通过大脑活动和情感情绪，外化表达人类的感情体验，也应当是不同于简单体力劳动的"复杂劳动"。同样，企业家的工作是更加复杂的劳动：在创业阶段，企业家可能需要和普通员工一样参与体力劳动；在公司发展阶段，企业家需要吸收分析各方面的信息，学习行业的新技术进展，对经济形势和企业经营做出判断和决定；在企业遇到问题时，企业家需要联络各方关系、协调和调动各种资源，解决各种危机……所有这些活动不是体力劳动或者脑力劳动能涵盖的，还需要调动情感、心理、人际关系等各方面的能力，才能解决企业发展中遇到的各种

---

① 姜耀东.数字时代资本主义生产关系中数字劳动的价值走向———基于马克思政治经济学批判［J］.东北大学学报：社会科学版，2021，23（06）.

问题。在这样的背景下，如果还用"生产劳动"来定义劳动，就会让理论脱离实践的发展，失去对现实问题的解释能力。

二、人工智能时代企业家的复杂劳动

就像化肥、农药和农业机械大规模减少了农业生产所需要的劳动力，机器人等自动化装备的发展已经在制造业引发了大规模的"机器换人"现象。中国的第二产业就业人数在2012年达到了2.32亿人的最高点后开始下降，到2022年已经下降到2.11亿人，减少了2100万。[①] 而人工智能的发展正在冲击第三产业的就业岗位，人工智能客服已经进入实用化阶段，无人快递车和无人驾驶出租车已经上路试行，无人奶茶店和无人餐厅也开始营业……

在农业社会和工业社会，劳动的确是财富创造的要素之一，劳动者也获得了相应的报酬，可以维持和改善自己的生活，提升自己的素质，并且养育后代。但如果大部分领域的财富的生产不再需要普通劳动，那么我们将如何定义复杂劳动？

原来以为人工智能只能从事简单重复性劳动，但GPT-4出现以后，人工智能的能力大大提升，人工智能在很大程度上也可以完成音乐、视频、平面设计、文稿生成等需要一定创意能力的工作，这就让我们进一步思考新的环境下劳动的定义。

悲观者认为AI消灭50%的工作岗位恐怕有点夸大，即便是

---

① 数据参考自：同花顺iFinD数据库。

技术本身有这个冲击力，制度也不会让它发生；但认为技术对就业的影响是中性的，每消失一个老工作岗位就会创造一个新工作岗位，这个判断恐怕也过于乐观，因为这次技术对就业的影响跟前面50年、100年的技术革命不一样，这次技术革命叫AI革命，它会改变生产函数，对劳动的作用产生本质的影响。

最简单的生产函数是两要素生产函数，一个要素是资本，一个要素是劳动，资本和劳动可以相互替代，可以多用一点资本、少用一点劳动，也可以多用一点劳动、少用一点资本。按照这个生产函数推演下去，大家可以想象，通用AI时代的到来，一定会使资本对经济增长的贡献和作用越来越大，劳动对经济增长的贡献和作用越来越小，一定无法阻止资本替代劳动，因为AI的成本低、效率高。

经济学还有三要素的生产函数，增加了土地；还有四要素、五要素的生产函数，增加了管理、技术；最新的还有人提出第六个生产要素，比如数据。更多生产要素的引进，都会使劳动在生产和经济当中的作用和贡献越来越小，而技术、资本、数据、算法这些要素的贡献越来越大——如果劳动本身的作用和贡献变小了，那么未来就业人数总体上一定是萎缩的，不管这个过程如何曲折。

我们没有必要，也没有办法阻挡AI的技术进步和广泛使用，因此不仅中国经济，全球经济都要面对这次AI革命带来的就业冲击，因为不管过程多么曲折，AI导致生产函数的变化，总体就是指向这样一个劳动贡献减少、就业减少的结果。

当然，如果AI在重新定义各行各业的过程中，能够在不需要那么多人工作的前提下创造更多的财富，比如创造足够多的粮食、足够多的制造业的产品，甚至还可以代替人去提供服务，那不就是 AI 解放全人类？如果 AI 真的能够在生产力不下降的情况下，甚至生产力保持高速增长的情况下，将人类从繁重、单调、枯燥的劳动中解放出来，也不见得是坏事，而是好事。如果真是这样，那么 AI 留给我们的挑战就不仅出现在经济领域，而是就业、教育乃至整个社会的运转和管理模式都需要重构，这将是一个巨大的挑战。

在经济活动对人的体力劳动和简单重复劳动需求不断降低，甚至普通的创意性劳动也会被 AI 代劳的趋势下，企业家的复杂劳动对于创造财富的作用将进一步增强，而普通体力劳动或脑力劳动的价值则逐步被人工智能代替，这更凸显了企业家复杂劳动的价值。

第三节 社会主义建设者与民营企业家的复杂劳动报酬

早在 1979 年，邓小平就专门为工商业者"脱帽加冕"——脱掉资产阶级的"帽子"，加劳动者之冕。2001 年，江泽民同志在"七一讲话"中明确民营企业家都是社会主义建设者，党的十六大报告重申了这一点。

一、邓小平为工商业者脱掉资产阶级的"帽子"

1979 年 1 月 17 日，邓小平在接见胡厥文、胡子昂、荣毅仁、周叔弢和古耕虞等五位老工商业人士时说："我们搞经济建设，不能关门。对外开放和吸收外资，这是一个新问题，你们要发挥原工商业者的作用。"这些工商界的老人一致提出了"摘掉资本家帽子"的建议，并希望原工商业者站出来办企业，利用外资、侨资办厂。邓小平听后干脆地说，原工商业者早已不拿定息了，资本家的帽子为什么不摘掉？原工商业者中有真才实学的人，应该把他们找出来，使用起来。能干的人就当干部，有的人可以搞一两个工厂。总之，钱要用起来，人要用起来。

1979年底，在邓小平的推动下，1956—1957年划定的资本家都落实了政策。第一步是70万小商小贩、小手工业者从资本家中区别出来，恢复了劳动者身份，之后剩下的16万"资本家"的成分也一律改成了干部或工人。

这在改革开放的历史上被称为"'脱帽'（脱资产阶级的帽子）'加冕'（加劳动者之冕）"，极大地激发了这些老工商业者的积极性，荣毅仁创办了中国国际信托投资公司（中信），王光英创办了光大实业公司（光大），胡子昂创办中国工商经济开发公司（中商），周叔弢创办了天津建华经济技术咨询公司……这些企业都成为我国对外开放和引进资金人才的重要窗口。

二、中央多次肯定民营经济人士是社会主义建设者

关于民营经济人士的社会阶层定位究竟应当怎样确定，一直有不同的争论。2001年7月1日，江泽民总书记在庆祝建党80周年大会上的讲话指出："改革开放以来，我国的社会阶层构成

发生了新的变化,出现了民营科技企业的创业人员和技术人员、受聘于外资企业的管理技术人员、个体户、私营企业主、中介组织的从业人员、自由职业人员等社会阶层。而且,许多人在不同所有制、不同行业、不同地域之间流动频繁,人们的职业、身份经常变动。这种变化还会继续下去。在党的路线方针政策指引下,这些新的社会阶层中的广大人员,通过诚实劳动和工作,通过合法经营,为发展社会主义社会的生产力和其他事业做出了贡献。他们与工人、农民、知识分子、干部和解放军指战员团结在一起,他们也是中国特色社会主义事业的建设者。"[1]

党的十六大报告重申了这一观点,指出"在社会变革中出现的民营科技企业的创业人员和技术人员、受聘于外资企业的管理技术人员、个体户、私营企业主、中介组织的从业人员、自由职业人员等社会阶层,都是中国特色社会主义事业的建设者"[2]。

根据党的十六大提出的这一新的理论观点,2004年3月第十届全国人民代表大会第二次会议通过的宪法修正案,将序言中关于统一战线的表述修改为:"在长期的革命和建设过程中,已经结成由中国共产党领导的,有各民主党派和各人民团体参加的,包括全体社会主义劳动者、社会主义事业的建设者、拥护社会主义的爱国者和拥护祖国统一的爱国者的广泛的爱国统一战线,这个统一战线将继续巩固和发展。"

根据新华社播发的权威解释,在"社会主义事业的建设者"

---

[1] 江泽民.江泽民文选:第三卷[M].北京:人民出版社,2006:286.
[2] 江泽民.江泽民文选:第三卷[M].北京:人民出版社,2006:539.

中，既包括全体社会主义劳动者，又包括在社会变革中出现的新的社会阶层。在爱国统一战线中增加"社会主义事业的建设者"，反映了新的历史条件下社会阶层的新变化，有利于最广泛、最充分地调动一切积极因素，团结一切可以团结的力量，更全面地凝聚各个方面的积极性和创造性，更好地发挥新的社会阶层在社会主义现代化建设事业中的作用。

三、民营企业家的复杂劳动报酬

前文我们曾经指出，马克思认为，资本家的劳动与雇佣工人的劳动一样，是一种加入产品价值的劳动，[①] 可见，企业家在价值创造过程中，就发挥了劳动者的作用。随着社会的发展，经济活动的复杂程度越来越高，企业家劳动的复杂程度也随之提高。企业家既然付出了大量的复杂劳动，就应当获得相应的复杂劳动报酬，这也是企业家报酬的一个重要组成部分。

实际上，党和国家多年来也早已承认民营企业家所付出的复杂劳动，无论是全国劳动模范，还是五一劳动奖章获得者中，都不乏民营企业家的身影。可以说，民营企业家的复杂劳动，是企业员工进行劳动的前提和基础，如果没有民营企业家"创业"这一复杂劳动的过程，就不会有这家企业和相应的若干工作岗位；如果没有民营企业家殚精竭虑通过复杂劳动解决企业发展过程中

---

① 马克思.剩余价值学说史［M］//马克思，恩格斯.马克思恩格斯全集：第26卷第3分册.北京：人民出版社，1974：550-551.

面临的各种问题，化解大大小小的危机，协调各方面的关系，企业将很快被市场淘汰，员工也将失去就业机会，可见民营企业家的复杂劳动关系着企业的生存、发展，创造的价值远远大于普通员工的劳动活动。肯定民营企业家的复杂劳动付出，肯定民营企业家应当获得复杂劳动报酬，是"正确看待民营经济人士通过合法合规经营获得的财富"的重要方面。

当前全球经济正在进入人工智能时代，企业家的创新创业等复杂劳动，在整体经济中的重要性越来越高，承认民营经济人士复杂劳动的价值，承认他们应当获得复杂劳动报酬，才符合数字经济和人工智能时代的经济规律，才是有利于推动生产力发展的正确之举。

第二篇

民营企业：问题与发展

"民营经济只能壮大、不能弱化，不仅不能'离场'，而且要走向更加广阔的舞台。"既要正确看待民营企业发展中出现的问题，也要认识到民营企业的社会财富和社会企业本质。中国民营经济的发展壮大，正在不断扩大党的执政基础。建设高水平社会主义市场经济体制离不开民营经济，发展壮大民营经济应该是社会主义市场经济的长期必然目标。

第六章

中国民营企业发展中存在的问题

对利润的追求是市场经济运转的原生动力，也是中国民营企业创办、生存和发展的第一动力。然而，在逐利动机的驱使下，极少数民营企业家或是越过了道德的边界、侵犯和践踏了他人和社会的利益，或是藐视了法律法规的尊严，或是忽视了宏观趋势和经济规律的力量，在发展中遇到了种种问题，不仅影响了民营企业家和民营经济的形象，自身也付出了沉重的代价。

第一节　不同发展阶段中国民营企业存在的问题

改革开放以来的不同经济发展阶段，中国民营企业存在不同的问题。

一、早期承包租赁阶段的掠夺式经营

20世纪80年代初，很多社队企业和小国企的经营每况愈下，甚至成为当地政府的财政包袱，在这样的背景下，一些具有企业家才能的"能人"站出来以承包经营（包括租赁，以下统称为承包）的方式获得了这些小企业的经营权。当时企业家才能要素极为稀缺，这些能人在企业管理和市场开拓方面的投入获得了明显的回报，不仅完成了与当地政府部门的承包合同所约定的上交额，企业职工的收入显著增长，承包人也获得了丰厚的承包收入。因此当时很多地方在总结中认为，"经营承包是扭亏为盈的一种好形式"，甚至提出了"一包就灵"的口号，承包制逐渐向大中型企业扩散。到1987年底，全国预算内国企78%实行承包制，大中型企业达到80%。

但随着形势的发展，承包制的弊端也逐渐暴露出来，那就是一部分承包者在经营中缺乏长远观念，对所承包企业的机器设备等固定资产采用掠夺式经营的方式，尽量增加开机时间，减少维护保养带来的成本。1987年的一篇文章就指出："承租者一般只愿在现有的家底上做文章，不愿为企业扩大再生产花本钱，导致行为短期化。……不考虑企业的长远发展，甚至拼设备，'杀鸡取卵'，单纯地追求产值、利润。在租赁期内，不到万不得已时，承租者不愿维修设备、修缮厂房，不愿在培训人才等方面花钱。"[1]这种短视行为导致承包企业在承包合同期满结束时，政府

---

[1] 郭勇杰.租赁制的弊病及对策[J].经济与管理研究，1987（05）.

或者集体收回的是残值很低的设备,虽然获得了承包期的约定收益,但合同结束时却不得不进行改制。

二、特定阶段出现的低价收购或侵占国有资产现象

20世纪80年代,为了搞活经济,在煤炭等自然资源的开发上一度采取了"有水快流"的方针,鼓励国家、集体、个人一起上,各路社会资本进入采矿等领域,造就了大大小小的"煤老板""矿老板"。一些个人在进入采矿业后,由于技术水平差,只能开采资源较为富集的矿脉,而对开采难度较大的矿藏则弃之不顾,造成了较大的浪费,有些矿主甚至违法违规越界开采,不仅侵占了国有资产或其他企业的权益,更严重的是形成安全隐患,甚至酿成安全事故。

在20世纪80年代末和20世纪90年代的国企、集体企业改制过程中,也有一些民营企业家以相对较低的价格购买了国有或集体股权。根据1996年国家经济贸易委员会发布的《关于放开搞活国有小型企业的意见》,一大批国有小型企业通过吸收外部投资组建有限责任公司、职工参股、联合、兼并、承包、租赁、嫁接改造、委托经营以及破产等方式被推向市场。这个过程中,大量微利、亏损甚至资不抵债的小型国企通过合法合规的途径转为民营企业,经营机制逐步理顺,效益开始好转,但与此同时也有一些国有企业的改制中出现了不规范的现象,包括"通过评估等方式压低国有资产价格""按照原账面价格而不是按升值后的资产重置价值确认国有股""部分资产未包括在总资产中""将资

产评估增值部分计入资本公积金,成为全体股东的权益,牺牲了国家股权益""管理层收购(MBO)中存在以收购之后的股权质押贷款支付收购款""对国有股东之外的其他股东送股分红"等不规范甚至不合法的手段,一些参与国有企业改制的民营企业以很低的成本获得了国企股权,造成国有资产的流失。

例如,在 2014 年进行的大型国企国安集团的改制过程中,4 家民营企业耗资约 56.6 亿元现金,获得了净资产 155 亿元的国安集团近 80% 的股权。[①] 又如,江苏某民营企业家以零对价收购国有食品企业,在收购之后通过抵押被"账面值"低估的土地及物业获得现金流,后续又通过将低价获得的土地等资产注入上市公司的方式实现增值变现,引起社会的广泛关注和争议。

三、少数民企用行贿方式获得项目资源,扰乱了市场秩序

在中国的快速工业化和城镇化过程中,少数民营企业通过行贿或其他利益交换的方式来获得工程项目,扰乱了市场竞争的秩序。

根据北京师范大学中国企业家犯罪研究中心对 2014—2018 年五个统计年度形成样本的研究显示,企业家贿赂犯罪触犯频数为 1 765 次,其中民营企业家触犯 1 194 次,占比为 67.6%。民营企业家行贿犯罪的平均数额为 202 万元,最高行贿数额为 7 925

---

① 乔慧波. 混合所有制改革过程中国有资产流失问题研究 [J]. 企业经济, 2016 (11).

万元，样本中66.0%的民营企业家实施行贿犯罪次数为4次以上。[1]

四、早期阶段忽视员工权益的问题

在民营企业发展的过程中，还有一些企业出现了忽视员工权益的问题。例如在"有水快流"开发煤炭等资源的过程中，由于少数"煤老板"忽视安全，一度造成了安全生产形势非常严峻的局面，严重时煤矿事故每年死亡人数近万人，其中小煤矿办矿标准低，事故多发，死亡人数占全国煤矿的70%以上。[2]一些小煤矿在出现事故后未能及时报告、积极抢救，而是少报、瞒报，花钱"封口"，造成了更加恶劣的社会影响。

在外向型加工业为主的珠三角，由于安全防护投入不足，以及加班加点赶订单造成的疲劳生产，生产事故一度成为家常便饭。据2003年广东商学院教授谢泽宪、中山大学法学院教授黄巧燕与曾飞扬开展的一项工伤课题调查数据显示，珠三角地区超过70%的样本企业发生过很多工伤，绝大多数工伤者是青年人，平均年龄26岁，发生工伤最直接的原因主要是机器轧伤和割伤，占75.8%，受伤部位最多的是手指。[3]

---

[1] 赵军.权力依赖型企业生存模式与腐败犯罪治理——以民营企业行贿犯罪为中心[J].江西社会科学，2019（05）.

[2] 我国煤矿事故每年死者近万 远超其他产煤国总数［N］.中国青年报，2003-12-24.

[3] 蒋韡薇.珠三角打工族断指之痛：经济发展背后血泪史［N］.中国青年报，2005-04-27.

在工程建设领域，拖欠农民工工资一度成为"顽疾"。2003年甚至出现前总理温家宝为农民工"讨薪"的事件，2011年，《中华人民共和国刑法修正案（八）》将"恶意欠薪"正式列罪。据国家统计局监测调查，2008年被欠薪农民工比重达到4.1%，经过持续不懈地治理，2013年下降到1%，2018年下降到0.67%。[①]

民企忽视员工权益的问题的另一个重要领域是社会保险。长期以来民营企业对为员工缴纳社保缺乏动力，主要表现在社保参保率低、缴费基数低、投保范围狭窄三个方面，"在民企工作没保障"成为很多年轻人选择就业岗位的一个"刻板印象"。民企社保覆盖率低，固然有社保负担重、员工流动性强、社保转移接续困难等方面的原因，但更重要的还是一部分民营企业负责人忽视员工权益，缺乏与员工共享发展成果的意识。1995年《中华人民共和国劳动法》出台以后，民营企业对员工权益的重视和保护程度也在不断提高，工伤事故大幅减少，社会保险的覆盖面也明显扩大。

五、部分领域的资本无序扩张问题

一些民营企业以上市公司为资本平台，利用嵌套式的多层股权结构，控制了规模远远超过其资本金规模的资产，形成了复杂的资产控制关系。这种扩张方式提高了上市公司作为融资平台的

[①] 王优玲，等.让农民工不再"忧薪"——农民工工资清欠调查报告[Z/OL].（2019-12-15）[2023-11-31］.https://www.gov.cn/xinwen/2019-12/15/content_5461337.htm.

杠杆率，放大了财务风险。一旦资产链条的某个环节出现问题，就可能引发整体链条出现崩溃式风险。

在房地产行业快速发展的过程中，不少企业没有看到城镇化接近完成和人口增长出现拐点等因素可能给房地产行业供需关系带来的转变，将房价永远上涨作为制定发展战略的出发点，通过银行贷款、信托融资、境内外发债等方式获取资金，长时间维持快速扩张的态势，导致杠杆率过高，在房地产市场供需出现转折性变化，以及融资成本上升、银根收紧等情况出现时，高杠杆的状况就难以维持。

支撑恒大集团房地产业务高速扩张和多元化业务的资金，主要来自永续债融资。2016年末恒大的永续债累计余额已高达1 129亿元，若全部记为负债，恒大的实际资产负债率已经接近95%。[①] 2016年以后，在"房子是用来住的，不是用来炒的"方针已经明确的大背景下，恒大集团仍然没有转向战略收缩，又力图用借壳上市A股市场的方式来寻找新的融资渠道，引进带有兜底协议的1 300多亿元战略投资，并大量借入境外有息债务，总额接近200亿美元。在房地产市场供求关系发生根本变化，美元由长期的低利率转入加息通道，以及借壳上市终止后，恒大的高杠杆危机终于爆发。根据中国恒大2021年和2022年年报，截至2022年12月31日，恒大集团负债总额2.44万亿，总资产1.84万亿元，净资产为-5 991亿元。2022年，亏损净1 258.1亿元，2021年，亏损6 862.2亿元。也就是说，恒大过去两年净亏损合

---

① 数据参考自：https://opinion.caixin.com/2021-09-26/101776935.html。

计为8 120.3亿元。

如果说对宏观形势的错误判断和对自身能力的盲目乐观，是一些企业走向高杠杆危机的重要原因，那么还有少数企业的确是为了获取资金而不择手段，最终走上了违法犯罪的道路。例如，安邦集团一度以其大手笔资产收购而引起公众关注，在其存续期间，安邦收购了成都农村商业银行、比利时FIDEA保险公司、德尔塔·劳埃尔银行，荷兰VIVAT保险公司、韩国东洋人寿、韩国安联保险，增持民生银行股票22.51%的股份成为第一大股东，收购的纽约华尔道夫饭店及美国、加拿大和欧洲多处商业地产，但实际上支撑这些并购的资金大都来自以安邦财险等公司为融资平台，使用虚假材料骗取原保监会批准和延续销售投资型保险产品，并以承诺还本付息且高于银行同期存款利率为诱饵，超过原保监会批准的规模向社会公众销售投资型保险产品非法吸收的600多亿元巨额资金。

根据国家金融与发展实验室的一份研究报告，"国内资本无序扩张的形式主要体现在五个方面。一是资本金募集问题。典型异化方式是虚假出资、抽逃资本、违规出资等。二是资本高杠杆扩张。不管是债权融资还是股权融资，都存在过度负债或高溢价股份转让等问题。三是资本复杂关联交易。部分资本利用分业监管存在监管不足的漏洞，采用'香肠式嵌套'或'套娃式嵌套'进行多层级、多主体、跨领域的资本关联交易。四是联合境外资本。借助部分境外资本所谓的国际影响力和市场公信力，在多个领域进行资本扩张。当然，部分所谓境外资本是境内资本转道异化而来的。五是资本无序退出。利用各类交易市场和手段，以严重偏离市场公允价值的方式进行交易。值得注意的是，资本无序扩张在大中型民营企业表现突出，但是，也有不少国有企业及金融机构参与其中"。[①]

逐利是资本的天然属性，在逐利的过程中，绝大多数民营企业家会遵守规则，但也有少数民营企业家利用规则甚至钻规则的漏洞，通过高杠杆等方式引发资本的无序扩张，可能引发垄断、不正当竞争，也可能引发过度竞争，造成消费者福利损失、产业竞争力下降，同时有可能给金融系统带来风险隐患。

六、盲目多元化对民营企业的影响

多元化是企业发展的一种战略选择，大多数企业开展多元化是在产业链上下游进行相关多元化，但也有一些企业用"追风口"甚至"拍脑袋"的方式选择投资和并购目标，开展非相关多元化扩张，最终给企业造成了巨大的风险甚至损失。

例如，海航集团就在多元化道路上走得太远，有资料显示，中国已有的 22 个大行业，海航进入了 12 个，涉足 44 个细分行业。[②]到企业破产重整时，海航集团旗下有 2 300 家公司。[③]盲目开展大规模的多元化发展需要大量资金的支持，迫使企业负债率不断升高，甚至用各种边缘化的手段募集资金，但在新进入的

[①] 郑联盛，蒋照辉.资本无序扩张：表现、风险、根源与应对[J].中国发展观察，2022（02）.

[②] 陈涛，陈昂.新冠肺炎疫情下海航集团事件的启示[N].中国航空报，2020（08）.

[③] 数据参考自：https://companies.caixin.com/2023-01-22/101991586.html。

行业中，企业的资源、能力和经验有限，导致长期不能盈利，成为企业集团的失血点而不是盈利点，最终将企业拖垮。2020年和2021年间，海航集团发生多次债券违约事件，旗下多家上市公司披露存在大股东及其关联方非经营性资金占用、未披露担保、需关注资产等问题。恒大集团也进入了金融、汽车、粮油、畜牧、足球、矿泉水等多个与房地产无关的领域，很多领域的投资无法实现正常的回报，逐渐成为坏账，甚至拖累了原本正常经营的主要业务。

海航等企业的案例说明，现代市场经济的运行有其自身的规律。美国等发达国家的经验已经证明，实施非相关多元化是一种非常危险的企业发展战略。如果我们的民营企业家能够加强对经验规律的学习和了解，借鉴发达市场经济国家已经总结出来的经验和教训，就可能避免在冒险精神驱动下做出的许多错误决策。

七、平台企业的垄断和不正当竞争问题

平台企业是数字经济发展到一定阶段后出现的新生事物，它的确起到了将消费者与商家以数字化手段进行高效连接与组合的效果，在商品零售、生活服务、文化娱乐等领域创造了新的服务模式和业态，也创造了大量的新工作岗位。但平台企业的经营也与传统企业、集团等有很大的差别，在掌握了商家和消费者的数据，并在一定程度上占据了垄断地位后，一些平台企业也出现了强迫商家在竞争平台中"二选一"、价格歧视、抽成过高等滥用

市场地位的现象，侵害了商家和消费者的权益。

更为严重的是，一些平台企业忽视信息安全和数据安全，存在违法违规收集使用个人信息，导致用户信息泄露和被滥用，甚至出现了严重影响国家安全的数据处理活动，引发政府部门的监管核查和处罚。目前，对资本无序扩张现象的治理工作已经取得明显成效，为资本设置的"红绿灯"已逐步完善，资本要素将在合法合规的范围内展开正当的价值创造活动。

第二节 中国民营企业发展中的问题的根源分析

中国民营企业出现这些问题，既有中国民营企业家自身素质、道德修养、法治意识等方面的问题，也与特定发展阶段法治不健全、政策不透明和经营环境复杂等社会背景有关，还有对市场规律、宏观大势缺乏认识，风险意识不够，公司治理机制不健全，决策水平低等原因。深刻分析这些深层次原因，有利于促进中国民营企业和民营经济人士健康发展。

一、中国特色社会主义法治尚在逐步完善过程中

中国的改革开放，是"摸着石头过河"，逐渐探索出自己的道路的。在这个过程中，出现了很多前所未有的新事物、新现象，不可能一出现就有明确、完善的法律、规章来约束和规范这些领域的活动，只能是通过"先发展，后规范"的方式逐步建立

中国特色的市场经济法治体系，由此造成了一些阶段、一些领域存在着规矩模糊甚至空白的现象，导致一些民营企业家行为失范，出现了偏差、错误甚至违法犯罪行为。

例如，互联网金融在发展过程中，由于缺乏明确的法律规范，导致风险很大的"资金池"和"超级借款人"模式得以长期存在，"保本保息""高额收益""快速提现"等不符合金融规律的承诺成为P2P产品竞相宣传的核心产品要素。在这种法律规范相对空白的地带，一些民营企业逐渐失去了对风险和责任的判断，单纯追求产品和企业规模，很多产品最终演化成为必定破灭的"庞氏骗局"，给消费者和社会造成了严重的损失。

当前的法治肯定比改革开放之初健全得多，也比确立社会主义市场经济改革方向的时候更加完善，但法治的完善是相对的，市场经济中永远会有新生事物是当下的法律法规没有覆盖的，因此市场经济发展和法治的完善都是长期持续的过程，需要久久为功，方可善作善成。

二、部分民营企业家缺乏对法律法规的敬畏

在改革开放的大时代，很多旧的规章规矩被打破，新的法律法规在逐步的摸索中建立起来，往往是那些敢于先行一步的人能够占据先机，不少敢于突破规则的人也得到了事后的合法性追认，这让一部分人形成了"撑死胆大的，饿死胆小的"这样的错误观念，将"爱拼才会赢"的理念错误放大到蔑视规则的地步，这就导致一部分创业者踏入灰色地带，走上损人利己甚至违法犯

罪的道路。

在中国民营企业发展的历史上，德隆集团留下的教训不可谓不深刻。这家企业原本是以"产业整合"为战略理念，同时也的确具备了一定程度的超前眼光，比如为了进入某一行业，德隆可以花费数百万元、数年时间进行全球性的市场研究，其通过上市公司湘火炬、新疆屯河介入的电动工具、番茄酱等产业，在德隆模式倒塌之后也都取得了很好的发展成绩，但德隆集团在发展中走上了在二级市场集中持股的道路，逐渐发展到控盘坐庄的程度，最终实际控制人和集团的主要企业犯下了非法吸收公众存款、操纵证券交易价格等刑事罪行。

毋庸讳言，民营企业具备极强的盈利动机，民营企业家也往往都具有极强的冒险精神。如果这种盈利动机和冒险精神与先进的技术、广阔的行业前景相结合，将成为企业发展的巨大动力，但如果只有盈利动机和冒险精神，缺少对法律等规则的敬畏，就可能行差踏错，走上错误的道路。

例如，雪松控股原本是一家主营房地产的企业，后来逐渐进入大宗商品、供应链、化工产业、文旅等众多领域，收购了包括齐翔腾达、希努尔（即雪松发展）等上市公司股权，实际控制人张劲提出了"万亿销售额、万亿资产、万亿市值"的三个万亿发展目标。2018年以后，雪松控股凭借其供应链业务资产规模迅速扩大，并多次成功进入"世界500强"行列。在供应链业务成长放缓后，雪松控股开始打着"供应链金融"的旗子，以所谓的"应收账款"为底层资产，假借各类金交所、产交所、伪金交所通道，向自然人发售违规"理财产品"，实际就是从事非法集资。

2023年5月，雪松控股旗下的广东圆方投资有限公司等机构被广州市公安局黄浦分局立案查处，主要犯罪嫌疑人张某等人也已经被采取刑事强制措施。

三、企业治理机制不健全，缺乏科学决策机制

2000年前后，托普软件的创始人宋如华在企业发展没有明确主营业务和战略方向的情况下，个人拍板决定公司一系列重大投资事项，接连通过增发投资十大高科技项目、收购域名（Chinese.com）开发"炎黄在线"网站、收购亏损上市公司金狮股份、在全国各地开发27个软件园、向全社会招聘5 000名软件工程师……这一系列决策都没有获得预期效果，最终导致公司经营失败，宋如华将自己持有的1 800万股托普软件股票以每股2元的价格转让后远赴美国。

中国民营企业在发展初期往往是以小公司甚至个体户的形式起家，创始人个人在其中发挥了核心和关键作用，企业的发展进一步增强了创始人的信心和个人的威信，其他股东对主要创始人的制约作用和能力逐渐弱化，就容易在企业内部形成一言堂、家长制的管理作风。即使实施了现代企业制度建设，甚至进行了股份制改造，一些企业的董事会、监事会、外部董事、独立董事的作用也未能充分发挥，创始人、大股东个人按照其主观愿望进行盲目决策，是不少民营企业出现重大战略失误的一个重要原因。

四、在顺境中盲目乐观，缺乏风险意识

中国房地产市场经历了近30年的高速增长时期，给购房者、建房者都造成了"房价永远涨"的预期错觉，一些房地产企业将市场高峰时期的高杠杆、短周期开发模式当作无往不利的成功经验，在房地产市场已经开始出现分化时仍然高价拿地、高息融资，在房地产市场供求发生根本性变化时，就出现了无力偿付债务甚至工程烂尾的情况。

不少民营企业出现问题，根源在于缺少风险意识，将顺境当作常态，通过加杠杆实现快速扩张，在形势出现变化、逆转时就会陷入困境。"以史为鉴，可以知得失"，中国发展社会主义市场经济的历史较短，很多企业家没有经历过完整的行业周期，很容易就将上行阶段的有利形势当作常态，从而在制定企业战略和规划时过于乐观，而在行业景气一度下行时又缺乏应变之策和相应的资源，导致企业出现风险。

2018年出现的A股上市公司大股东质押"爆雷"问题，也是由于不少大股东在公司上市后获得了通过股权质押得到资金的渠道，在公司股价表现较好时盲目乐观，将质押来的资金大量投向风险性较高的创业项目，不少大股东质押比例超过90%。也许这些项目本身的基本面没有变化，甚至前景看好，但是在上市公司二级市场股价下跌到一定程度时，股权质押触及平仓线，按照约定这些大股东应当出售股权归还借款，但同时就可能丧失对上市公司的控制权。数万亿元的未平仓质押规模可能引发更大的系统性金融风险，最终不得不由金融监管部门协调证券、保险、地

方政府等出面组织纾困基金，解决那些大股东的债务问题。

五、市场经济发展的历史较短，对市场规律缺乏认识

福耀集团董事长曹德旺曾在一次演讲中指出："出问题的民营企业，大多数是贪婪，扩张太快。"而之所以会出现这样的问题，很大一个原因是中国现代市场经济发展的历史较短，很多民营企业家对市场规律缺乏认识。

成熟市场经济国家的企业家、管理学家和经济学家在几百年的市场经济历史经验的基础上，已经对企业发展的历史规律进行了长期、系统、深入的研究，形成了相对比较完备的理论指导体系。以多元化战略问题为例，美国著名战略管理专家伊戈尔·安索夫（Igor Ansoff）于1957年就提出了多元化发展的概念，到21世纪初，美国的企业管理学界已经总结出了"公司成长的四个方向"理论、"纵向一体化理论"、"多元化与组织结构的关系"、"市场异质化"、"相关多元化和非相关多元化"等一系列研究成果，较好地指导美国企业避开了多元化发展道路上的误区。而在中国这方面的理论研究和引进明显滞后，民营企业家只能在摸索中前进，对市场规律和自己的能力圈缺乏清醒的认识，导致不少企业倒在了盲目多元化的道路上。

民营企业发展中遇到的问题，都是在当时的生产力条件、政策环境和认识水平下出现的，在不同的阶段带有鲜明的时代特征。有些问题随着时代的发展已经解决或不再存在，例如在民营企业发展初期，"七上八下"的雇工人数曾经是受到决策部门、

理论界和社会公众广泛关注的一个重大问题，但随着时间的推移，这个问题已经烟消云散，现在需要的是让民营企业创造更多就业岗位。而在新的时代也会遇到新的问题，例如民营企业高杠杆扩张的问题、平台经济监管的问题，在10年之前都是难以预料的。

六、道德缺失与忽视社会责任

发展经济与弘扬道德风尚、承担社会责任并不矛盾，而是相辅相成的关系，有些民营企业家对此还缺乏深刻的认识，由此导致很多人犯下了损人利己的错误，甚至走上了见利忘义的邪路，教训十分深刻。

例如，食品安全领域一度是假冒伪劣现象的高发区，为了改善产品外观、降低原料成本，一些不法企业在畜禽饲料中添加瘦肉精、抗生素等药物，在辣椒粉、辣椒油、红豆腐、红心禽蛋中添加苏丹红等违规添加剂，甚至在养殖海参的过程中使用敌敌畏。

在一些被称为"电镀之乡""印染之乡""造纸之乡"的地区，一些中小民营企业为了降低成本，减少环保设备和技术的投资，将污染物直接排放到大气、河流和土壤中，给自然环境造成了严重污染，也给很多无辜居民的身体健康造成了严重损害。

一些企业使用"再生塑料"生产水管，用"地条钢"生产建筑用螺纹钢，威胁到生产安全和建筑物的使用寿命；用"再生棉纱"生产毛巾，导致细菌等致病源严重超标，威胁到消费者的身体健康；还有一些房地产企业和汽车企业对住宅质量和汽车质量问题一推了之，导致消费者权益长期得不到维护。

第三节 关心民营企业，促进民营经济人士健康成长

中国民营企业家不但因为出资和正常经营承担着各种各样的市场风险，还因为复杂的社会环境、政治和文化环境以及正在完善过程中的法治环境面临着各种艰难的选择和挑战。有时候迫于竞争和环境压力，不得不做些事情，否则就可能失去市场机遇，而向前一步就会踏进违法犯罪的深渊。完善社会主义市场经济体制，完善法治环境，建设"亲""清"政商关系，为民营企业家创造更好的发展环境，有赖于全社会的共同努力。

一、完善民营企业的内部和外部治理结构

在西方国家，公司治理有着悠久的历史，最早甚至可以追溯到古罗马时期的家庭联合生产组织，16世纪时英国就出现了现代公司的雏形，19世纪初拿破仑推动制定的《法国商法典》，被视为现代公司法的起源。因此，现代企业制度和商业文化在这些国家比较发达，即使是初创企业也能够很快具备比较完备的治理结构。

成熟市场经济国家的公司治理理论包括内部治理和外部治理

两个方面，内部治理主要通过股东治理、董事会治理、高管激励、负债等机制来解决"委托－代理"问题，而外部治理则主要包括市场机制，即控制权市场、经理人市场以及产品市场竞争的治理作用，以及分析师、审计师等信息中介的治理作用。[1] 目前来看，中国民营企业的公司治理，无论是实践效果还是理论研究，都还有很大的提升空间。

党和国家一直高度重视民营企业完善治理结构、提升管理水平。在2005年发布的"非公36条"中就有两条专门涉及这个问题，分别是第26条"规范企业经营管理行为"和第27条"完善企业组织制度"。在2019年出台的《中共中央 国务院关于营造更好发展环境支持民营企业改革发展的意见》中，也专门要求"引导民营企业深化改革"，提出"鼓励有条件的民营企业加快建立治理结构合理、股东行为规范、内部约束有效、运行高效灵活的现代企业制度，重视发挥公司律师和法律顾问作用。鼓励民营企业制定规范的公司章程，完善公司股东会、董事会、监事会等制度，明确各自职权及议事规则"。

2023年出台的《中共中央 国务院关于促进民营经济发展壮大的意见》第15条进一步要求"引导完善治理结构和管理制度"，提出了"支持引导民营企业完善法人治理结构、规范股东行为、强化内部监督，实现治理规范、有效制衡、合规经营，鼓励有条件的民营企业建立完善中国特色现代企业制度。依法推动实现企

---

[1] 姜付秀，等.公司治理发展历程、新兴领域及未来展望[J].学术研究，2023（04）.

业法人财产与出资人个人或家族财产分离，明晰企业产权结构"等要求。

目前来看，这些政策都发挥了重要作用，民营企业的治理结构治理机制不断完善，治理水平持续提升，涌现出了华为、美的等一批在公司治理方面取得突出成绩的民营企业。但民营企业是一个不断发展变化的群体，每年、每月甚至每天都有新的企业诞生，新企业的治理机制、内控机制都需要从头做起，不可能"复制"，因此引导民营企业完善治理结构和管理制度，可以说永远在路上。同时，国内对公司治理结构的研究和推进，目前主要集中在内部治理方面，未来应当逐步加强对市场机制、信息中介等在提高公司治理水平方面的学术研究和制度建设。

二、引导民营经济人士提升业务素质和法律意识

民营经济人士包括民营企业家和个体工商户，也包括其他从事民营经济的管理者如民企高管等，他们在民营经济的发展中承担着创业、创新、决策、经营、管理等重任，他们的业务素质在很大程度上决定着企业发展的上限，他们的法律意识和风险意识更是决定着企业发展的"安全边际"，因此，党和国家一直高度重视引导民营经济人士加强学习，不断提升业务素质和法律意识。

2005年出台的"非公36条"的第28条就专门要求"提高企业经营管理者素质"，要求"非公有制企业出资人和经营管理人员要自觉学习国家法律法规和方针政策，学习现代科学技术和经营管理知识，增强法治观念、诚信意识和社会公德，努力提高自

身素质"。

2019年出台的《关于营造更好发展环境支持民营企业改革发展的意见》专门要求"引导民营企业家健康成长",指出"民营企业家要加强自我学习、自我教育、自我提升,珍视自身社会形象,热爱祖国、热爱人民、热爱中国共产党,把守法诚信作为安身立命之本,积极践行社会主义核心价值观。要加强对民营企业家特别是年轻一代民营企业家的理想信念教育,实施年轻一代民营企业家健康成长促进计划,支持帮助民营企业家实现事业新老交接和有序传承"。

2023年出台的《中共中央 国务院关于促进民营经济发展壮大的意见》(以下简称《意见》)专门用第六部分的5条来阐述"促进民营经济人士健康成长"的问题,内容涉及"健全民营经济人士思想政治建设机制""培育和弘扬企业家精神""加强民营经济代表人士队伍建设""完善民营经济人士教育培训体系""全面构建亲清政商关系"等五个方面,要求"全面贯彻信任、团结、服务、引导、教育的方针,用务实举措稳定人心、鼓舞人心、凝聚人心,引导民营经济人士弘扬企业家精神",提出了"积极稳妥做好在民营经济代表人士先进分子中发展党员工作""发挥优秀企业家示范带动作用,按规定加大评选表彰力度,在民营经济中大力培育企业家精神,及时总结推广富有中国特色、顺应时代潮流的企业家成长经验""优化民营经济代表人士队伍结构……稳妥做好推荐优秀民营经济人士作为各级人大代表候选人、政协委员人选工作""各级领导干部要坦荡真诚同民营企业家接触交往,主动作为、靠前服务,依法依规为民营企业和民营企业家解难题、办实事"等多项具体要求。

《意见》第 28 条还提出："鼓励引导民营经济人士做发展的实干家和新时代的奉献者,在更高层次上实现个人价值,向全社会展现遵纪守法、遵守社会公德的良好形象,做到富而有责、富而有义、富而有爱。"

民营企业家和个体工商户是个庞大群体,同时新的创业者在不断加入,企业在新老管理者之间的交接也在不断发生,大量的新晋民企管理者不断走上管理岗位。他们在技术、营销等专门领域可能有一技之长,但是在战略管理、综合决策、风险防范、法律意识等方面可能存在不同程度的短板。因此引导民营经济人士加强学习,不断提升业务素质和法律意识,是提升民营企业管理水平、促进民营经济健康发展的重要任务。

三、为资本设立"红绿灯",引导民营资本健康发展

资本是生产要素中最活跃的要素,由于其天然具备逐利性、扩张性等特征,所以既需要为其提供施展的广阔舞台,也需要更加明确的引导和规范。

习近平总书记指出:"我国改革开放 40 多年来,资本同土地、劳动力、技术、数据等生产要素共同为社会主义市场经济繁荣发展做出了贡献,各类资本的积极作用必须充分肯定。""在社会主义市场经济体制下,资本是带动各类生产要素集聚配置的重要纽带,是促进社会生产力发展的重要力量,要发挥资本促进社会生

产力发展的积极作用。"[1]

2005年出台的"非公36条"和2010年出台的"新36条"分别提出"允许非公有资本进入法律法规未禁入的行业和领域"和"鼓励和引导民间资本进入法律法规未明确禁止准入的行业和领域",为非公有资本和民营资本打开了广阔的施展空间。

同时,习近平总书记也提醒我们:"必须认识到,资本具有逐利本性,如不加以规范和约束,就会给经济社会发展带来不可估量的危害。我们要立足新发展阶段、贯彻新发展理念、构建新发展格局、推动高质量发展,正确处理不同形态资本之间的关系,在性质上要区分,在定位上要明确,规范和引导各类资本健康发展。"[2]

2023年出台的《中共中央 国务院关于促进民营经济发展壮大的意见》第21条专门提出"依法规范和引导民营资本健康发展"的要求,要求"健全规范和引导民营资本健康发展的法律制度,为资本设立'红绿灯',完善资本行为制度规则,集中推出一批'绿灯'投资案例。全面提升资本治理效能,提高资本监管能力和监管体系现代化水平",同时对引导平台经济和平台企业的发展提出了要求,"引导平台经济向开放、创新、赋能方向发展,补齐发展短板弱项,支持平台企业在创造就业、拓展消费、国际竞争中大显身手,推动平台经济规范健康持续发展。鼓励民

---

[1] 邱丽芳,习近平在中共中央政治局第三十八次集体学习时强调 依法规范和引导我国资本健康发展 发挥资本作为重要生产要素的积极作用[Z/OL].(2022-04-30)[2023-12-03]. http://www.xinhuanet.com/politics/2022-04/30/c_1128611985.htm.

[2] 同上。

营企业集中精力做强做优主业，提升核心竞争力"。

当前全党和全国都已经逐步树立起了在新时期正确认识资本作用的观念和理念，规范和引导各类资本健康发展所需要的"红绿灯"正在逐步设立起来，下一步应当继续完善"红绿灯"规则，该管的管住，该放的放开，充分发挥资本促进社会生产力发展的积极作用。

四、加强劳动者权益保护，引导民营企业与员工共享发展成果

民营企业是企业家、投资者（股东）与员工共同创造社会财富的组织，发展成果应当由参与财富创造的各方共享。实现发展成果的公平分配，既需要国家引导建立"要素贡献由市场评价、收入按要素贡献分配"的宏观机制，也需要民营企业和民营企业家提升与包括员工在内的各参与方共享发展成果的理念和意识，不断提升员工享受企业发展成果的水平。

"非公36条"就提出了要"保障职工合法权益"，具体而言就是要求"非公有制企业要尊重和维护职工的各项合法权益，要依照《中华人民共和国劳动法》等法律法规，在平等协商的基础上与职工签订规范的劳动合同，并健全集体合同制度，保证双方权利与义务对等"，等等。

2010年出台的"新36条"也提出："民营企业要筑牢守法合规经营底线，依法经营、依法治企、依法维权，认真履行环境保护、安全生产、职工权益保障等责任。"

2023年出台的《中共中央 国务院关于促进民营经济发展壮

大的意见》第 19 条专门提出"鼓励民营企业自主自愿通过扩大吸纳就业、完善工资分配制度等，提升员工享受企业发展成果的水平"；第 28 条提出"在企业内部积极构建和谐劳动关系，推动构建全体员工利益共同体，让企业发展成果更公平惠及全体员工"。

近年来，中国民营企业对于分配问题的认识程度在不断加深。例如华为创始人任正非就曾说过，"华为的成功，在于解决了资本和劳动的价值分享机制"；而知名零售企业胖东来的创始人于东来也认识到，"要让创造财富的人分享财富"。正确的收入分享观念和制度帮助华为、胖东来等企业的员工在企业发展过程中收入不断提高，由此激发了员工的创造性和积极性，进一步推动了企业的发展，形成了良性循环。下一步应当继续引导民营企业与员工共享发展成果，民营企业将为建设和谐社会、实现共同富裕做出自己的贡献。

五、引导民营企业履行社会责任

民营企业作为社会企业，在解决就业、创造社会财富的同时，也需要履行相应的社会责任。

2019 年出台的《关于营造更好发展环境支持民营企业改革发展的意见》专门要求"推动民营企业积极履行社会责任"，要求"引导民营企业重信誉、守信用、讲信义，自觉强化信用管理，及时进行信息披露。支持民营企业赴革命老区、民族地区、边疆地区、贫困地区和中西部、东北地区投资兴业，引导民营企业参与对口支援和帮扶工作。鼓励民营企业积极参与社会公益、慈善事业"。

2023年出台的《中共中央 国务院关于促进民营经济发展壮大的意见》第28条提出,"支持民营企业更好履行社会责任",包括"探索建立民营企业社会责任评价体系和激励机制,引导民营企业踊跃投身光彩事业和公益慈善事业,参与应急救灾,支持国防建设"。

中国民营企业和民营经济人士历来就有重视社会责任的良好传统,投入了大量的精力、资金和资源,取得了令全社会瞩目的成绩。根据全国工商联的数据,民营企业在稳定增长、增加就业、贡献税收、创业创新、乡村振兴、生态文明建设、公益慈善等方面努力作为,对我国经济社会可持续发展发挥的作用日趋显著:在扶贫攻坚方面,截至2020年11月底,12.3万家民营企业精准帮扶13.72万个村(其中建档立卡贫困村7.28万个),带动和惠及1 779.03万建档立卡贫困人口;在践行绿色低碳发展方面,民营企业建设了54.9%的绿色工厂,打造了61.9%的绿色供应链;超过1.2万民营企业家参与了"光彩事业",举办了35次"光彩行"活动,辐射全国18个省(区、市),落地项目1 483个,实际投资额7 959.07亿元,公益捐赠10.76多亿元。①

2018年,习近平总书记在民营企业座谈会上曾指出:"应该承认,当前民营经济遇到的困难是现实的,甚至相当严峻,必须高度重视。同时,也要认识到,这些困难上发展中的困难、前进

---

① 李洁琼.民营企业要扛起新的社会责任[N].中华工商时报,2021(03).

中的问题、成长中的烦恼,一定能在发展中得到解决。"[①] 通过对民营企业自身原因的深刻认识,不断提升民营企业的治理水平和民营经济人士自身素质,实现民营企业的高质量发展,是民营企业家在新时代的重要任务。

[①] 习近平.在民营企业座谈会上的讲话[Z/OL].(2018-11-01)[2023-12-03].http://www.xinhuanet.com/politics/leaders/2018-11/01/c_1123649488.htm.

第七章
民营企业的社会财富本质与现代企业治理结构

很多人简单地认为民营企业创造的都是私人财富，国有企业创造的才是社会财富，民营经济大发展会造成财富分化。事实上，民营企业的财富是生产性财富，与锅碗瓢盆等消费性财富不同，不但有创造就业、增加居民收入的社会功能，而且达到一定规模的民营企业都会像国有企业一样，被层层管理人所支配，一步步进化为社会企业。

第一节　民营企业资产是为社会创造价值的经营性资产

一、企业家追求财富增值的过程，就是创造就业和社会财富的过程

财富在企业家手中，首先是创业的资本而并非消费的金钱。

对于真正的企业家而言，他所掌握的财富如果不能带来更多的财富，那就会被视为一种"犯罪"；如果将原本可以用来投资的金钱用在"无谓"的消费上，他们会觉得是一种愚蠢的行为。

美国政治家、科学家、实业家本杰明·富兰克林曾说过："切记，金钱具有孳生繁衍性。金钱可生金钱。孳生的金钱又可再生，如此生生不已。五先令经周转变成六先令，再周转变成七先令三便士，如此周转下去变到一百英镑。金钱越多，每次周转再生的钱也就越多，这样，收益也就增长得越来越快。谁若把一口下崽的母猪杀了，实际上就是毁了它一千代。谁若是糟蹋了一个五先令的硬币，实际上就是毁了所有它本可生出的钱，很可能是几十英镑。"[1]

"谁若把一口下崽的母猪杀了，实际上就是毁了它一千代"——这也许就是一个成熟的企业家对于消费、金钱和投资应有的态度。掌握了更多的财富，成熟的企业家首先考虑的是是否可以用于自己事业的扩张，或者寻找新的投资机会，实际上这是一个为社会资源寻找更优配置的过程。

如今，很多民营企业给员工支付的工资和社保都高于国有企业，年轻人如果想通过正当的工资和劳务性收入实现富裕，去民营企业可能比去国企激励机制更好、机会更多。说到底，掌握在民营企业家手中的财富，只是社会财富的一种存在形式，民营企业和国有企业一样，都在创造社会财富，都在促进共同富裕。

---

[1] 马克斯·韦伯.新教伦理与资本主义精神[M].龙婧，译.北京：群言出版社，2007.

例如，小米的创始人雷军，在 2004 年时就以 7 500 万美元的价格将卓越网出售给亚马逊而获得了充裕的现金，并成为国内最早的一批天使投资人。2007 年，雷军带领金山软件在香港上市，获得了更加充裕的资金。如果将这些钱用于消费，那真是"几辈子都花不完"，但是雷军想的是怎样用这些钱来帮助那些符合自己"十亿美元"梦想的投资和创业机遇。2010 年，雷军"自己动手"，创办了小米公司，截至 2021 年底，包括雷军个人、顺为投资和小米系在内的投资的企业数量已经超过 900 家。

除了雷军，很多获得财富自由的民营企业家都在积极从事投资，将自己掌握的财富以股权投资、风险投资、天使投资，或者资助身边人创业的方式投向新的领域和新的项目，由于创新的高风险性，这些项目中有很多可能以失败告终，但是这样的财富支配方式正是现代市场经济分散风险、应对风险的正确方式。

通过不断投资新的产品、技术、行业和领域，企业家可以用自己的财富创造出更多的工作岗位、个人收入和公共财富。更多的劳动者、技术人员和管理人员在这个过程中受到了实际的培训，这些人当中可能会涌现出更多的创业者和企业家。当一个社会为所有人公平地提供创业和投资的机会时，这种财富裂变才是缩小贫富差距的最有效途径。

二、企业的目的：从创造社会财富到创造美好社会

小到一个夫妻档小吃店，大到几十万人的大型民营企业，只要开张营业，就都要为客户提供产品和服务，为员工发工资、缴

社保，为上游提供订单和需求，都在创造社会财富。大量民营企业家起到了组织、支配各种生产资料、发现市场机会的作用，只要是合法依规、按照市场规律经营的民营企业，都是社会财富的创造者。

改革开放以来，民营企业家用获得的财富不断再投资，当然也包括以创造的资产抵押来扩大信用，不仅增加了民营企业家群体自身的财富，也为民营企业的管理人员、技术人员和劳动者增加了收入，为国家财政上缴了税收。因此，企业首先是创造财富的组织，按照市场规律运行的民营企业，就是在为社会创造财富。现在对民营经济"六六七八九"的经典概括，即贡献了60%的税收、60%的经济增长、70%的技术创新成功、80%的城镇就业和90%的企业数量，就体现了民营企业的社会财富功能。

当然，如果认为企业存在的目的就是创造财富或者利润，未免过于狭隘。随着市场经济的发展和人们认识的深化，企业存在和经营的目的也在越来越多元化。例如，德鲁克认为，企业的目的是创造客户价值；稻盛和夫认为，企业的目的是追求全体员工物质与精神两方面的幸福；2019年，包括苹果公司CEO蒂姆·库克（Tim Cook）、亚马逊公司CEO杰夫·贝佐斯（Jeff Bezos）、波音公司CEO丹尼斯·米伦伯格（Dennis Muilenburg）、通用汽车公司CEO玛丽·巴拉（Mary Barra）等在内的181位美国大企业的CEO集体签署了名为《公司的目的》（*The Purpose of a Corporation*）的宣言，宣称股东利益不再是一个公司最重要的目标，公司的首要任务是创造一个更美好的社会。宣言认为，公司的领导团队应该致力于达成以下几个目标：向客户传递企业价值，通过雇用不同群体并提供公平的待遇来投资员工，与供应商交易时遵守商业道德，积极投身社会事业，注重可持续发展，为股东创造长期价值。

从单纯创造财富，向创造美好社会转化，意味着越来越多的民营企业家自觉地承担起了社会责任。

第二节 民营企业财富本质上都是社会财富

民营企业家能够直接消费或支配的财富是有限的，超出其消费或支配能力的财富，不论产权在谁名下，更多的意义上都是社会的财富。因此，掌握在民营企业家手中的财富，本质上也只是社会财富的一种存在形式。

一、超出个人消费能力的民营企业财富，其存在意义更多的是社会财富

无论是在创业过程中，还是在创业成功之后，绝大部分民营企业家也都过着和普通人一样的生活，繁忙的工作占据了他们的时间和精力，也许花在享受生活上的时间还不如普通人。

20世纪90年代就已经成为中国首富的刘永好，在实现财富自由后，一辆桑塔纳轿车几乎开到报废，很长时间平日里的衣着都是不超过一百元的普通T恤休闲裤，工作餐主要是盒饭，而且很喜欢和基层员工一起吃饭，据说就连理发也是多年来在同一个

地方。

如果说刘永好这一代企业家在财富自由以后也保持着简朴的生活方式，很大程度上是因为成长过程中过苦日子的记忆和习惯，而更多企业家在财富面前选择简单的生活，是在经历了创业的艰辛和拥有巨大财富之后，主动选择了一种更为成熟的生活态度。

巴菲特投资成功后，仍然住在奥马哈一所不起眼的住宅里，这是 1958 年他花 3 万美元买下的，此后就一直住在这里。巴菲特不会买名贵的衣服，也不买豪车，甚至有一次和比尔·盖茨去香港，在麦当劳吃饭巴菲特还是用优惠券付的款。

华为创始人任正非拉着行李箱，边等出租车边接电话的照片已经家喻户晓，他在出差时基本严禁下属来接，去哪个地方基本都是要么打车，要么坐地铁。平常在公司里，他都是天天吃食堂，和员工待遇并没有任何的差别。

当然，更多的民营经济人士在创业成功后提升了自己和家庭的消费水平，甚至过上了奢侈的生活，但"广厦千间，夜眠不过七尺；珍馐百味，日食只需三餐"，一个人、一家人的消费能力终归是有限的，企业家"享受"的财富与创造的财富相比只是一小部分。民营企业家为自己创办的企业操劳一生，最终离开这个世界时并不能带走它，而他的子女未必愿意"接班"，如果交给职业经理人接手，企业就逐渐实现了所有权与经营权的分离，社会化程度更高了。

在发达市场经济国家，不少成功的企业家在退休时会将他们的财富通过基金会等方式捐献给社会。例如，巴菲特就承诺在其遗产结算后的 10 年内，将捐出伯克希尔所有的股票，他还与比尔·盖茨共同发起"捐赠誓言"（The Giving Pledge）计划，旨在促成全球最富有的人加入慈善捐赠的队伍，将自己绝大部分的财富用于慈善事业。

不论是从"生不带来、死不带走"的意义讲，还是其创造财富的社会功能，或个人实际支配能力而言，超过个人和家庭消费能力和个人支配能力的民营企业财富，本质上都是社会财富。

二、民营企业家的财富很大程度上是被别人支配着

有人认为，发展壮大民营企业，会将越来越多的生产能力、资产和财富置于私人的控制之下，受私人支配，为私人谋利。实际上，个人对财富的支配能力是有限的，一定规模以上的现代企业，无论是民营企业，还是国有企业，都会被高管、职业经理人和基层管理者层层支配，在经过多层级的"委托－代理链条"之后，企业家对于自身财富的支配力已经大大下降了。从这个角度上说，民营企业家的财富也是社会的而非个人的。

马化腾曾透露，腾讯 2022 年提升了内审内控的力度，结果查出大量内部贪腐问题，还牵扯到了部分中层干部，严重性可以用"看完之后吓死人""触目惊心"来形容。仅 2022 年腾讯就发现并查处触犯"腾讯高压线"案件 70 余起，100 余人因此被辞退，10 余人因涉嫌犯罪被移送公安机关处理。

民营企业内部的腐败现象，并不是近些年才有的新鲜事，而是民营企业家不可能完全直接支配其财产后所必然出现的问题。

2012年，媒体就刊发了淘宝内部工作人员掌握了资料审核、纠纷处理、评价管理、流量分配等权力，在缺乏有效监督机制时，通过删差评、放松资格审核尺度、与代理公司合伙分成等方式谋取非法利益的报道。

2022年5月，最高检通报的6起惩治民营企业腐败犯罪案，涉及了银行、保险、电商、快消品等领域，主要情节有通过虚增交易环节，以"低买高卖"赚取差价的方式侵占公司财产，采取虚报、冒领薪酬、"公费私收"方式侵占公司财物，等等。[①]

民企内部的腐败现象不仅发生在具体业务部门，一些大型民企的高管也可能出现腐败。2021年6月，万达集团4名高管因涉嫌受贿被上海市浦东新区人民检察院提起公诉。2023年8月，万达集团高级副总裁刘海波被公安机关带走，万达内部知情人士对媒体透露，主要原因是涉及企业内部贪腐，而且数额巨大。

同样，在国有经济中，如果一个企业或者部门被少数人控制时，也会形成顽固的既得利益群体，如果这个企业或者部门获得了一定的垄断地位，就更可能成为少数人的禁脔。2022年，一篇题为《三代烟草人的传承与守望》的文章登上了省级大报，文章本意是表彰一家三代人在国企坚守奉献，却从另一个侧面揭露出某些垄断行业成为少数人"自留地"的事实，受到网民和社会公众的嘲讽。2023年，山东等数省烟草专卖局发布的高校毕业生招聘公告要求，应聘人员不得应聘与本人有夫妻关系、直系血亲关

---

① 最高人民检察院.检察机关依法办理民营企业职务侵占犯罪典型案例情况通报［Z/OL］.（2022-05-05）［2023-12-07］. https://www.spp.gov.cn/xwfbh/wsfbt/202205/t20220505_556156.shtml#1.

系、三代以内旁系血亲关系以及近姻亲关系的人员担任领导成员的单位系统的岗位，但也有舆论指出，实际上在不同的垄断行业和政府部门之间，通过交换聘用亲属的方式实现利益固化已经是桌面下多年的事实。

无论是管理学中管理幅度（也称为"管理宽度"）概念，还是经济学中的"委托－代理理论"，都从不同的角度揭示了企业的财产实际上是由不同层级的管理者直接支配的，而非民营企业家家中可以任意使用的锅碗瓢盆。进一步说，所有规模较大的现代企业绝不是一个人掌握生杀予夺大权的独立王国，而是股东大会、董事会、监事会和管理层构成的各种委托－代理链条交织的复杂组织。

只要存在管理幅度问题，或者说建立起了"委托－代理关系"，代理人的行为就有可能偏离委托人的意愿，甚至出现损害委托人利益的道德风险。从委托人的角度来看，代理人应当以公司利益最大化为目标，忠实履职，勤勉工作，而从代理人自己的角度来看，可能更重视的是扩张本部门的规模、晋升到更高的职位、获取更大的职权、享受更好的工作条件和职务便利，等等。

在各种复杂的"委托－代理关系"中，大股东或者最终所有者对企业的控制力和影响力被逐渐削弱，各个部门和岗位上的管理人员掌握了具体的权力、承担了更多的责任，同时这些"代理人"与"委托人"之间，也出现了目标函数不一致的情形，这与企业是民企还是国企并没有关系。

委托－代理问题只与企业规模有关，而与所有制性质无关。如果说民营企业与国有企业的委托代理问题有所差别的话，那就是国有企业的委托代理环节更多，链条更长，如政府对国有资产管理部门的委托、国资部门对企业管理者的委托等，而在中国目前的民营企业中，企业家作为大股东的情形比较常见，委托–代理链条相对较短。

因此，通过制度设计和监督管理，实现委托人和代理人目标函数的偏差最小化，是现代化公司和企业共同面对的问题。如果不能很好地解决委托–代理问题，无论是国有企业还是民营企业，都会出现低效、浪费、管理失控甚至贪污等犯罪问题。企业内部的制度设计，包括建立董事会、监事会、外部董事等组织机构和一系列的规章制度，以及强化企业合规文化建设，同时加强对违规现象的督查和惩处，确保组织机构和规章制度的有效运转；而企业外部的监督管理，很重要的一个方面就是国家法律对企业财产的保护。

目前存在的一个问题，就是侵害民营企业财产的现象所受到的惩罚，明显比侵犯国有资产的惩罚更轻，比如对民营企业财产的贪腐事实上很难提起诉讼，而纪律惩罚又比不上国有企业的力度。我国已经出台《中华人民共和国企业国有资产法》来加强对国有资产的保护，但对民营企业的资产却没有这样的法律。即使是同等金额的贪腐案件，如果是国企贪腐往往判罚较重，而民企内的人员贪腐判罚则往往较轻，从而造成民营企业的财产更容易被内部人员侵犯。

为了保护民营企业的正当财产权益不受侵犯，2023 年 9 月，最高人民法院出台了《关于优化法治环境 促进民营经济发展壮大的指导意见》，针对社会在依法保护民营企业产权和企业家合法权益方面关切的焦点问题，提出了 5 条更为细化的司法政策，加强对民营经济主体合法权益的保护，制订司法解释，加大对民营企业工作人员腐败行为惩处和追赃追缴力度，健全常态化冤错案件纠正机制，依法保护民营经济主体申请国家赔偿的权利。

第三节　淡化所有制区别，让民企与国企向社会企业的目标汇合

一、中国民营企业的社会企业性质与社会责任

民营企业家所掌握的财富在很大的意义上是社会财富，进一步说，民营企业本身在很大意义上就是社会企业，承担着相应的社会责任。

关于社会企业的定义，目前理论界尚未完全达成一致，但我们可以从一些企业家朴素的表述中理解什么是社会企业：当你只有几十万元、几百万元财产时，挣钱主要是为了自己；当你拥有几千万元、几亿元财产时，挣钱与积累财富既是为了自己，也是为了他人、为了社会；当你拥有几十亿元、几百亿元、几千亿元财产时，挣钱与积累财富较少为自己，更多的是为他人、为社会、为国家，甚至为世界，以实现个人与家族的最大社会价值。[1]

北京大成企业研究院的研究结果认为，中国大型民营企业演

---

[1]　北京大成企业研究院.走向共同富裕：民营企业向社会企业转变研究［M］. 北京：社会科学文献出版社，2022：4.

变而成的社会企业,具有以下五个基本特征:一是企业资本股权社会化,二是企业经营管理社会化,三是企业经营目的社会化,四是企业利润归属社会化,五是企业财产传承社会化。[1] 大成研究院的报告认为,当前完全符合上述五个特征的中国民营企业还很少,一些大型民营企业具有上述特征中的两三个特征,一些企业只是在不同程度上具备五个特征的部分内容。

这个成果对社会企业的标准进行了系统性的梳理,无疑有着很高的理论价值和引导作用,但从实际情况来看,即使是那些只有几十万元、几百万元财产的企业,也在为社会创造就业,为员工创造收入,为上游创造需求,民营企业家所能支配财产的也只是其中的一部分,这样的企业也是社会企业。

中小民营企业,通过依法经营、创造就业、提供社保和缴纳税赋,承担了相应的社会责任。随着企业规模的扩大,对各方面的影响越来越广泛而深刻,就需要承担更多的社会责任,这一点正在为越来越多的民营企业所实践,也在成为社会的共识。代表性的思潮变化,就是"利益相关者治理"的观点逐渐代替了股东利益最大化的理论。

在市场经济发展的某个阶段,有一种理论认为企业存在和经营的目的是股东利益最大化,也就是为股东创造尽可能多的利润。这种看法虽然具有一定的解释力,但忽视了员工、消费者、合作伙伴和社会的利益,也存在狭隘的缺点。因此,"利益相关

---

[1] 北京大成企业研究院.走向共同富裕:民营企业向社会企业转变研究[M].北京:社会科学文献出版社,2022:7-8.

者治理"的观点逐渐兴起,代替了股东利益最大化的理论,企业的目的是创造美好社会的思潮逐渐被企业家和社会公众所接受。目前"利益相关者治理"尚未形成系统完整的理论,但持这一观点的企业家和学者普遍认为,只有兼顾股东、员工、客户、供应商、政府、社区等相关者利益,企业才能最大限度减少负外部性,对于企业本身而言,也才能实现真正的"基业长青"。

与此同时,ESG(Environmental, Social and Governance,环境、社会和公司治理),即在投资决策中将环境、社会和治理因素纳入考虑的投资理念,也在被越来越多的企业家、投资者、学者和社会公众所接受,截至2022年1月,以践行ESG理念为己任的金融机构联合体PRI(Principles for Responsible Investment,负责任投资原则)的签署方总数超过4 700家,资产管理总规模超过120万亿美元。研究发现,具有ESG理念的机构投资者能够给被投资公司带来正向的市场反应,并提高了公司的经营绩效和治理水平。

根据全国工商联发布的《中国民营企业社会责任报告(2022)》,中国民营企业,尤其是大型民营企业在承担社会责任方面,多年来已经持续投入,取得了令人瞩目的成绩:民营企业社会责任发展指数站上历年高位;民生类指标表现突出,社区责任、消费者责任两个指标领跑;随着企业发展壮大,企业履行社会责任关注对象已经逐步扩展到消费者、员工、政府、供应商和社区等更多的相关方,从最初以追求企业自身利润最大化为目标,到更多地关注社会公共利益和福祉;履责实践不断拓展和规范,组织化程度不断增强;社会责任常态化、专业化、制度化渐成趋势，注重以社会责任支撑企业品牌建设。[①]

例如华为主动了解客户与消费者、员工、供应商与合作伙伴、政府、非政府组织（Non-Governmental Organizations, NGOs）、行业组织、专业机构、媒体和社区等利益相关方的关切和诉求，率先践行"利益相关者治理"原则；腾讯把原有的公益平台与社会责任部进行升级，在企业发展事业群（Coperate Development Group, CDG）下设立可持续社会价值事业部，并投入数百亿元用于可持续社会价值创新，对包括基础科学、教育创新、乡村振兴、碳中和、FEW（食物、能源与水）、公众应急、养老科技和公益数字化等领域展开探索；阿里巴巴在环保、助农、扶贫等方面做出了持续的努力，自2017年12月阿里巴巴脱贫基金成立开始，阿里巴巴将助力乡村确定为集团最重要的战略之一，从教育、健康、女性、生态和电商五大脱贫方向入手，探索可持续、可参与、可借鉴的乡村发展路径；京东董事长刘强东多次表示，出现自然灾害时，京东所有临近灾区的库房管理者无须汇报，即可捐出库房里灾区所需的物资，并成立应急保障团队，确保救援物资能够快速送达。

社会企业是民营企业的天然属性，而向公众公司转变是民营企业发展到一定规模和水平之后的必然选择，越来越多的中国民营企业已经将创造一个更加美好的社会作为自己生存和发展的目标。

[①] 社会服务部.全国工商联发布《中国民营企业社会责任报告（2022）》[Z/OL].（2023-02-21）[2023-12-07].全国工商联网站，http://www.acfic.org.cn/qlyw/202302/t20230221_187903.html.

第七章　民营企业的社会财富本质与现代企业治理结构

二、大型民营企业逐渐转向公众公司

通过在资本市场上市、推行员工持股计划、养老金增持公司股权［如美国的401（K）计划］等方式，成熟市场经济国家的大企业逐渐实现了股权外部化、分散化、公众化、社会化和国际化；通过建立科层制的现代企业制度和聘用职业经理人，这些大企业逐渐实现了管理的公众化、社会化和国际化。一般而言，股份制的融资方式推动了资本形成的社会化，科层制的管理模式推动了财产支配的社会化，过去由私人或家族控股的公司传到第三代以后，家族后代只是通过基金会领取一份能够保障富裕生活的收入，整个企业已经成为董事会控制、职业经理人管理的公众公司。

例如，IBM公司在创立时有很强的家族色彩，第一代创业者托马斯·沃森（Thomas J. Watson）推动穿孔卡记账的方式来代替老式的分类账簿，获得了第一桶金；第二代创业者小托马斯·沃森（Thomas J. Watson Jr.）抓住产业发展的趋势，放弃自动机械，主攻电子产品，使得IBM成为电子计算机行业的"蓝色巨人"。然而小沃森并没有将企业传给家族的第三代，而是在1973年离开公司的管理岗位，引入了职业经理人。在克里、奥佩尔、埃克斯、郭士纳等CEO的带领下，IBM保持着全球IT和咨询行业的领导者地位。而沃森家族的后代基本上退出了对IBM的管理，只剩下小沃森的儿子托马斯·沃森三世负责管理家族基金。如今，全球各国都知道IBM，谁还知道IBM是谁的？谁认为IBM是某一个人的私人财富？

而在数字经济浪潮中成长起来的企业，脱离创始人的掌控、走向公众化的步伐就更加迅速。1975年，比尔·盖茨与保罗·艾伦联手创办微软时分别持有60%和40%的股份，上市后两人的股份被稀释到45%和15%，①其后盖茨不断减持其手中的微软股份，目前只持有1%左右的微软公司股票。目前微软公司15.1%的股票由机构投资者持有，85.9%由个人投资者持有，②任何一个股东都无法决定微软公司的经营决策。成千上万的投资者通过买入或抛售的决定来表达他们对微软公司前景的看法，间接地影响微软公司管理层的行动。在这近40年的时间里，微软从一家小企业发展到市值超过2.4万亿美元的跨国公司，为社会创造了巨大的财富。再过三代以后，微软会不会像IBM一样，变成更加公众化、毫无个人色彩的企业？

在这个方面，中国的民营企业并未落后太多，以华为、阿里巴巴、腾讯，以及三千多家民营上市公司为代表的大型民营企业，也正在向着公众公司转型。在中国的A股市场上，约有1/4的公司是国有控股，其余3 000多家基本都是民企上市公司，绝大多数上市公司建立了完善的现代公司治理结构，定期召开股东大会决定董事会的人选，公司管理层需要向董事会报告，还要定期披露业绩和公司重大事项。根据一份对深交所实际控制人为自然人或家族控股的上市公司的问卷调查，非家族成员在董事会占比的平均值达到了73.88%，而家族成员在家族企业董事会占比只有26.12%；非家族成员在管理层占比的平均值达到了68.91%，

---

① 比尔·盖茨：出让微软最大个人股东地位［J］.中国总会计师，2014（05）.
② 数据参考自：同花顺iFinD数据库。

而家族成员占比只有 31.09%；非家族成员在家族企业担任首席执行官（CEO）等核心人员职位的占比为 64.20%，远远超过了家族成员人数在核心职位的占比（35.80%）。[1]

华为公司从创业开始就实行员工持股制度。公司员工持有的公司股份为虚拟受限股，虚拟受限股计划依托工会平台进行运作，以工会的名义持有华为投资控股有限公司股权，持股员工产权原比例达到 60% 以上，创始人任正非实际持股也不到 1%，形成了独具特色的民营非上市公司的员工持股制度。

可见私人属性只限于中小企业，凡是成长到一定规模的企业，都具有社会属性；私人控制仅限于第一代或第二代，三代以后，民营企业一般都会变成社会属性更强的公众公司。在中国，很多社会公众把民营企业理解为私人企业，只不过是发展市场经济的时间不够长，大部分企业还在第一代创始人控制下，是特定历史阶段的认知错觉。从成熟市场经济国家的经验看，成长超过三代的民营企业，如 IBM 通用电器等很可能早已不再属于企业家个人或家庭，大部分演化成公众公司，成为社会的财富。

三、完善公司治理结构，让民企与国企向社会企业的目标汇合

民营企业和国有企业，都是创造社会财富的经济组织，都是

---

[1] 曾斌，时晋.家庭企业、公众化与公司治理——以深交所家族上市公司为例[J].多层次资本市场研究，2019（01）.

现代市场经济条件下平等竞争的市场主体，都是构建高水平社会主义市场经济体制的重要力量。通过不断完善公司治理结构，民营企业与国有企业将向着社会企业的目标汇合。

很多人对民企上市公司的印象还停留在2000年左右爆发的一系列大股东侵占上市公司权益的事件上，模糊地认为上市公司会成为民企老板的提款机。必须承认，改革开放之初，民营企业多是产权不够清晰、组织结构不规范、管理制度不健全的"草台班子"，由此也造成了不少风险事件。

经过40多年的发展和不断规范，党和国家的法制化建设不断推进，《公司法》等法律法规和《市场主体登记管理条例》等规章制度不断完善，中国民营企业的治理水平经历了一个由低到高不断提升的过程，民营企业的现代企业制度已经基本建立起来。民营企业可以根据需要选择个人独资企业、合伙企业(普通合伙企业和有限合伙企业)、公司（有限责任公司和股份有限公司）等不同形式，绝大多数民营上市公司是产权明晰、组织结构完整、管理制度比较完备的公司制企业。

以民企上市公司而言，经过20年左右的制度建设，上市公司的治理水平已经有了很大的提高。在2016年到2018年的去杠杆政策执行过程中，一批民营上市公司大股东由于股权质押遭遇股价下行而陷于困境，但由于严格的内控制度和外部监督，民营股东债务风险和上市公司的财务状况实现了严格的隔离，几乎没有发生挪用上市公司资金用于大股东脱困的现象。由此可见，上市公司作为现代市场经济中最为规范的企业治理形式，推动中国民营企业向着公众企业方向迈出了很大的步伐。

在非上市企业中，华为等中国民营企业在公司治理方面也展开了积极的探索并取得了显著的成绩。员工持股的股权结构、轮值董事长等职权设置既吸收了现代市场经济发展的优秀成果，又产生了具备鲜明中国特点和企业特色的公司治理制度成果。

而对于广大中小民营企业家和创业者而言，随着他们素质的不断提高，重视企业的治理结构和治理水平已经成为自发、自觉的行动。绝大部分民营企业采用了有限责任公司或股份有限公司等现代企业制度，有的合伙企业也主动制定了相关的规章制度和决策程序，一些稍具规模的民营企业主动建立了监事会制度或者聘请了外部董事。

整体而言，民营企业面临着更加严峻的市场机制的考验，却没有财政、信贷和政策资源的偏好性支持，因此产权不清晰、组织不完善、管理不健全的企业"淘汰率"更高。规范管理、高效运作的企业在市场反应、获取投资、代际传承等方面的优势逐渐体现出来，成为竞争的赢家。"治理水平也是企业核心竞争力"已经成为中国民营企业家的普遍共识。

不仅中国民营企业的治理结构和治理水平有了很大的提升，新时代的国有企业，也早已经不是计划经济体制下没有独立自主经营能力，无法自负盈亏的"生产车间"。目前，国有企业已经基本完成公司制改造和股权多元化改造，董事会、监事会、独立董事等制度不断完善，经过不断地探索、改革和升级，国有企业已经成为市场经济条件下的现代企业。国有企业与民营企业都在向着规范的现代企业方向不断演进。

很多国企、央企都已经完成了股份制改造并上市，已经成为混合所有制的股份制企业，到2020年底，中央企业中的混合所有制企业已经占70%。中国建材股份有限公司的混合所有制改革先后重组联合和并购几十家地方国企和民营建材企业，后者以不同的机构与个人形式持股中国建材，有的则直接参与并负责其地方与行业公司的经营管理，成为混合所有制改革的成功案例。

当然，也有民营企业控股、国有企业参股的混合所有制企业。截至2023年11月的三年间，中央企业对外参股投资各类企业超过1.3万户，与民营企业等社会资本股权合作金额超过9 000亿元。[①]有专家指出："在以国有企业混合所有制改革为主要标志性特征的各类改革措施的推动下，中国各类大型企业正在发展演变成为各类大型'社会企业'，由此将给中国经济最重要的微观基础带来重大甚至根本的变化，进而将给中国经济的整个微观基础带来重大甚至根本的变化。"[②]在这种背景下，继续强调企业的所有制区别不仅有很强的片面性，在很大程度上也已经越来越没有意义。

已经上市的国有企业和民营企业都是在市场经济环境中，按照现代企业的法律法规和管理规则运行的市场化主体，从这个意义上说，国企与民企并没有本质的不同。企业是否有价值，不在于它的所有制色彩，而在于能否为社会创造财富；而能否为社会创造财富，关键在于企业的管理水平，而与其所有制属性无关。

[①] 数据参考自：https://news.cctv.com/2023/11/09/ARTIsbcSMMIhoshAFGxpXjFO231109.shtml。

[②] 北京大成企业研究院．走向共同富裕：民营企业向社会企业转变研究［M］．北京：社会科学文献出版社，2022：71．

因此，民营企业和国有企业都是社会企业，应当用同样的标准来衡量考察和对待。西方社会有一个说法，人是上帝财富的托管人，实现财富增值是人对上帝的天职。在中国，也可以说企业家是社会财富的托管人，为全社会实现财富的增值是民营企业家和国企经理人的天职。

因此，无论是民营企业还是国有企业，都应当将提升治理结构和治理水平作为一项"永远在路上"的任务，长期来看，民企和国企是两条并行的河流，将向着社会企业的方向汇集。

四、在纠正所有制歧视方面取得实质性进展，逐步淡化所有制差异

从员工数量来看，京东集团和中国联通的规模基本相当——京东员工数量超过25万（其中全职员工约有18万人），中国联通员工数量约为24.5万人（2022年数据）。在这两家公司工作的高层管理者、中层管理者和基层员工，可能待遇不同，但是他们的法律地位、管理方式和发展前景并没有本质的差异，京东和联通都面临着提高委托-代理效率，即通过制度设计和管理措施，尽量使得委托人和代理人的目标函数趋于一致的问题。同样，作为企业的高层或者中层管理者，都会在接受委托后面临个人利益与企业利益的协调问题。

就像我们不应该根据性别、肤色、民族等特征来区别对待人一样，政府部门和金融机构在考察、分析和对待企业时，也不应当由于所有制不同而区别看待。作为平等竞争的市场主体，企业

的衡量标准，只应该是营业收入、资产状况、赢利水平、研发实力、企业家能力等市场化指标，而不应当是其他的非市场指标。

国务院原发展研究中心副主任刘世锦曾经提出，可以探索不再按照所有制划分企业类型，不再区分国企、民企，改为按规模、行业、技术类型等特性划分企业，并以这些特性制定相关政策。我们认为，这的确是将"国企民企都是社会企业"落到实处的一个重要创新建议，相关的政策、法规等应当向这个方向调整，逐步减少国企、民企这种所有制色彩很强的提法，真正让市场经济条件下的现代企业在公平环境中平等竞争。

但短期来看，直接取消所有制标签和区别，也在一定程度上超越了当前的社会发展水平和公众认知水平，当务之急是"在纠正所有制歧视方面取得实质性进展"。只要逐步消除不同所有制之间的不平等竞争，国企、民企都加强法人治理结构建设，企业之间的所有制差异就会逐步淡化。

第八章
把发展壮大民营经济作为社会主义市场经济的长期目标

有民营企业家曾经这样表达他们的担忧：现在重视民营经济，是不是因为民营企业做出了"五六七八九"的贡献，或者经济有下行压力？如果民营经济哪天贡献没这么大了，或者经济增速回升了，是不是就不再这样重视民营经济了？这些担心显然是片面的、错误的。不论是在20世纪八九十年代民营经济刚刚起步、贡献远远没有达到"五六七八九"的阶段，还是在21世纪民营经济贡献不断提升的新时期，党和国家都一直高度重视、坚定支持民营经济的发展壮大。展望未来，中国民营企业作为社会主义基本经济制度的重要组成部分和市场经济活力的源泉、中国式现代化的生力军、高质量发展的重要基础、实现中华民族伟大复兴中国梦的重要力量，必然越来越重要。改革开放40多年来民营经济的发展壮大，不断扩大党的执政基础，而推动民营经济的发展壮大，自然是社会主义市场经济的长期必然目标。

第一节　社会主义市场经济离不开民营经济

社会主义市场经济体制是中国的基本经济制度，建设社会主义市场经济离不开民营企业和民营经济。只有从国家基本经济制度的高度，明确发展壮大民营经济是社会主义市场经济的长期目标，才能让民营企业家不再误解和担心，不再把当前国家对民营经济的鼓励、支持政策当作权宜之计。

一、构建高水平社会主义市场经济体制离不开民营企业

改革开放以后，中国逐渐摸索到了发展经济的正确道路，这就是社会主义市场经济体制。习近平总书记明确指出："理论和实践都证明，市场配置资源是最有效率的形式。市场决定资源配置是市场经济的一般规律，市场经济本质上就是市场决定资源配置的经济。"[1]

民营经济作为产权活力明晰、决策自主、自负盈亏、自担风险的市场主体，与社会主义市场经济体制天然相容。市场体制发展得越成熟，民营经济的发展环境就越好；民营经济越发展壮大，市场经济体制的活力就越强。如果民营经济弱化、萎缩甚至消失的话，构建高水平社会主义市场经济体制的目标就会受阻，这对于社会生产力的发展、综合国力的提升和人民生活水平的提

---

[1] 习近平. 习近平著作选读：第一卷[M]. 北京：人民出版社，2023.

高都是非常不利的。因此，构建高水平社会主义市场经济体制离不开民营经济。

如果没有民营企业，所有的企业都是国有性质，那么即使建立了市场，也是一种"模拟市场"，所有的市场主体最终都属于国家，其对资源的处置权也是一种有限的、模拟的、受控的处置权，而不是独立市场主体的自由意志表达。改革开放以来，中国的商品市场、资本市场、要素市场、劳动力市场、技术市场的建立和完善离不开民营经济的催生，离不开民营企业的推动，民营企业为社会主义市场经济体制的建立和完善做出了不可替代的贡献。

首先，民营经济催生了中国商品市场，民营企业和个体工商户是构成商品市场的主要市场主体。目前几乎所有的日用消费品都是民营企业生产的，如果没有民营企业，中国的消费品市场将长期处于单调、短缺的状态。从流通环节来看，那些在20世纪80年代走街串巷、"鸡毛换糖"的个体户代表了最初的民营流通力量，后来发展成"义乌小商品城"，以及各地的服装百货批发市场，大量中小民营企业和个体工商户活跃期间，为沟通城乡商品交流发挥了巨大作用。国美、苏宁等民营企业创新发展出了家电大卖场等模式，物美等民营零售企业在发展速度、信息化水平等方面力争上游，逐渐发展成为可与沃尔玛、家乐福比肩的超市行业巨头；阿里巴巴、京东等民营新经济企业运用互联网技术，发展成为全球领先的电子商务巨头，顺丰等民营物流企业也借助数字化技术大幅提升了中国物流行业的效率。

其次，民营经济推动了生产资料市场的建立，民营企业是构成生产资料市场的主要市场主体。20世纪80年代中期，随着民营经济的发展，计划体制下的工业原材料计划调拨和粮食统购统销体制逐渐不能满足需求，计划外的生产资料市场开始发育。为了解决民营企业对生产资料的需求和生产资料的计划分配之间的矛盾，在20世纪80年代提出了生产资料价格双轨制，这是一个创造性的举措，也是民营经济发展推动市场经济体制建立的一个标志。但改革的不彻底导致双轨制引发计划内外"套利"和权力设租腐败等问题。20世纪90年代以后，随着生产资料供给能力的提升，逐渐通过价格"并轨"，建立了统一的生产资料市场，民营经济不仅成为生产资料市场的重要需求方，也成为越来越重要的供给方，在钢铁、煤炭、化工等生产资料供给和需求方面占比都超过50%。

最后，中国民营企业和民营经济也是资本市场的重要主体。20世纪90年代初中国资本市场创立以来，股市曾长期定位于为国企解困融资，导致上市公司结构逐渐扭曲，业绩表现也不尽如人意。2004年，深交所启动了中小企业板市场，为民企直接融资开辟了较为通畅的渠道，民企上市逐渐改善了沪深两市上市公司的结构和业绩表现，目前中国资本市场60%以上的上市公司是民营控股企业，业绩增速最高的公司基本出自民营企业。同时，中国民营经济也是资本市场的重要供给方，通过闲置资金的储蓄、购买理财产品、投资基金、债券及股票等方式为资本市场提供了相当一部分的资金流动性。民营经济的发展还推动了银行信贷管理体制从服务国有、集体企业的计划体制，逐步向更加市场化的

第八章 把发展壮大民营经济作为社会主义市场经济的长期目标

方向变革。

在国有经济范围内,很多土地的使用权都是无偿划拨,难以形成土地要素市场。民营企业和民营经济对土地使用权的需要,推动了土地使用权向"招拍挂"的市场体制转变,进一步加快了生产要素市场化改革的进程。

民营企业和民营经济还推动了劳动人事管理体制从计划经济向着市场化人才市场转变。全国有 80% 的基层劳动者、管理工作者和科研工作者在民企工作,获得劳动报酬。福耀集团创始人曹德旺就曾回忆,20 世纪 90 年代以前,非国有企业不能接收大学毕业生,给民营企业的发展造成了看不见的人才壁垒。曹德旺认为,国家的这一人事档案政策就应该改革!这个关不破,所谓改革开放就是一句空话。他为此一趟一趟地跑福建省人事局,三番五次拜访局长、处长,谈改革、谈需求、谈人事档案的陈旧规定不仅影响了刚起步的福耀集团,同时影响了如雨后春笋般涌现出来的许多合资、独资企业。曹德旺的话终于打动了相关领导,福建省人事局率先成立全国第一个人才交流市场,接收去非国有企业就业的大学生档案,由此也推动了全国人才市场化改革的进程。[①]

改革开放以来,中国逐步形成了一个以民营企业为主要需求方的职业经理人市场,管理人员可以通过年薪、股权、期权等方式获取管理者报酬。以美的集团为例,2012 年,美的集团创始人何享健退休,职业经理人方洪波成为新任董事长,美的因此成

---

① 曹德旺.心若菩提[M].北京:人民出版社,2015:152-155.

为中国第一家千亿级民营企业没有父传子，而是由职业经理人接班的案例。根据界面新闻发布的"2023中国上市公司年度职业经理人榜单"，在50位上榜的职业经理人的管理下，他们所执掌的企业营收增速、净利润增速和区间复权股价涨幅的中位数分别为17%、13%和7%；净资产收益率的中位数为16%；平均市值1 997亿元，取得了不俗的成绩，充分展现出管理要素的价值创造能力。[①]

民营企业还是推动技术要素市场化的主要力量。改革开放以来，由于民营企业的巨大创业需求，曾经大量沉睡在科技档案室中的成果加快向产品转化。随着技术进步和经济形态的演变，通过技术转让、咨询等方式，让知识和技术要素获得报酬已经越来越常见，2023年上半年，全国技术合同登记36.2万项，成交额2.29万亿元，其中技术服务合同成交额1.38万亿元，技术开发合同成交额0.67万亿元，技术咨询合同成交额达到607.9亿元，技术许可合同成交额634.3亿元，同比增长2.8%。无论是技术服务、开发、咨询、许可还是技术入股，民营企业都是技术和知识产权市场的开发、需求和交易主体，推动中国技术市场的发展壮大。

总之，无论是商品市场还是生产要素市场，其市场主体都是以民营企业为主，如果没有民营企业和民营经济，就不可能建成社会主义市场经济。当前，党中央提出"构建高水平社会主义市场经济体制"，需要构建全国统一大市场、深化要素市场化改革、建设

[①] 数据参考自：https://www.jiemian.com/article/9614271.html。

高标准市场体系和高水平对外开放，民营经济仍然是基础性力量。

二、为发展壮大民营经济制定长期目标体系

2019年召开的党的十九届四中全会通过的文件《中共中央关于坚持和完善中国特色社会主义制度、推进国家治理体系和治理能力现代化若干重大问题的决定》中再次明确指出，社会主义市场经济体制等社会主义基本经济制度，既体现了社会主义制度优越性，又同我国社会主义初级阶段社会生产力发展水平相适应。党的二十大报告中再次强调："我国是一个发展中大国，仍处于社会主义初级阶段。"

可见，社会主义市场经济体制要坚持多长时间，发展壮大民营经济目标就需要坚持多长时间，至于社会主义市场经济体制的未来有多远，那又取决于社会主义初级阶段的判断——如同邓小平同志的论断，社会主义初级阶段，还需要一个很长的历史阶段，需要我们几代人、十几代人，甚至几十代人坚持不懈地努力奋斗。

所以，只要中国的基本经济制度不改变，发展壮大民营经济就是建设社会主义市场经济的长期必然目标；只有坚定不移地发展壮大民营经济，才能构建高水平社会主义市场经济体制。

在2018年召开的民营企业座谈会上，习近平总书记再次强调关于非公有制经济"三个没有变"："非公有制经济在我国经济社会发展中的地位和作用没有变！我们毫不动摇鼓励、支持、引导非公有制经济发展的方针政策没有变！我们致力于为非

公有制经济发展营造良好环境和提供更多机会的方针政策没有变！我国基本经济制度写入了宪法、党章，这是不会变的，也是不能变的。"习近平总书记还指出："在全面建成小康社会、进而全面建设社会主义现代化国家的新征程中，我国民营经济只能壮大、不能弱化，不仅不能'离场'，而且要走向更加广阔的舞台。"[1]

在这一系列论断的基础上，我们建议，应该明确宣布，把发展壮大民营企业和民营经济作为建设社会主义市场经济的长期目标，并制定中国民营经济发展的长期目标体系。有人提出应当制定民营经济发展规划，这样做也是为了发展壮大民营经济，出发点是好的，但是民营经济本身就是市场经济而非计划经济的产物，其创新方向、发展步伐、路径走向等方面天然具有不确定性，不宜用规划的方式加以过多、过细的规定。

我们建议制定中国民营经济发展的长期目标体系，一方面可以宣示党和政府促进民营经济发展壮大是一个长期不动摇的决心，绝非权宜之计；另一方面也可以指引各方面的力量和资源向促进民营经济发展壮大的方向汇聚。只要各方面达成共识，凝心聚力，就一定能够开创中国民营经济发展的新局面，推动中国经济高质量发展更上一层楼。

---

[1] 习近平.在民营企业座谈会上的讲话[Z/OL].(2018-11-01)[2023-11-29]. http://www.xinhuanet.com/politics/leaders/2018-11/01/c_1123649488.htm.

第二节　民营经济发展壮大不断扩大党的执政基础

党的十一届三中全会之前，中国经济在长期计划体制的束缚下，发展活力不足，创新能力缺乏，产出增长缓慢，人民生活水平长期得不到提高，遇到了巨大的挑战。中国共产党不断解放思想，适应时代发展要求，探索出了公有制为主体、多种所有制经济共同发展，使人民通向美好生活的正确道路。民营经济的发展壮大扩大了群众就业，增加了居民收入，丰富了市场供给，充实了国家财政，提升了综合国力，使党的执政基础不断扩大。

一、民营经济多次化解可能出现的就业冲击

作为一个14亿人口的大国，就业是中国经济面临的最重要课题，解决中国的就业问题，从根本上必须靠民营经济发展壮大。

从城镇社会从业人员数据来看，国有单位从业人数从1990年的1.03亿人下降到2019年的5 473万人，下降了46.9%，而民营企业从业人员从57万人增长到1.46亿人，增长了254倍。2009—2019年，国有企业从11.1万户增加到20万户，增长不到一倍，2012—2021年，民营企业数量从1 085.7万户增长到4 457.5万户，10年间翻了两番（见图8-1）。而且根据国有经济结构调整的要求，国企不断向资本密集行业集中，对劳动力的吸纳能力也在下降。

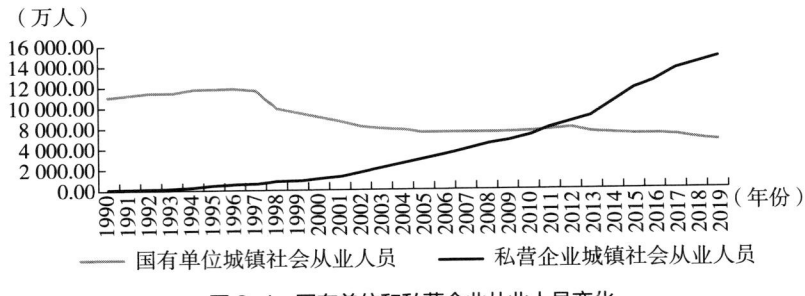

图 8-1　国有单位和私营企业从业人员变化

资料来源：万博新经济研究院，同花顺 iFinD

改革开放以来，民营企业在中国经济面临巨大就业压力时，曾经多次发挥重要作用，化解了就业危机，以及可能出现的经济和社会危机。

第一次是 1978 年以后，随着上山下乡的知识青年返城，城镇面临着大量青年待业的压力，有数据显示，1979 年一年返城知青就超过 395 万人，加上其他各类从农村返回的城市劳动人口，和当年城镇适龄劳动青年，1979 年一年累计城镇待业青年达到了 2 000 多万人。[①] 当时放开政策限制，允许个体工商户和私营企业发展，对吸纳返城知青就业发挥了重大作用，在两三年的时间内就化解了待业知青的就业压力。

第二次是 1998 年前后，吸纳国企下岗职工，化解了巨大的社会压力。据估计，当时有上千万人甚至 2 000 万人下岗失业，

---

① 任晓伟.中国共产党治理城镇失业的基本经验——改革开放以来的两次城镇就业冲击与三次全国就业工作会议[J].陕西师范大学学报（哲学社会科学版），2011（04）.

如果把下岗工人算进去，整体失业率可能在 8% 上下。[①] 随着中国进入世界贸易组织，以民营企业为主的外向型经济快速发展，也在较短时间内吸纳和化解了这次就业危机。

第三次就是 2020 年以后，经济增速下行和大量高校扩招毕业生进入就业市场带来的青年就业压力，如果没有外卖、快递和网约车等民营企业提供的灵活就业岗位，当前的青年失业率数据很可能还会继续上行。

当前中国民营企业创造了 80% 以上的城镇就业和 90% 的新增就业，[②] 可以说 80% 的家庭薪酬收入来自民营企业，未来这一比例仍将提高。民企兴，百姓富；民企衰，百姓贫。促进民营经济发展壮大的过程，就是扩大就业、增加居民收入的过程，也是不断扩大党的执政基础的过程。

二、民营经济从收入和产品两方面改善人民生活

邓小平同志曾经深刻指出："不坚持社会主义，不改革开放，不发展经济，不改善人民生活，只能是死路一条。"[③] 民营经济既是经济发展的主要推动力，也是发展成果惠及更多人的主要渠道，是提高居民收入和改善人民生活的主力军。

一方面，民营经济为 2.2 亿人提供了就业岗位和劳动收入。

[①] 田进.专访卢锋：青年就业处在最困难时期 但凡能帮助年轻人就业的举措都是有益的[N].经济观察报，2023（06）.
[②] 数据参考自：https://www.gov.cn/xinwen/2018-11/05/content_5337694.htm。
[③] 邓小平.邓小平文选：第三卷[M].北京：人民出版社，1993：370.

改革开放以后，随着农业生产效率的提升，数以亿计的劳动力从农村释放出来。根据 2009 年的有关测算，当时一个劳动力从农村农业部门转移到城市工业或者服务业部门，其创造的财富是原来的 5 倍，而个人所能获得的收入也将获得相应的增长。

从 2012 年到 2022 年，中国人均国内生产总值从 39 771 元增长到 80 976 元，城镇私营单位就业人员平均工资从 28 752 元增长到 62 884 元，城镇非私营单位平均工资从 46 769 元增长到 106 837 元；分别增长了 103.6%、118.7%、128.4%，[①] 私营单位和非私营单位的人均工资增速均超过人均 GDP 增速，这是中国居民生活水平提高的重要保证。

另一方面，民营经济的发展壮大，还提供了丰富的物质产品、精神产品和社会服务。我国改革开放前，都出现过日用品供给长期不足的现象，改革开放以后中国消费者能够在较短的历史时期内就实现从服装、玩具，到家电、家居用品，一直到智能手机、电脑和汽车等消费品的充足供给，民营企业功不可没。

除了制造业产品，中国服务业也在短短几十年的时间里实现了飞跃式的发展，民营传统服务业网点遍及城乡，住宿和餐饮业中 96% 是个体工商户，个体工商户在居民生活服务业的占比也达到了 87%。[②] 在全球领先的电子商务领域，几个主要的平台企业也都是民营企业。2022 年中国新经济 500 强企业中，民营企业数量为 407 家，占比为 81.4%。以民营企业为主的中国互联网企业

---

① 数据参考自：同花顺 iFinD 数据库。
② 数据参考自：https://www.163.com/dy/article/F7A1HDUO0512D3VJ.html。

已经为中国消费者提供了全球领先的移动支付、生活服务、文化娱乐等互联网服务，如支付宝和微信支付、淘宝和京东、美团和饿了么，以及抖音、快手、米哈游等，大大提升了中国消费者的生活数字化水平。

三、民营企业为国家税收提供主要支撑

2012年、2015年、2020年和2021年，国有企业税收占全国税收的30.7%、31.7%、24.3%和24.7%；民营企业占全国税收的48%、50%、59.7%和59.6%，外资企业占19.6%、18.2%、16.0%和15.7%，民企贡献的税收贡献不断上升，如今比重已经接近60%。

从增速来看，从2012年到2021年的9年间，全国税收总额增长了70.4%，年均增长6.1%。其中，国有控股企业税收年均增长3.6%，低于整体增速2.5个百分点，民营企业税收年均增长8.3%，高于整体增速2.2个百分点。民营企业已经成为国家税收来源的最大主体。[1]

在房地产市场供求格局出现重大变化、土地使用权出让收入对地方财政支持力度下降的背景下，民营企业所贡献的税收收入对于政府财政的重要性不断上升。

对于一些民营经济占比较高的东南沿海发达省区而言，民企对税收的支撑作用就更加明显。2022年，福建民营经济贡献了

---

[1] 陈永杰.民营经济十年"税收贡献"：税收格局新变化 民企税源占六成［Z/OL］.（2022-10-29）［2023-11-29］. https://mp.weixin.qq.com/s/a5jU_WXteBGdKQYVZ2frwQ.

70%以上的税收，是全省财政收入的重要来源；漳州市民营经济贡献的税收占比超过80%[1]，泉州市这一占比达到78.7%（2020年数据）[2]。浙江民营经济贡献了全省71.7%的税收[3]，台州民企税收贡献率达到86.2%[4]，温州民营企业贡献的税收占比超过90%[5]，宁波、绍兴的民企税收贡献率也超过80%[6]。

财政收入对基层各级政府和公共服务机构的正常运转至关重要。如果没有财政收入的稳定增长，交通、环卫等公共服务机构就无法正常运转，基础设施投资的建设和维护也无法正常进行，教育、医疗、养老等基本民生条件得不到保障，国防投入、军队建设和国家安全的开支也无法保障。从支持财政税收增长的角度来看，民营经济也已经成为并且不断扩大着党的执政基础。

四、高质量发展离不开民营经济

改革开放以来，中国GDP增长超过33倍，从1978年的全球第15位提升到现在的全球第2位，民营经济做出了无法忽视的贡献。整体来看，民营经济增加值在中国GDP中的占比达到

---

[1] 李立平.漳州：以更优环境促进民营经济高质量发展[N].闽南日报，2023-08-29.

[2] 陈小玉，黄蜂，王秋玲，等.泉州：民营经济强势领跑 产业集群带动有力[N].中国税务报，2021-02-20.

[3] 数据参考自：http://tjj.zj.gov.cn/art/2023/3/16/art_1229129205_5080307.html。

[4] 数据参考自：http://zjnews.china.com.cn/zj/taizhou/2023-07-22/384982.html。

[5] 数据参考自：https://mp.weixin.qq.com/s/rn16tk6GTq8Fryi-SU6Bzw。

[6] 数据参考自：http://swj.ningbo.gov.cn/art/2023/7/21/art_1229031548_58931070.html。

60%，从具体的省、市来看，民营经济越发达的地区，经济增速越快，已经成为普遍现象。2022年，浙江省民营经济增加值占全省生产总值的比重为67%，福建省民营经济增加值占比达到69%，深圳市民营经济增加值占比达到72%，泉州市达到83%。[①]

改革开放40多年，民营经济为中国奇迹做出了巨大的贡献。在新的时代，中国经济面临着高质量发展的重任，更加离不开民营经济的参与和支撑。

第一，建设现代化产业体系离不开民营经济。民营经济已经遍布中国的第一、二、三产业，并且是其中活力最强、生命力最旺盛、创造能力最高的组成部分。第一产业中的新希望、温氏集团、正邦集团，第二产业中的华为、比亚迪、恒力集团和山东魏桥，第三产业中的京东、阿里巴巴、腾讯等标杆企业，都是带领行业转型升级、实现创新驱动的龙头，是实现中国产业体系现代化的重要推动力量。因此，建设现代化产业体系离不开民营经济。

第二，全面推进乡村振兴离不开民营经济。乡村振兴不只是发展农业、建设农村和改善农民生活，还是促进农业、农村和农民全面融入社会主义市场经济体制，融入现代化产业体系的过程。由工商联等单位发起，全国民营企业广泛参与的"万企帮万村"行动在取得了丰硕成果之后，已经升级为"万企兴万村"行动。2023年7月发布的《中共中央 国务院关于促进民营经济发展壮大的意见》中专门提出："支持民营企业参与乡村振兴，推

---

① 数据参考自：https://mp.weixin.qq.com/s/TAS55vBEGbpI9mfvLc-ZSg。

动新型农业经营主体和社会化服务组织发展现代种养业，高质量发展现代农产品加工业，因地制宜发展现代农业服务业，壮大休闲农业、乡村旅游业等特色产业，积极投身'万企兴万村'行动。"这体现了对民营经济在乡村振兴过程中发挥作用的充分肯定和高度重视。

第三，促进区域协调发展离不开民营经济。实践证明，民营经济是区域经济发展的重要推动力量，民营经济发展较好、较快、较强的区域，地方经济的增长速度、质量和活力都表现出明显的优势。因此，缩小东西部差距，实施东北振兴、西部大开发和中部崛起战略，也离不开民营经济发力推动，要在经济欠发达地区和增速较慢的地区着力改善营商环境，使民营经济能够更好地促进区域协调发展。

第四，推进高水平对外开放离不开民营经济。民营经济已经成为外贸发展的主力军。2019年，民营企业进出口首次超过外商投资企业，成为我国第一大外贸主体。根据海关总署发布的信息，2022年，民营企业占我国进出口总值的比重为50.9%，首次超过50%；2023年上半年，民营企业占我国进出口总值的比重上升到52.7%。中国民营企业发展外向型经济已经逐渐超越了以加工制造为主的阶段，向着制造、贸易、投资、建设、跨国运营等多方面发展的新阶段进发，涌现出了华为、吉利、万向、恒逸、美的、沙钢等一批优秀的民营跨国企业，带着中国的产品、技术、管理、资本走向全球。因此，推进高水平对外开放离不开民营经济。

执政基础是执政党执政地位赖以维持和巩固的基本条件，即依靠谁、依靠什么执政的问题。① 无论是从贡献、社会联系的广泛程度,还是从对未来中国发展的重要性来说,民营经济的发展壮大都在不断扩大党的执政基础。

---

① 奚洁人.科学发展观百科词典[M].上海:上海辞书出版社,2007.

第三篇

民营经济：活力、生态与中国未来

从 1984 年到 1992 年，从 1999 年到 2009 年，改革开放以来的每一次中国民营企业家的涌现，都会将中国经济推上一个新的发展台阶。实践证明，民营企业是市场经济的活力之源，哪里的民营经济活跃，哪里的经济就兴旺发达。在民营企业发展壮大的过程中，国有企业也焕发了活力；民营企业给国有企业带来了竞争压力，营造了真正的市场环境，也创造了下游需求，减轻了国企负担；民企和国企正在建立起互相依存、互相促进的良好经济生态。中国民营企业已经成为中国式现代化的生力军，创造就业和居民收入的主力军，实现中华民族伟大复兴不可或缺的重要力量。

第九章
民营企业家集中涌现是经济繁荣的重要原因

宏观经济的周期性波动，不仅与投资、需求和信用的收缩扩张相关，更与民营企业家的"集中涌现"和潮起潮落有关。改革开放以来的若干次经济周期性波动都表明，每当民营企业家集中涌现，出现创新、创业高潮的时候，很快就会出现中国经济的上升周期；反之，每当民营企业家因为种种原因而出现阶段性创新创业低潮的时候，随之而来的就是经济的下行周期。民营经济是中国经济活力的源泉，为了推动中国经济早日走出增速下行趋势，应把提升民营经济活力、鼓励民营企业家的集中涌现作为繁荣经济政策的重中之重。

第一节 民营经济的潮起潮落与经济周期

影响经济周期波动的原因有很多，例如固定资产投资的波动、存货的变动、房屋建筑规模的变化、技术革命的兴起与扩散，等等，但是对中国经济周期而言，还有一类特殊的影响因素，就是民营企业和民营经济的潮起潮落。

一、改革开放以来的四次民营企业家涌现潮

自中国改革开放以来，出现过四次企业家集中涌现的现象。

第一次是1984年前后，被称为中国民营经济的"创业元年"。张瑞敏到青岛日用电器厂担任厂长，青岛海尔就此起步；柳传志在中关村创立了"联想"；四通、信通、京海、科海等民营科技企业也在那两年成立，中关村作为中国IT创业热土的地位逐步确立；广东三水区酒厂厂长李经纬与广东体育科学研究所研究员欧阳孝一起开发出了"健力宝"运动饮料；刘永好在1982年开始养鹌鹑创业，从此踏上了从养殖到饲料的"首富"之路；史玉柱（巨人集团）、段永平（小霸王）、赵新先（三九胃泰）、李东生（TCL集团）、潘宁（容声电器）、魏建军（长城汽车）等后来在中国民营企业发展史上留下姓名的企业家也都是在1984年前后开始了他们的创业生涯。除了这些在中国企业史上留下姓名的企业家，还有大量的草根创业者在这一年选择出发。据《中国1978—2008》一书统计显示，1984年个体工商户达到590万户，比上年增长126%；从业人数达到746万人，比上年增加133.4%。[①]

[①] 中共中央文献研究室，龙平平. 中国1978-2008 [M]. 长沙：湖南人民出版社，2009.

第九章 民营企业家集中涌现是经济繁荣的重要原因

从这一年开始,城市经济发展的政策出现了大的调整,个人创业的约束被大大"松绑"。1984年2月,邓小平在谈到办好经济特区时说:"实行开放政策,有个指导思想要明确,就是不是收,而是放。"[1] 邓小平的表态确定了中国改革开放的路线"不走回头路",制度变革的方向不会变,充分激发了人们的创业热情。

与民企创业热潮相伴的,是家用电器、食品饮料等消费品百花齐放,繁荣了市场,改善了居民生活。1981—1984年,经济增速从5.1%、9.0%、10.8%,一直增长到14%,[2] 与这一波民营企业家的集中涌现有着密切的关系。

第二次中国民营企业家集中涌现是在1992年前后,出现了被称为"92派"的一批民营企业家。这一波创业潮的一个鲜明特征是很多体制内的官员、学者下海创业。1992年,复旦大学哲学系教师郭广昌辞职创办了上海广信,也就是复星集团的前身;郭凡生离开体制改革研究所,拿出工作多年积攒的7.4万元,合伙成立了慧聪信息;沂源县外经委副主任朱新礼辞职下海,创立汇源饮料;1993年,陈东升离开国务院发展研究中心的《管理世界》副总编的岗位,创办了嘉德拍卖,随后又创办了泰康人寿和物流公司宅急送;原物资部司长田源创办了中国国际期货经纪有限公司;1993年,俞敏洪正式创办新东方;1994年,张文中创立了物美连锁超市,开创连锁零售行业先河;1995年,前中宣部干部黄怒波下海创建了北京中坤投资集团……

---

[1] 邓小平.邓小平文选:第三卷[M].北京:人民出版社,1994:51.
[2] 数据参考自:同花顺iFinD数据库。

这一波民营企业家的集中涌现，扫除了 1989 年以后低迷不振的市场氛围，热火朝天的创业活动将 GDP 推上了一轮新的增长轨道。1990 年经济增速为 3.92%，此后就逐年增长——9.26%、14.22%、13.88%、13.04%，[①] 连续数年的两位数增长速度，使得中国 GDP 的世界占比重新超过 2% 并保持持续上升势头。1994—1995 年，中国甩开其他主要的发展中经济体，成为全球经济舞台的增长明星。

第三次民营企业家涌现是在 1999 年前后的互联网创业热潮。阿里巴巴、百度、新浪、搜狐、腾讯、网易、京东等都是在 1998—2000 年前后成立，推动了中国新经济的第一波浪潮。这次民营企业家集中涌现，是一次典型的新技术引发的创业热潮。当时中国互联网企业较为通行的创业模式，是借鉴美国已经出现并成功的技术和商业案例，根据中国市场的特点进行调整和创新，例如阿里巴巴对 eBay，百度对谷歌，新浪、搜狐和网易等门户网站对 Yahoo 的借鉴，都体现了这样的思路。在门户网站、电子商务、电子游戏、搜索引擎等领域之外，1999 年前后还出现了一批具备很强竞争力的中国民营企业，如隆基绿能（光伏产业）、海澜集团（纺织服装）、海大集团（农副食品加工）、新凤鸣（化纤）、立讯精密（电子元器件）等，今天都已经成为民营企业中的翘楚。

1999 年前后，中国经济面临着来自几个方面的挑战，经济增长率已连续数年持续下滑，从内部来看，消费需求疲软，住房制

---

① 数据参考自：同花顺 iFinD 数据库。

第九章 民营企业家集中涌现是经济繁荣的重要原因

度改革刚刚启动，国有企业普遍面临产品滞销、债务沉重、冗员过多等问题，改革的道路尚在探索之中；从外部来看，中国加入世界贸易组织谈判进行得非常艰难，1997年爆发的东南亚金融危机余波尚在，出口需求仍然低迷。然而，中国GDP增速从1999年的7.6%起步，开始了一轮新的增长周期，直到2007年达到14%以上。[①] 以互联网创业热潮为主的新一轮民营企业家集中涌现，给中国经济注入了强劲的增长动力，在这一轮经济增长中发挥了明显的作用。

第四次民营企业家涌现是在2009年前后出现的移动互联网创新潮。以2007年乔布斯发布第一代iPhone产品为起点，移动互联网产业在美国发端，逐渐向中国扩散。2010—2012年，移动互联网创业热潮开始在中国兴起，微博、微信、小米、美团、滴滴、快手、今日头条等今天的互联网"大厂"都是在这两三年成立的，拼多多、米哈游等企业成立于稍晚的2014—2015年。第四次民营企业家集中涌现，仍然是以技术扩张为主要的驱动因素，但中国的企业家在现有的技术和产业基础上，表现出了更强的创新能力。例如微博是在借鉴推特的基础上发展起来的，而微信则更多的是一款本土研发的社交软件，而且在功能和应用场景上远远超过了国外同类型产品。同样，抖音短视频、大疆无人机等产品，都体现出中国企业家的创新能力已经具备全球竞争力。

移动互联网产业的兴起创造了新的需求，带来了经济增长的新动能。数据显示，2016—2022年，中国数字经济规模增加4.1

[①] 数据参考自：同花顺iFinD数据库。

217

万亿美元，年均复合增长 14.2%。移动互联网产业带来了结构性的新经济繁荣周期，然而其体量仍然不足以扭转供给结构老化的现象，因此总量上经济增速回落。

二、经济周期性波动的背后是民营企业家的"潮涨潮落"

熊彼特认为："企业家成批出现是繁荣产生的唯一原因。"[①] 这就是说，如果一段时间内从事创新活动的人较多，经济将会呈现出繁荣态势，相反，如果成为企业家的人变少，经济将陷入萧条。

为什么企业家会成批出现？熊彼特对此的解释是："这完全因为一个或者少数几个企业家的出现可以促使其他企业家出现，于是又可促使更多企业家以不断增加的数目出现。"[②] 其具体的过程可以描述为："在新方向上的任何一步成功，会很容易被立即跟随。……某些人会成功地创造出新事物，其他人既可以按相同的路径复制他们的行为，也会受到激励去按照不同的路径去做同样的事情。某些成功的人唤醒了其他的人……繁荣由此而来。"[③]

我们在很多产业中都会看到这样的情形。2007 年 1 月，乔布斯发布了第一部 iPhone，2008 年 9 月第一部安卓手机面世。此后就出现了智能手机行业的潮涌式创新，在中国涌现出了雷军（小米）、余承东（华为）、沈军（vivo）、陈永明（OPPO）、刘作虎

[①] 约瑟夫·熊彼特.经济发展理论［M］.北京：商务印书馆，1990：256.
[②] 约瑟夫·熊彼特.经济发展理论［M］.北京：商务印书馆，1990：253.
[③] Schumpeter, Joseph A. The Explanation of the Business Cycle [J]. Economica, 1927 (7): 286–311.

（一加）、李炳忠（真我）、黄章（魅族）等一批企业家。随后围绕智能手机形成了蓬勃发展的软件生态，以游戏为例，早期的成功之作如《愤怒的小鸟》《水果忍者》《植物大战僵尸》等激发了全球游戏业的创新热情，在欧洲出现了 Supercell（《皇室战争》），在美国诞生了 Niantic（《精灵宝可梦》）、Machine Zone（《雷霆天下》），中国涌现出了米哈游、腾讯游戏、网易游戏等一大批以手机游戏为主要业务的企业；而在 App 市场上，美国的 Instagram、YouTube 等软件的成功也引发了全球 App 开发的热潮，中国的马化腾、张小龙等企业家开发的微信，张一鸣开发的今日头条和抖音（海外版 Tik Tok），黄峥开发的拼多多，王兴开发的美团等软件都获得了巨大的成功。

这种企业家在较短时间内聚集出现，或者称为"涌现"的现象，在经济史上并不是孤例。1886 年的美国，也曾经在一年内涌现出了雅芳（化妆品）、可口可乐（饮料）、柯达（照相器材）、西尔斯（百货）、花旗（银行）、强生（制药）等多家后来成为行业巨头的企业。

管理学大师彼得·德鲁克敏锐地观察到，20 世纪 70 年代以后，美国逐渐从"管理型"经济向"创业型"经济转变，他观察到的一个最为明显的证据是，1965—1985 年这 20 年间，16 岁以上的美国人（根据美国统计惯例，作为劳动人口计算）增长了 2/5，从 1.29 亿人上升为 1.8 亿人，但是，同一时期，有工作的美国人口却增长了 1/2，从 7 100 万人上升至 1.06 亿人。美国之所以能够在这样短的时间内创造出超过劳动力增速的就业岗位，原因就在于中小企业，尤其是新创企业的大量涌现。当时每年新注册的公司多达 60 万家,是 20 世纪五六十年代经济繁荣期的 7 倍。[①]

第二节　促进民营企业家集中涌现的因素

民营企业家成批出现是经济繁荣的重要原因。如果我们能够深入分析引发民营企业家集中涌现的原因,针对性地采取措施来促进民营企业家集中涌现,就能够推动经济持续繁荣。

一、中国民营企业家集中涌现的原因

从改革开放以后的历史来看,中国民营企业家集中涌现主要有以下几个方面的原因。

首先,1984 年和 1992 年的民营企业家集中涌现都与当时出台的改革政策密切相关。1984 年 10 月召开的党的十二届三中全会通过了《中共中央关于经济体制改革的决定》,突破了把计划经济同商品经济对立起来的传统观念,提出了"公有制基础上的有计划的商品经济"的概念;当年 5 月,国务院还发布了《关于进一步扩大国营工业企业自主权的暂行规定》;7 月,上海市颁布《关于发行股票的暂行管理办法》;11 月上海飞乐音响股份

[①] 彼得·德鲁克.创新与企业家精神[M].魏江,陈侠飞,译.北京:机械工业出版社,2007.

公司向社会公开发行股票，市场化的现代企业发展空间被逐步打开。

1992年召开的党的十四大确立了中国建立社会主义市场经济体制的改革目标，有人这样回忆，"使市场在社会主义国家宏观调控下对资源配置起基础性作用"的提法说明"苏联政治经济学教科书的教条终于被抛弃了，市场不再是'被利用'的机制，而是基础。人们终于可以放开手脚大干一场了"。[①]

其次，新技术、新产品、新模式的引进。1999年、2009年的两次民营企业家涌现潮与互联网和移动互联网技术的引入有很大的关系，当时创业并成长为大型企业的，有不少是互联网和移动互联网公司。实际上，在1984年的民营企业家涌现潮中，不少民营企业是从事冰箱、彩电等家用电器以及各种新型化纤服装的引进和生产，这些产品虽然在发达国家已经成熟，但对于中国市场来说，仍然属于新产品。另外，1998年7月出台的《国务院关于进一步深化城镇住房制度改革，加快住房建设的通知》开启的中国住房市场化改革进程，催生了1999年的民营企业家涌现潮中的大量房地产企业，其本质也是房地产供给模式的创新。

再次，向更大的市场开放。2001年中国正式加入WTO，打开了中国企业进军全球市场的大门。加入WTO以后中国出口进入了持续高增长阶段，为外向型企业提供了广阔的发展空间。以

[①] 胡舒立，霍侃，杨哲宇. 回眸1992：江泽民与社会主义市场经济体制的由来[J]. 财新，2022（12）.

运动鞋为例,鸿星尔克创始于2000年,特步创始于2001年,361°创始于2003年,这些企业家抓住了加入WTO带来的国际市场,也利用国际市场带来的利润完成了品牌化和国内市场的开拓。改革开放之初,国内商业逐步放开,实际上也是向民营企业打开了一个巨大的市场,以往对"投机倒把"和"长途贩运"的各种限制性措施取消,对民营经济发展商业采取鼓励的态度,也为黄光裕、张近东、于东来等一大批民营商业企业家的涌现创造了条件。

最后,社会氛围和宏观叙事的转变。社会舆论对于发展民营企业的态度,也是影响民营企业家涌现的一个重要因素。在改革开放初期,干个体户、"下海"等词语在社会舆论中往往带有"不务正业"的色彩,很多人对此嗤之以鼻,甚至认为不光彩,到民营企业就业也被视为"不是正式工作"而被排斥。1983年,胡耀邦总书记《怎样划分光彩和不光彩》的讲话发表后,社会舆论开始转变,民营企业的地位逐渐被人们正视,对1984年以后的民营企业家涌现潮起到了重要的推动作用。

1992年邓小平南方谈话打破了中国改革陷入的沉闷局面,邓小平反复强调"改革开放胆子要大一些,要敢于试验……看准了的,就大胆地试,大胆地闯","计划多一点还是市场多一点,不是社会主义与资本主义的本质区别",[①] 其讲话精神在很大程度上转变了当时的社会舆论和宏观叙事,"闯市场"成为当时那个时代的关键词,民间甚至出现了"十亿人民九亿商,还有一亿要开

---

① 邓小平. 邓小平文选: 第三卷 [M]. 北京: 人民出版社, 1994.

张"的顺口溜，民营经济的创业热情可见一斑。

二、促进和引导民营企业的集中涌现："晋江经验"和"八八战略"

浙江义乌这样一个毫无资源禀赋优势的小县城，在延续了超过300年的"鸡毛换糖"小商品交易的基础上，发展起了全省、全国乃至全球最大的小商品市场，这离不开当地政府的开明态度和宽松政策。而福建、浙江等省的经济发展，更是得益于当地政府采取了正确的政策和策略，推动了民营经济在当地的繁荣和发展。

例如福建晋江的民营经济从"三闲"（闲钱、闲人、闲房）经济和"三来一补"起步，"家家点火，户户冒烟"创企业，被称为一座"睡不着"的城市，20世纪90年代中期就在福建乃至全国县域经济发展上名列前茅。晋江的民营经济发展为什么能够取得这样的成绩，对全省乃至全国的民营经济发展有什么借鉴价值？习近平总书记在福建工作期间，到泉州每个县、市、区起码都走过4次以上，特别是在省委、省政府工作的6年中有7次到晋江调研。习近平同志发现，晋江民营经济发展的主要经验是"三为主"，即市场调节为主、外向型企业为主、股份合作制为主；和"一共同"，就是多种经济成分共同发展。在这个总结的基础上，逐渐提炼出了以"六个始终坚持"和"正确处理好五个关系"为主要内容的"晋江经验"。①

"晋江经验"的内涵和精髓,就是坚持市场导向,尊重市场规律,发挥企业家精神,发挥比较优势,以及建立良好的政企互动关系,本质是为民营经济发展创造良好的政策、制度和文化环境。晋江经验推动了晋江市乃至福建省的民营企业家成批涌现和民营经济转型升级。

安踏集团起步于一家做鞋工厂,经过30余年的发展,成为具有现代化治理结构和国际竞争能力的公众公司;创立于1985年的恒安集团,如今已将产业链延伸至国际市场;开始于小作坊的七匹狼用33年时间成长为多元化现代企业集团。

晋江民营经济占比达95%,县域经济基本竞争力连续5年位居全国前四,综合经济实力连续29年居福建省县域首位,培育超9万家民营企业,拥有1个超3 000亿元、1个超千亿元、2个超500亿元、2个超300亿元的产业集群。②

福建省经营主体数量10年增长5倍,从2012年的140万户增加到2022年的711万户,③民营经济已经形成"七七七八九"的贡献格局,即民营经济贡献了全省七成左右的税收、地区生产总值、科技创新成果,以及八成以上的城镇劳动就业和九成以上的经营主体数。

---

① 刘亢,何雨欣,项开来,等.爱拼才会赢——"晋江经验"启示录[Z/OL].(2018-07-09)[2023-12-12]. http://news.china.com.cn/2018-09/27/content_64167014.htm.

② 王文博,陈涵旸.弘扬企业家精神 谱写民营经济发展新篇章——从"晋江经验"透视民营企业活力[N].经济参考报,2023(09).

③ 数据参考自:http://fjnews.fjsen.com/2023-03/18/content_31273388.htm。

正如晋江恒安集团创始人许连捷所说："20年过去了，'晋江经验'作为全国民营经济发展的重要指引，至今仍具有重大的意义。"①

在浙江工作期间，习近平总书记曾多次指出："民营经济是浙江活力所在，是浙江的品牌，是改革开放的先行者，是市场经济发展的佼佼者。"②他主持制定的"八八战略"提出："进一步发挥浙江的体制机制优势，大力推动以公有制为主体的多种所有制经济共同发展，不断完善社会主义市场经济体制"，③也为浙江民营经济的发展开创了新的局面。

第三节　影响民营企业家集中涌现的六大因素

由于中国的市场主体统计口径在2015年左右出现过重大变化，我们可以找到的是2008年底到2015年5月的私营企业月度数量，和2016年底到2020年底的企业及个体工商户数量。计算这几组数据的同比变化可以看出，2013年中到2015年第一季度，的确出现过一个私营企业增速持续上升的过程（见图9-1）。

---

① 闫旭.企业家再谈"晋江经验"：至今仍有重大意义［Z/OL］.（2022-07-09）［2023-12-12］.https://finance.sina.com.cn/jjxw/2022-07-09/doc-imizmscv0791020.shtm.l.

② 浙江省政府咨询委员会.在供给侧改革中勇立潮头［N］.浙江日报，2017（04）.

③ 习近平.干在实处，走在前列：推进浙江新发展的思考与实践［M］.北京：中共中央党校出版社，2006：59.

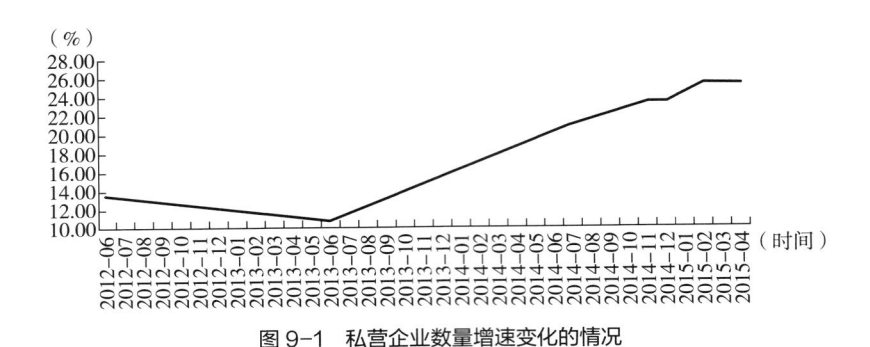

图 9-1 私营企业数量增速变化的情况

资料来源：同花顺 iFinD，万傅新经济研究院

但 2017—2019 年，企业数量增速实际上是下降的，到 2019 年触底反弹；2017—2019 年个体工商户数量增速有所抬升（见图 9-2）。

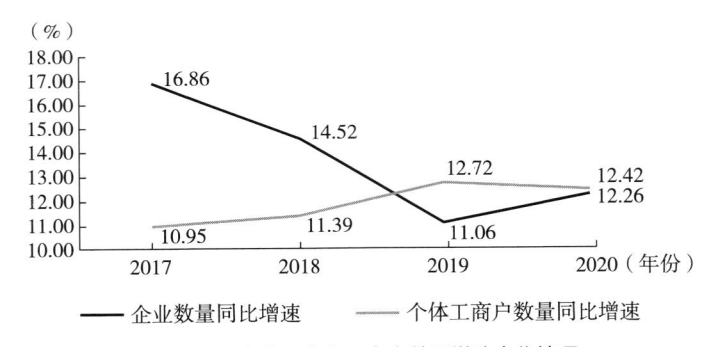

图 9-2 企业和个体工商户数量增速变化情况

资料来源：同花顺 iFinD，万傅新经济研究院

整体来看，2012 年的移动互联网创业热潮之后，再没有出现规模堪与之相比的民营企业家涌现热潮，这也可以解释 2010 年以后中国经济增速下行压力持续加大的一部分原因。而"民营企业家涌现"力度不足的原因，可以从以下几个方面分析。

第九章 民营企业家集中涌现是经济繁荣的重要原因

一、社会舆论氛围的影响

在中国民营经济 40 多年的发展历程中,由于不同原因,在社会舆论中出现质疑民营经济和民营企业的杂音,进而导致民营企业家信心波动的现象不止一次。

1990—1991 年前后,苏联东欧剧变引发了一些人对私营企业发展是否会导致中国"变色"问题的担忧,甚至出现了质疑改革开放政策的声音;从经济政策来看,当时的确出台了诸如打击私营企业偷税漏税、清理整顿国营体系之外的新兴企业、清理专业市场等流通环节的政策,对民营经济的正常经营和发展造成实质性的影响。一个具有新闻性和标志性的事件,就是"傻子瓜子"创始人年广久遭遇第二次牢狱之灾,最终以流氓罪被判处有期徒刑两年。很多劳动者不敢到民营企业工作,一些民营企业家选择将企业交给集体来"保平安"。据吴晓波《激荡三十年》引用《中华人民共和国经济史》的记载,1989 年下半年,全国个体户注册数减少 300 万户,私营企业从 20 万家下降到 9.06 万家,减少一半多。[1]

2006 年前后,又出现了关于清算民营企业"原罪"的舆论风波,对民营企业家的信心也造成了一定的影响。影响更大的是,不仅在理论层面出现了争论,2006 年以后在实际操作层面,不少钢铁、石油、煤炭和航空等领域的民营资本都被逐渐"清退"出

---

[1] 吴晓波. 激荡三十年:中国企业 1978-2008(上册)[M]. 北京:中信出版社,杭州:浙江人民出版社,2007:220-221.

行业。例如，2008年左右，不少不以房地产为主业的央企开始进入房地产行业，并成为土地拍卖市场上的"地王"；在钢铁行业，出现了国有企业山东钢铁兼并民营企业日照钢铁（最终未能达成）等多起民企被国企兼并的案例；在煤炭行业，2009年山西出台整顿关闭小煤矿的政策，明确将全省登记的2 840多座矿山收归国有；在较早向民营资本开放的航空业，在"非公36条"政策指引下，仅2006年底就出现了大众航空、昆明航空、西部航空等近20家民营航空公司，但是到2008年以后，首批民营航空中除春秋航空和吉祥航空成功上市以外，其余几家则无奈遭受停飞、破产、被国企并购或重组的命运；而在食品行业也出现了中粮收购蒙牛乳业的案例。

2006年还发生了一件对民营企业家信心产生严重影响的事件，就是物美集团创始人张文中被带走调查，并在2007年以涉嫌诈骗、挪用资金等罪名被起诉，2008年被判处有期徒刑18年。尽管张文中在2018年由最高法院宣布无罪，但当时给民营经济人士带来的冲击却是巨大的。

2018年，吴小平发表文章《中国私营经济已完成协助公有经济发展的任务，应逐渐离场》，质疑民营经济的舆论杂音再度出现。一个背景因素是，当时一些上市公司大股东的股权质押债务，由于股价大幅缩水，不少人面临"爆仓"的风险。这些现象与2016年以后推进的去杠杆政策一起，导致不少民营企业出现了融资困难，甚至债务偿付都面临问题，不少民营企业家在资金困难和舆论压力的双重冲击下，信心大受打击。

当整个社会的创业氛围低落、企业家信心不足时，勇于投入、敢于尝试的企业家人才减少，也会减少技术进步的可能性，减缓技术进步应用于产业的步伐。

尽管这些社会舆论风波出现的国际环境、国内发展阶段、民营企业的规模等因素都不相同，但深入分析就会发现，这些风波的出现，一方面与民营经济发展的基础理论滞后有关，例如民营企业的社会财富性质问题、民营企业家的身份问题、民营企业的长期发展问题，等等，如果这些理论问题得到彻底的解决，就会大大减少极"左"错误言论滋生的缝隙和土壤；另一方面，这些舆论风波都与当时特定的政策、事件等背景相关，有些是正常的政策调控被别有用心的人利用、放大和歪曲造成了不良影响，有些是基层政府部门和执法者在社会舆论的影响下，对政策、法律的执行出现了偏差，导致了一刀切、扩大化甚至冤假错案的出现，与当时已经出现的错误思想结合，其影响就被成倍地放大了。

二、宏观调控政策执行过程中的偏差、"一刀切"或层层加码

党和国家一直对民营企业采取鼓励支持的态度，出台了一系列扶持政策，民营经济受惠良多。但是在部门和基层对一些政策的执行当中，有时会出现偏差、走样和"一刀切"的现象，增加了"市场之外的不确定性"，有些还侵害了民营企业的正当权益，影响了民营企业家的信心。

2017年4月，新华社刊发的一篇题为《环保管控要防止"逆向淘汰"》的评论中透露："某省级工业主管部门日前调研发现，

一些地方执行环保管控措施，不论企业是否环保达标，一律实行错峰停产，有的达标企业因此被关停4个月。"①

在2016年的一次行业论坛上，冶金部原副部长、全联冶金商会原名誉主席赵喜子曾表示，全国去除4 500万吨钢铁产能的任务，北方某省占了三分之一，在该省去除的1 600万吨钢铁产能中，97%是民营企业的产能。②

在钢铁行业去产能的过程中，还出现了将50吨以上的超高功率节能型大电炉判定为去产能对象的现象，引起业界困惑。实际上，以废钢为原料的电炉钢冶炼生产是国际钢铁行业发展趋势，将先进的短流程电炉炼钢与工频炉、中频炉生产"地条钢"的落后产能等量齐观的"一刀切"，就是劣币驱逐良币。

在电解铝、煤炭、炼油等行业的去产能实践中，也都出现了"一刀切"和扩大化的现象，煤炭行业的去产能甚至在钢铁和电力等行业引发"煤荒"，而"一刀切"和扩大化的主要对象也都是民营企业。

"一刀切"现象不仅出现在传统行业去产能的过程中，在教育培训等新兴行业，一些政策"雷厉风行"的执行结果，也给民营经济造成了不小的伤害。2022年3月《中国青年报》一篇题为《"双减"落地超半年 教育生态如何重构》的报道披露，"双减"政策落地七个月的时间，原来的12.4万个义务教育阶段线下学科

---

① 顾立林.环保管控要防止"逆向淘汰"[Z/OL].（2017-04-16）[2023-12-12]. http://www.xinhuanet.com/politics/2017-04/16/c_1120818775.htm.

② 董瑞强，赵喜子：明年钢铁业不会太好，但也不会回落太多[Z/OL].（2016-12-10）[2023-12-12]. http://www.eeo.com.cn/2016/1210/295025.shtml.

类培训机构已经压减到 9 728 个，压减率为 92.14%；原来的 263 个线上校外培训机构也压缩到 34 个，压减率为 87.07%。①

无论是环保风暴、淘汰过剩产能，还是"双减"，初衷都是好的，但刀锋所向的这些企业，大部分是民营企业，是大量员工衣食所系，也是社会财富的创造者。作为民营企业家，只有在稳定、透明、可预期的营商环境中，才能正常安排生产，大胆争取订单，勇于增加投资、扩大业务。只有尽量减少政策执行过程中的"一刀切"现象，逐步消除各种来自市场之外的不确定性，民营企业的创业氛围才有可能高涨起来。

三、对保护民营企业的政策落实不力

2018 年 5 月 31 日，最高人民法院撤销了对张文中的原审判决，改判张文中无罪，同时改判原审同案被告人张伟春、原审同案被告单位物美控股集团有限公司无罪，原判已执行的罚金及追缴的财产，依法予以返还。

张文中作为国内零售行业和民营企业的领军人物，在推动商业信息化、数字化、发展现代连锁商业方面做出了巨大的贡献。物美作为北京首家连锁超市，于 1997 年参与国有企业扭亏脱困三年计划，在石景山区委、区政府的支持下与区属国企合作，托管改造石景山巨额亏损、难以为继的古城菜市场，物美投入 1 000 多

---

① 樊未晨，叶雨婷."双减"落地超半年 教育生态如何重构[N].中国青年报，2022-03-14.

万元在三个月内将不足 2 000 平方米的菜市场扩建为 4 500 平方米的现代超市，并对原有职工进行一个月的培训，激发职工的积极性、主动性、创造性。1998 年 1 月古城店重新开业，在物美仅派出一名店长的情况下，完全实现扭亏为盈，销售额增长了十几倍。物美用成熟的管理制度和现代流通技术改造传统国有企业，400 多个国有店铺网点得到了盘活和利用，做到国有资产保值增值。妥善安置原国企职工近万人，让物美的发展与国家再就业工作相结合，做大做强中华民族零售产业的同时，做到社会效益、经济效益兼顾。1999 年物美被北京市政府命名为流通领域唯一的"再就业明星企业"。2002 年，全国工商联、劳动和社会保障部授予物美"中华工商联就业先进企业"称号。2004 年 3 月，国务院召开"全国再就业工作先进集体和个人"表彰大会，充分肯定了全国各类企业特别是民营企业积极响应党和政府号召努力扩大就业、积极吸纳下岗失业人员再就业所发挥的重要作用，物美集团荣获了国务院授予的"全国再就业工作先进企业"称号。物美集团后续又整合了北京、天津的 20 多家国有商业企业，收购了美廉美超市、控股宁夏新华百货，并购日本大荣天津门店、正大集团旗下卜蜂莲花天津门店。2006 年，发展势头正好的物美成为可以与沃尔玛、家乐福等国际零售巨头竞争的本土企业。但就在物美加速发展的关键时刻，创始人张文中以诈骗罪、单位行贿罪、挪用资金罪被判处有期徒刑 18 年，后改判为 12 年。

认定张文中构成诈骗犯罪的原因，是物美集团作为民营企业，在申请国债贴息政策时不具备申请资格，其依据是 2002 年国家经贸委出台的相关文件，文件指出"国债贴息重点扶持国有大中型企业和骨干企业"。但深入解读就会发现，文件并没有禁止民营企业申请贴息资格，而根据国家经贸委贸易市场局原局长出庭作证的证词，有关部门按照要求进行了审查，认为物美符合国债贴息的要求，并且向投资司提出了建议，可以通过。事实上，至少还有六家民营企业同期获得国债贴息贷款。

这样一个经过国家部委相关部门审查通过的贴息项目，在不正常的舆论氛围下，被法院认为是诈骗行为，这个事件影响的并不只是物美一家企业和张文中一个企业家。据张文中回忆，在他出狱后，"全国有几百个企业家以各种各样的方式向我询问情况，表示慰问、祝贺、关心，为什么会有这么多企业家关心这件事呢？就是由于这个案子影响力太大了，它又是涉及民营企业的一个生命线的事——民营企业到底有没有资格和其他企业有同样的权利。"[1]

2018年前后，党和国家出台了一系列保护产权、保护非公有制经济、创造良好营商环境的政策，张文中的案件也经过最高法院的重新审理而得以纠正。在接受中央电视台采访时，张文中有段话到今天仍然值得深思："真正做到保护，就是要把党中央制定的一系列方针政策落到实处。……我们不能把眼光只放在纠正案件，如何预防这些冤错案件的发生更为重要。"[2]

---

[1] 央视·中国新闻.直面司法实践突出问题 保护企业家合法权益［Z/OL］.（2019-01-21）[2023-12-18]. https://www.spp.gov.cn/spp/zdgz/201901/t20190121_405988.shtml.

[2] 央视网.张文中：我这个案子早已不是我个人的事［Z/OL］.（2018-05-31）[2023-12-18]. http://m.news.cctv.com/2018/05/31/ARTIT4VgU49G5qRJBGqNbROa180531.shtml.

时间又已经过去了 5 年，像张文中这样的案例没有再出现过，但类似北方某市在 67 天罚款 6 700 万元那样的事件并非个别现象。

平等保护公有财产和私有财产，是写入《中华人民共和国宪法》《中华人民共和国民法典》的法律原则。但在实际执行中，私有财产尤其是民营企业在经营中形成的应收账款等，经常被拖欠甚至赖账，给民营企业造成了不可忽视的损失。

在现代市场经济环境中，市场主体之间的平等地位受到法律保护，双方平等协商缔结的契约也受到法律保护。民营企业参与政府和国企项目，体量和议价能力不对等，并不是民企利益受到侵犯的理由。加大对拖欠民营企业账款的清理力度，从国务院到发改委、财政部，已经多次开会、发文、强调，但总是不能彻底解决的根源在于，对保护民营企业的政策落实不力，法律对于国企、国资和民企、民资的保护力度仍然不对等。

2023 年 8 月河南省审计厅在相关报告中公布，2022 年度，当地部分地方政府（含所属部门、事业单位）和国有企业等新增拖欠民营企业中小企业账款 95.63 亿元，其中，86 个市县政府拖欠 80.02 亿元，占比 83.68%；14 家国有企业拖欠 14.94 亿元，占比 15.62%。[1] 95.63 亿元，这只是经审计发现的河南一个省一年新增的拖欠民营企业中小企业账款的金额，全国累积的数额可以想见。

---

[1] 河南省审计厅.关于2022年度省级预算执行和其他财政收支的审计工作报告[R/OL].（2023-07-28）[2023-12-18]. https://oss.henan.gov.cn/typtfile/20230728/307dd101cbd14aeca9ff4808179f5c72.pdf.

针对这个问题，2023年7月14日出台的《中共中央 国务院关于促进民营经济发展壮大的意见》专设第六条提出了解决办法，即"完善拖欠账款常态化预防和清理机制"。其中最重要的是"依法依规加大对责任人的问责处罚力度"。如果民营企业拖欠农民工工资、供应商货款，经过确认还不偿付的话会被列为"失信被执行人"，戴上"老赖"的帽子，而且被限制飞机、高铁等消费，建议如果国企和地方政府拖欠民企账款，经过确认还不偿付，其负责人也应该被列为"失信被执行人"。

四、要素获得困难，成本过高

在2018年召开的民营企业座谈会上，习近平总书记将民营企业遇到的困难形象地总结为"三座大山"，即市场的冰山、融资的高山、转型的火山。融资难是民营企业要素获得困难的主要表现，但实际上劳动、土地等要素也都存在获得困难和成本过高的问题，这主要有两方面的原因。

一方面，由于要素市场化改革仍在推进之中，资金、土地、劳动等要素供给仍然存在"供给约束"；另一方面，由于民营企业的所有制特征和身份色彩，导致在要素获得中受到了一定的不公正待遇，这些问题都阻碍了民营企业家的"涌现"，妨碍了民间投资的增长。

20世纪80年代，原材料、资金、土地等要素在很大程度上还处于计划经济的调配模式下，民营企业只能排在国有企业后面，获得一些计划外的原材料和资金，获得土地更是想都不敢想的事。20世纪90年代以来，非公有经济成为社会主义市场经济的重要组成部分，党和国家也在着力解决民营企业平等获得要素的问题，但与国企相比，民营企业在资产规模、行业准入、体制隐性背书等方面都处于劣势，在要素获得方面困难更多，付出的成本更高。

以土地为例，国有企业获得的土地多以划拨用地方式或者国家以土地使用权作价出资（入股）方式取得，成本几乎为零，而民营企业用地一般均需通过招、拍、挂获得土地使用权，或者通过租赁获得厂房、商业或办公楼宇的使用权，由此造成的成本差距不可小视。有学者测算，如果国企也全部通过招、拍、挂方式获得土地，同时承担与民企相同的融资成本，可能大部分国有企业并不赢利。

再看资金要素，由于缺乏可抵押资产，中小民营企业一般很难从银行等正规金融机构获得贷款，融资主要依靠非标渠道、民间融资等渠道，资金成本明显高于国有企业；即使是大型民营企业，银行也往往要求通过"以贷转存利息照付""贷款搭售理财产品或保险""帮助银行化解不良贷款"等或明或暗的规则，层层拉高融资成本，高的甚至会达到20%左右。在房地产等受到限制的行业，民营企业贷款更是困难，通过信托等渠道获得的融资成本在正常年份也要达到12%~15%，在资金紧张时甚至能达到25%。数据显示，"从信贷资源来看，2018年银行业贷款余额中，民营企业贷款占比约25%，但民营经济在国民经济中的份额却超过60%，近年来情况有所好转，但与民营企业的规模相比仍有很大提升空间"[1]"债券融资方面，民企发债占比由 2017 年的 15.59% 降至 2022 年的 5.28%"[2]。

在原材料方面，油气、铁矿石、钢铁、有色金属等行业往往是国有企业占据了较大比重，形成了较高的行业集中度，向下传导成本压力的能力更强。在大宗商品价格上行时，以民营企业为主的中下游制造业承担了更多的成本压力；而在大宗商品价格下行时，上游企业又可以通过减产保价等方式降低原材料价格下降的幅度，中下游制造业又很难享受到行业成本下降的好处。

对服务业的中小民营企业来说，劳动力成本是近年来上涨压力较大的成本板块。研究显示，2006—2019 年，企业劳动力成本中位数从 3.182 万元上升至 10.376 万元，上升了 226%，[3] 但由此对不同企业造成的影响差别很大，劳动力成本上升促进国有企业产出份额扩大，但会导致民营企业和外资企业产出份额减少，同时还会削弱民营企业和外资企业 TFP（全要素生产率）竞争优势，导致部分外资企业向其他国家转移，降低了民营企业和外资企业的市场份额。[4]

值得注意的是，为了满足用工需求，民营企业往往要开出更高的工资。河南一家企业负责人说："在洛阳招人，国企每月给 3 000 多元，年轻人可能就去了；如果是民企，这个月薪他可能

---

[1] 数据参考自：https://www.thepaper.cn/newsDetail_forward_25443695。
[2] 张萍.畅通民企债券融资渠道［N］.经济日报，2024（01）.
[3] 沈永健，等.企业劳动力成本上升的传染效应研究［J］.会计与经济研究，2023，37（03）.
[4] 薛天航，等.人口老龄化背景下劳动力成本与全要素生产率：基于企业所有制类型的视角［J］.浙江大学学报（人文社会科学版），2023（06）.

就不去了，非得提高工资。"[①]

值得忧虑的是，2012年以后，民间固定资产投资增速低于国有部门固定资产投资增速的趋势越来越明显。到2023年11月，民间固定资产投资增速为–0.5%，已连续7个月负增长，而国有及国有控股固定资产投资增速达到6.5%，且持续处于正增长区间。这说明越来越多的生产要素向国有部门集中，长期来看不利于经济增长保持活力和可持续性（见图9-3）。

图9-3　民间固定资产投资与国有及国有控股企业固定资产投资增速比较

资料来源：同花顺iFinD，万博新经济研究院

有数据显示，2021年全国企业总资产约为1 094万亿元，其中国企占60.4%，3年总资产增长了39.2%；民企占39.6%，3年总资产只增长12.6%。2022年底，中国的社会融资存量为344.2万亿元，其中国有企业获得138.9万亿元，占40.4%，民营企业

[①] 左娅，白天亮等.人民日报调查53家企业用工成本：企业支付1.6万元，员工到手才7 300元［Z/OL］.（2016–05–31）［2023–12–21］.http://mp.weixin.qq.com/s/DefCJ6jr-c3EvmpWey 9pdQ.

仅获得 70.2 万亿，仅占 20.3%，获得的资金仅为国企的一半。①也就是说，占企业总数 90% 的民营企业只有总资产的 40%，只获得了社会融资的 20%，却创造了近 60% 的税收、60% 以上的国内生产总值、70% 以上的技术创新成果、80% 以上的城镇劳动就业。这一方面说明了民营企业是当之无愧的活力之源，是当之无愧的主力军；但另一方面我们也可以看到，在"充分发挥市场在资源配置中的决定性作用"方面，还有很大的空间。

《中共中央 国务院关于促进民营经济发展壮大的意见》中，对于民营企业获得资金、劳动、人才等要素制定了相应的措施，如"（五）完善融资支持政策制度""（七）强化人才和用工需求保障"等，可见民企的要素获得一直是中央致力于解决的老大难问题。我们应当破除各种体制机制障碍，让生产要素向着活力更高、生产力更活跃、回报更丰厚的领域流动。

五、行业准入：天花板、玻璃门和旋转门

行业准入曾经是历史上对国企和民企待遇差别最大的领域之一，国企可靠，可以干大事，民企只能拾遗补阙，这是改革开放之初就留下来的刻板印象。

2005 年出台的"非公 36 条"对民营经济的市场准入问题作出了突破性的规定，文件的第一部分专门讲了放宽非公有制经济

---

① 火星宏观.民营企业：吃进去的是草，挤出来的是奶［Z/OL］.（2023-07-23）［2023-12-21］.https://new.qq.com/rain/a/20230723A00BIT00.

市场准入问题,要求"贯彻平等准入、公平待遇原则",允许非公有资本进入法律法规未禁止准入的行业和领域,包括垄断行业和领域、公用事业和基础设施领域、社会事业领域、金融服务业、国防科技工业建设领域,鼓励非公有制经济参与国有经济结构调整和国有企业重组,鼓励、支持非公有制经济参与西部大开发、东北地区等老工业基地振兴和中部地区崛起。

如果这些政策能够不折不扣地得到落实,民营经济的市场准入问题就会有本质性的改善,民营企业与国有企业的公平竞争问题也将大大减少。但问题并没有这么简单,由于各方面的原因,这些政策措施在落实中遇到了很多困难和障碍,2007年有人认为,民营资本的生存空间将被局限在与国有资本绝无冲突或者国有资本主动让出的领域,面对国有资本,民营资本只有始终坚持"合作而不竞争,补充而不替代,附属而不僭越"的立场,才能进退裕如,持续发展。[1]

2010年,为了落实"非公36条"的政策精神,国务院又出台了被称为"新36条"的《关于鼓励和引导民间投资健康发展的若干意见》,提出进一步拓宽民间投资的领域和范围,鼓励和引导民间资本进入法律法规未明确禁止准入的行业和领域,明确提出了鼓励和引导民间资本进入基础产业和基础设施领域、市政公用事业和政策性住房建设领域、金融服务领域、商贸流通领域、国防科技工业领域,鼓励和引导民间资本重组联合和参与国有企业改革,推动民营企业加强自主创新和转型升级,鼓励和引

---

[1] 冯仑.野蛮生长[M].北京:中信出版社,2007:135.

导民营企业积极参与国际竞争等政策措施。

可以说，关于民营企业市场准入，党和国家开放的态度非常鲜明，鼓励和引导的政策原则非常明确，但是由于各种看不见的限制和阻碍一直存在，所以有人将民营经济的市场准入问题称为"（隐形）天花板、玻璃门、旋转门"。

国务院发展研究中心的一份研究报告，从市场进入不平等和获取市场机会不平等两个方面调研了民企面临的市场准入问题。[①]从市场进入不平等的问题来看，主要表现在名义上准入但实际难进入，例如一些领域采取许可准入或核准制，名义上允许民企进入，如基础电信、电网、核电、铁路等，但其中有一些并没有发布明确的准入条件，有一些受自然垄断、前期规划等约束，事实上民企基本不能被核准进入；一些领域指定国企经营或国企优先，例如地方粮食储备仓库，过去民企能经营，现在不能经营了；负面清单以外还存在民企禁入领域；准入资质获取对民企不利，如建筑装修装饰施工一级资质的其中一项条件，是"近 5 年承担过单项合同额 1 500 万元以上的装修装饰工程 2 项"，企业反映二级资质根本没有机会承接这么大的工程。

从获取市场机会不平等方面来看，主要存在的问题是设置明显不利条款排除民企获取市场机会，如一些地方在风光电"竞争性配置指标"招标中，要求有本地火电项目、配套投资等，把一些有竞争力的新能源企业直接排除在外；公共部门采购和项目招投标偏

---

① 袁东明.促进民营企业平等准入的思考和建议［Z/OL］.（2023-08-09）［2023-12-22］.https://m.thepaper.cn/baijiahao_24022822.

向国企，如要求高于项目实际需求的注册资本、资产规模、融资能力、人员配置水平等，企业反映在政府建设工程装修领域，过去民企能占70%，现在下降到30%；政府相关业务直接交给国企实施，民企难参与，如大型水利工程、高速公路、机场港口等，民企一般参与不了；一些领域以安全可控为由排除民企，如数字政府建设等方面，一些地方不以技术优势为标准，更在乎企业所有制性质。企业反映民企云和国资云竞争时，一些地方政府和部门认为存储在国资云的数据更加安全，以自主可控为由拒绝民企云。

其实，从能力和社会责任两方面来看，民营经济已经在中国经济中承担了挑大梁的角色。除了我们耳熟能详的"六六七八九"的重要性描述，在很多与我们的日常生活工作高度相关的行业和领域，民营企业都承担着非常重要的责任。以我们每天都在用的微信为例，十亿级别的用户每天在微信上社交、开会、分享信息、传输文件，微信还提供了大量的支付、转账、理财等金融功能，以及社保、医疗等大量的社会服务功能，可以说微信已经成为中国社会和经济运转不可或缺的信息基础设施，微信自诞生以来也一直保持了良好的信息安全和运营安全，并没有发生过严重事故，而且在大多数服务上保持着免费或者低收费，可以说创造了巨大的社会效益。如果在微信发展之初就有这样的定位，恐怕不会交给腾讯这样一家民营企业来做。

除了微信，还有大量的民营企业已经担起了非常重要的担子，例如5G通信和芯片领域的华为、新能源车领域的比亚迪和"造车新势力"、电子商务领域的阿里巴巴等，只是有不少人在头脑中还保留着"国企可靠，可以干大事，民企只能拾遗补阙"的刻板印象，导致在政策落实上出现了很多的"打折扣"现象，导致"（隐形）天花板、玻璃门、旋转门"长期存在。

六、工业化高峰已过，技术创新"空窗期"，逆全球化抬头，对经济前景的判断趋于谨慎

中国民营经济的快速发展，是与快速工业化、城镇化和全球化进程紧密相连的。工业化、城镇化和全球化释放了大量的土地和劳动力要素，为中国企业引入了资金和先进的技术和管理模式，同时将中国经济接入了巨大的全球市场，这是中国经济能够持续数十年高增长的重要原因，也是民营经济快速发展的时代背景。

当前，工业化和城镇化的高峰阶段已过，与之相伴的基础设施建设投资、住宅建设投资、厂房设备投资增速均出现放缓，有些地区甚至出现负增长，导致企业赢利机会减少，同时，人口老龄化、少子化现象也减少了对住宅、装修、家居等大件消费品的需求，有的企业家习惯了高速增长阶段的经营模式，在减速时代就比较困惑。

2012年前后的移动互联网创业热潮之后，与互联网、移动互联网规模相匹配的技术创新处于"空窗期"。即使是新能源、电动汽车等行业，目前也正处在新供给形成阶段，从产业链、拉动投资规模和提供的创新机会数量上看，尚不足以与前两次技术创新相比。

同时，全球化也出现了逆行的趋势，来自外部的需求增速下降甚至出现负增长，而通过引进技术、业态、模式的空间也在收

缩，这些因素都导致需求增长缓慢、要素成本上升、投资机会减少，形成了对经济前景较为谨慎的判断。民营企业的投资往往具有更多的顺周期特征，即在经济前景看好时加码，而在对经济前景的看法较为谨慎时会选择保守甚至收缩，因此如何看待经济发展的前景，也影响了民营企业家的创新、创业的热情和信心。

第四节　让民营企业家成批涌现，开启中国经济增长新周期

2010年以后，中国经济进入了一轮改革开放以来为期最长的经济增速下行周期。中国经济能否重回上升轨道及其政策路径，是近年来经济学界和政策界讨论的热门话题。实践证明，中国经济已经超越了通过总需求调节就能熨平经济波动的阶段，开启中国经济新的增长周期，需要创新驱动，需要为民营企业家成批涌现创造良好条件。从根本上来说，就是要破除对于民营企业的所有制歧视，营造低成本、易获得的要素环境，平等的市场竞争环境，以及充分地保护民营企业和民营企业家的合法权益。

一、避免社会熵增，优化营商环境

有这样一个案例：一位民营企业家受家乡政府邀请回乡创业，投资办厂的所有手续都由当地政府包办。后来这位企业家发

现，办厂所用的土地性质为农用设施用地，于是向当地政府提出疑问，当地政府表示土地性质问题由政府负责解决，企业只需要操心生产经营的事就好。工厂建成后的效益很好，为当地提供超过一百个就业岗位，企业家本人还作为当地的优秀典型受到表扬和领导接见。但是到2019年，当地土地用途检查中企业用地被认为是违规占用耕地，要求还原为农地并复耕。在问题没有得到妥善解决的情况下，当地基层政府就组织人员拆除了厂房，给这家企业造成了很大的损失。这距离十八届三中全会提出"建设法治化营商环境"已经过去了六年时间。

很多民营企业家反映，面对地方政府在招商引资中提供优惠政策甚至"特事特办"的承诺，他们更愿意到能够一以贯之地依法办事的地方去投资。近些年来，党和国家高度重视民营企业发展环境，连续多年推动优化营商环境，国务院为此专门出台了《优化营商环境条例》，应当说国内的营商环境整体有了很大的改善，民营企业在大多数情况下办事成本大大降低。但根据"社会熵增原理"，如果不能持续输入能量，社会系统中的无序性总是趋向增加。因此，优化营商环境是一个长期工程，必须持续不断确保各项措施落实到位，并不断消除新的破坏营商环境的现象，否则就像逆水行舟，不进则退。

对于民营企业的发展来说，一个良好的营商环境，应当包括以下几个方面。

首先，能够对合法的私有产权提供良好的保护，其中既包括厂房、设备、房产等有形的财产，也包括知识产权等无形资产。在民营企业经营发展过程中，尤其是与地方政府和国有企业合作、承接业务的过程中，侵犯民营企业财产权利的现象仍然时有发生。"一笔欠款""一场官司""一纸文件"，甚至"一张封条"就能让企业关门停业的情况，以前曾不止一次发生过，今后再也不能继续发生了。

其次，能够对不同所有权、不同地域的市场主体的权益进行平等的保护。已经有研究显示，目前中国司法地方保护主义问题尽管已经有所好转，但仍未到可以令投资人放心的地步。叶斌和熊秉元 2020 年发表的研究成果证明这种现象仍然存在，他们在对来自长江三角洲、中原地区和东北地区的省市和区县级法院的 2 184 份判决书进行量化分析后发现，当事企业与法院所在地一致时，其诉讼胜率可以提高。这意味着在经济纠纷中，司法地方保护主义仍然顽固存在。[①]

最后，能够有效制约地方政府的违法行政行为。地方政府在行政过程中也会出现赖账、不兑现承诺等侵犯企业正当权益的行为，而地方司法部门是否能够有效制约这些违法行政行为，也是影响企业家投资信心的因素之一。

2021 年，北方某市乱收费、乱罚款、乱摊派事件，被国务院督查室通报，震动全国。由此可见，越是经济欠发达地区，社会经济运行对财政拨款和国有经济的依赖越大，政府部门和相关工作人员对民营经济的重要性认知越不足，因此对市场规则和法治精神的尊重和实践就越差，其辖区内为数不多的民营企业，往

---

① 叶斌，熊秉元.企业合同纠纷案件中的司法地方保护主义[J].财经问题研究，2020（11）.

往被当作运用行政权力获得不规范收入的来源，乱罚款、乱摊派甚至敲诈勒索的现象在所难免；而越是经济发达地区，社会和经济运行对市场经济和民营企业的依赖就越大，对民营经济的重要性认识也会更加充分，因此对市场规则和法治精神的尊重和实践就越好，对民营企业也会更多采取尊重、培养和扶持的态度。

二、消除民营经济面临的要素供给"鸿沟"

由于体制性的隐性背书的存在，表面的"一碗水端平"并不能保证国企与民企之间实现竞争中性，必须通过强力纠偏才能保证民企得到相对公平的信贷等资源供给。例如，在资金要素方面，民企与国企之间的差别化待遇是客观事实，应当通过一定的机制创新来解决。2018年，时任中国人民银行党委书记、中国银保监会主席郭树清提出了民企信贷"一二五"目标，即在新增的公司类贷款中，大型银行对民营企业的贷款不低于1/3，中小型银行不低于2/3，争取3年以后，银行业对民营企业的贷款占新增公司类贷款的比例不低于50%。这一举措的执行效果目前尚未得到全面的评估，但这种积极的态度应当肯定。同样，在土地、劳动、技术等方面，消除因为所有制不同而导致的民营经济和国有经济之间的要素供给"鸿沟"，还需要做大量的工作。

同时，我国生产要素成本整体上升的趋势，也影响了民营企业家的集体涌现，需要采取有针对性的措施。例如，在劳动力要素供给方面，对于创新所需要的高层次人才，应当制定更加宽松友好的人才吸引政策，聚全球英才而用之，同时应当鼓励头部企业的高层次人才创业发展，让大企业成为创新的人才孵化器而不是蓄水池。对于中层次人才，应当及时调整高等教育和职业教育的专业设置，减少就业岗位受人工智能等新技术冲击较大的专业供给，增加新经济产业相关的实践性内容，增加企业与学校的联系与合作，提高教育系统培养人才的有效性。还应当加强一般劳动力的新技能岗位培训，帮助普通劳动者掌握网络、音视频软件创作和基本人工智能工具的使用技巧，为创新创业提供合格的劳动力供给。同时，应当大力消除劳动力成本中的行政性成本，让企业付出的劳动力成本尽可能成为劳动者所得，在实质性降低人工成本的同时，也可以增加居民可支配收入。

三、面对"无人区"，需要营造更加宽松的创新政策环境

改革开放40多年，中国的创新成果以跟随式创新为主，随着中国工业化、数字化程度的提升，跟随式创新的空间越来越小，未来的创新将更多出现在没有成功先例的"无人区"。而技术创新，尤其是重大技术创新的出现具有偶然性，我们不能预期新技术会像庄稼在秋天成熟一样按时出现，但根据罗默提出的内生增长理论，技术进步作为推动经济增长的关键因素，它本身也是一个内生变量，即技术进步是由经济体系内部的因素所决定的，这些因素包括创新政策、研发投入、人力资本等因素。面对在"无人区"开展原发式创新的任务，面对人工智能等新技术的发展机遇，更需要民营企业自担风险，勇敢尝试。我们可以，也

应当为培养和促使新技术的出现创造条件。我们应当坚持以往对于新产业、新模式开放、包容、先发展后规范的态度，尽量减少在行业准入、产品入市等方面的限制性规定，为民营企业家创新提供更为宽松的空间。

同时，面对创新环境的变化甚至恶化，需要推动更高水平的对外开放合作。当前欧美等国对中国的高技术产品出口进行多重限制，对部分高科技企业实施制裁，在这种背景下，中国更应当坚持对外开放合作交流的大方向，避免形成闭门造车的不良氛围，在维护中国企业尤其是民营企业在海外的合法权益的同时，探索更高水平的对外开放和对外合作新模式。

四、正确看待失败和风险，避免出现因噎废食的社会氛围

整体而言，中国对于创新的态度是正面和鼓励的，尤其是改革开放以来，"敢为天下先"的精神受到普遍的褒扬，传统中国文化中的保守、中庸、"不敢为天下先"的观念已经被冲刷殆尽。

但需要注意的是，文化环境和社会氛围也会受到经济形势的影响，当经济景气较高、人们对未来普遍持有更加乐观的预期时，对于创新、尝试就会更加勇敢，对于失败和损失也会更加宽容；相反，当经济景气度下行时，人们对未来的预期变差，对于创新和尝试就会更加谨慎，对于失败和损失的宽容度也会降低。

当前，高校毕业生参加公务员考试的热情似乎是历史上最高的水平，在某种程度上证明社会的创新氛围有所减弱。大量受过高等教育的年轻人"引锥刺股"准备公务员考试，就是为了获得体制内的一份"旱涝保收"的工作岗位，其中固然有经济增速下行、企业对人才的需求下降等因素，但也从另一个角度说明年轻人对于通过"闯与创"开拓未来缺乏信心，整体的文化环境和社会氛围可能也需要调整。

从长期来看，如果没有更多的民营企业家涌现出来，经济增速将难以摆脱下行趋势，接下来就是政府财政收入减少，公务员待遇下降，甚至编制都可能缩减，体制内的"铁饭碗"也将面临风险。因此从顶层设计的角度来看，还是应当营造良好的环境和氛围，推动更多的有志之士、有识之士勇敢地创新创业，带动更多的年轻人流向企业尤其是民营企业。为此也需要降低创业失败的代价，例如对于创业失败而导致的债务，应当与个人的财产作适当的分割，避免创业失败就一蹶不振甚至被逼上绝路的情况，在这方面，深圳在个人破产制度的建设上已经探索出一定的经验，适当时可以向全国推广。

有人用恒大的案例来代表、批评甚至否定民营企业和民营企业家，认为他们单纯追求利润和规模，却将风险甩给了社会公众。毫无疑问，恒大集团的风险爆发，是其主要负责人未能在能力与扩张欲望之间建立起良好的平衡关系，错误判断房地产市场形势，盲目推进多元化战略，对法律和规则缺乏敬畏等众多原因导致的个别现象。而中国绝大多数民营企业和民营企业家在创业、创新的过程中，风险是一直存在的，失败的也不在少数，绝大多数民营企业的失败是由于市场竞争、外部风险以及个人能力不足,并不涉及道德风险问题。用恒大的案例来代表、批评甚至否定民营企业和民营企业家,既不客观公正,也不利于鼓励民营企业家创新创业。对在恒大案例引以为戒的同时,总体上还是应当营造鼓励创新、容忍失败的文化环境与社会氛围,让那些勇敢的民营企业家在承担风险、探索未知时,能够得到更多的支持、理解和宽容。

第十章

民企与国企：互相依存、互相促进的经济生态

在没有民营经济的时代，为什么纯公有制企业保守、僵化和不思进取的弊端被不断放大，并最终难以为继？改革开放40多年的实践证明，随着民营企业的发展壮大，国有企业的实力不但没有削弱，反而真正焕发了活力，增强了竞争力。显然，只有当民营经济与国有经济形成互相竞争、互相依存和互相促进的良好生态，中国经济才能焕发出勃勃生机。

第一节　民营经济是市场经济的活力之源

有了民营企业，市场经济才成为真正的市场经济；有了千百万民营企业家追求成功的天然活力，中国经济才有了蓬勃发展的巨大动力。改革开放以来的实践充分证明，民营经济创造的不仅是财富、就业、税赋，而且通过竞争激发了国有企业的活力，成为区域乃至全国经济发展的活力之源。

一、哪里的民营经济发达，哪里的经济就充满活力

在 2023 年中国企业 500 强名单中，浙江有 53 家企业入围，其中既有阿里巴巴、浙江荣盛、吉利控股等民营企业，也有物产中大、浙江交通投资集团、杭钢集团、杭州实业、浙江能源等省属国有企业，呈现出国企、民企比肩发展的良好态势。

浙江、广东、福建等省都缺乏发展农业所需要的大量平原土地，人地矛盾突出，历史上就有较强的通过经商谋取生存和发展的传统，改革开放之前就有很多浙商、粤商和闽商在海外创业发展。民营经济发展的政策放开之后，在浙江的义乌、温州、绍兴、海宁、永康，广东的顺德、南海、东莞、中山，福建的晋江、泉州、漳州、莆田……民营企业家利用"三闲"（闲钱、闲人、闲房）资源，以"鸡毛换糖"等小生意起步，使得民营经济率先蓬勃发展起来。

在党和国家政策的引导和扶持下，浙江等省的民营经济跨过了转型升级的门槛，不断发展壮大。21 世纪初，浙江省民营经济普遍处于产业链、价值链的中低端，发展也遇到了瓶颈。2003 年，时任浙江省委书记的习近平同志在历经 9 个月、跑遍浙江 69 个县（市、区）广泛深入调查研究的基础上，创造性地做出了实施"八八战略"这一重大决策部署，为浙江省民营经济和浙江经济社会发展打开了新的局面，阿里巴巴、荣盛控股、吉利控股、恒逸集团、青山控股、万象集团、雅戈尔等民营企业在浙江发展壮大，成为全国乃至全球的行业龙头，不仅推动浙江成为全国经济大省，也在客观上推动了浙江国有企业的做大做强。

第十章　民企与国企：互相依存、互相促进的经济生态

从图 10-1 所示的广东、福建和浙江三省的 GDP 增速与全国相比可以看出，三省的经济增速一直要高于全国，其中一个重要的原因就是民营经济的比重较高。截至 2023 年 7 月底，广东省民营经济市场主体总数为 1 735 万家，全省每天新注册的市场主体近 1 万家，2022 年广东省民营经济增加值突破 6 万亿元，占 GDP 比重超过 50%；截至 2023 年 8 月，浙江省民营经济市场主体总数 967 万家，平均 7 个人就有 1 户市场经营主体、19 个人就有 1 家企业，民营经济增加值 GDP 比重为 67%；2022 年，福建民营经济市场主体总数 696.63 万户，占全省经营主体的 97.85%，民营经济增加值占比达 68.1%。这三个省的民营市场主体数量分别占到了全国的 10%、5.9% 和 4.1%，明显超过其人口所占的比重 8.97%、4.57% 和 2.94%。

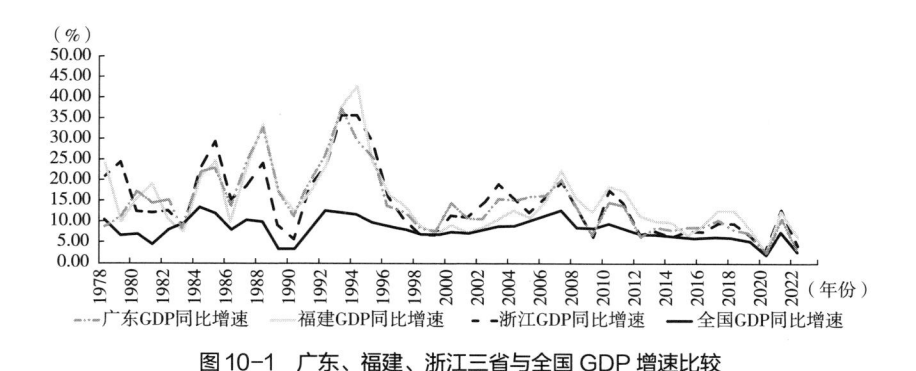

图 10-1　广东、福建、浙江三省与全国 GDP 增速比较

资料来源：同花顺 iFinD，万博新经济研究院

从浙江、广东、福建、江苏乃至全国各地的发展经验来看，经济发展的潜力和增速，不仅取决于一个地区的资源禀赋，更取决于当地民营经济的发展水平。哪里的民营经济发达，哪里的经

济就充满活力，民营经济已经成为区域经济乃至全国经济发展的活力之源。

二、哪个行业率先对民营企业开放，哪个行业就充满活力

民营经济不仅是区域经济的活力之源，也为各行各业发展带来了竞争压力和创新动力。

在民营经济涉入最早的消费品行业，市场活动最明显，这与改革开放以后，在消费品领域的限制性政策较少密不可分。目前民营企业已经成为中国消费品行业挑大梁的力量，为全国乃至全球消费者提供着质优价廉、丰富多彩的消费品。

2022年的一份研究报告显示，在中国消费品产业1 226家上市公司中，民营企业在消费品企业数量、营收、利润方面的占比约为80%、65%和60%，在23家中国的消费品产业全球领军公司中70%是民营企业。[①]

在家电、手机等消费品行业，民营企业不但自身打造了强大的竞争力，还推动了同行业的国有企业的发展壮大。例如，海信、格力等国资背景的家电企业正是在与创维、TCL、美的等民营家电企业的竞争中，才具备了深刻的危机意识和创新能力。

传统服务业也是率先向民营企业开放的领域，在餐饮行业，除了金拱门、百胜等国际品牌和全聚德、广州酒家等老字号国企，绝大多数是民营企业。今天的中国餐饮业中，海底捞已经成

---

① 何志毅.中国消费品产业九问[N].上海证券报，2022（06）.

为服务的标杆，瑞幸咖啡、喜茶和蜜雪冰城成为创新的先锋，唐宫、旺顺阁成为高端餐厅的样本，老乡鸡、乡村基、和合谷成为中式快餐的代表……无数民营餐饮企业家绞尽脑汁地在菜品、环境、场景、服务等维度上展开创新竞争，如果没有民营餐饮企业带来的活力，中国消费者不可能享受到这样丰富、味美而又实惠的餐饮。

在邮政、快递行业，只有当大量民营快递企业发展起来之后，国内的物流行业才能从一个没有供给替代的市场向竞争型的市场转变，不仅消费者有了更多选择，包括中国邮政在内的国有企业也发生了脱胎换骨的变化；金融业也是这样，在民营企业发展移动支付带来的竞争压力下，国有银行的服务意识、服务效率和数字化水平也很快提升起来。

互联网、移动互联网等新经济行业，从萌发阶段就向民营企业开放，因而造就了一批具有全球竞争力的中国网络公司，如互联网时代的代表企业BAT（百度、阿里巴巴、腾讯），移动互联网时代的代表企业抖音、美团、拼多多、滴滴，还有华为、大疆、米哈游等，基本上都是民企。国企在数字经济领域的主要角色是电信业、通信设备制造业等传统领域，数字经济企业TOP500中，民营企业平均研发投入强度高达6.5%，占据了研发投入强度排名前10中的9席。[①] 显然民营企业已经是新经济产业技术创新、产品创新、场景创新、体验创新的主力军和活力

---

① 关欣.研究报告：发挥好数字经济企业在科技创新中的引领作用[N].经济参考报，2023-11-01.

之源。

实践证明,哪个行业对民企越开放,哪个行业的活力就越充沛,发展的速度就越快,竞争力就越强。

三、民营企业成为市场经济活力之源的根本原因

改革开放之前,由于没有民营企业的竞争,无论是制造业还是服务业,都是公有制企业,从负责人到普通职工,既缺少正面激励,也缺少竞争压力,干多干少、干好干坏,结果都是一个样,很多行业陷入了缺乏活力的状态。改革开放以后,民营企业在各行各业的兴起,带来了先进技术、先进业态和管理进步,带来了正面激励的榜样,也带来了竞争冲击甚至生存压力,国有企业的活力才逐渐被激活。

首先,民营企业灵活的分配机制给国有企业带来了正面激励的榜样。改革开放之前,国有企业论资排辈的僵化制度抑制了职工的活力和积极性,民营企业发展起来之后,灵活的分配制度真正实现了"按劳分配""多劳多得",勇于探索、经营有方的管理者也获得了相应的风险报酬和管理报酬,闯市场、搞创新、拼命干,就能增加收入而且增加很多,这给国有企业的干部和职工带来的冲击极大。国有企业也逐渐借鉴民营企业的管理和分配方式,放权、搞活,建立起正面的激励机制,按贡献分配逐步成为国有企业的分配原则。

其次,民营企业带来了竞争冲击甚至生存压力,"逼迫"国有企业成为自主决策、自负盈亏的市场主体。民营企业和民营企

业家活力充沛的一个重要原因,是民营企业面临着真实而残酷的市场竞争,优胜劣汰的法则决定了每个企业头上都悬着一把达摩克利斯之剑。如果没有民营企业真刀真枪的竞争,即使建立起了国有企业间的市场化机制,也是一种"模拟市场",所有的企业都属于同一个"股东",所有的商品实际上是同一个供给者,所有的交易本质上也都是"左口袋换到右口袋"的模拟交易,对于参与的国有企业来说,就像参与"图上作业"的军官,并没有竞争胜败定生死的压力,也就不会有提质、增效、创新、发展的动力。

最后,除了直面竞争的压力,民营企业家还具有发自内心的创业动力。在超越了生存阶段之后,推动民营企业家不断创新进取的,就不仅是对利润的追求,更是对成功和挑战的追求。民营企业家的这种追求与一般人赚钱养家的动机完全不同,与国有企业管理人员承担组织交给的任务的心态也有所不同,因而民营企业家愿意主动寻求挑战,也可以承受巨大的压力,承担巨大的挫折,担负巨大风险,直面激烈的竞争,付出常人无法相比的辛劳、汗水来让企业诞生、生存、发展、壮大。民营企业家不等上级的指示,不依赖国家资源支持,完全根据市场信号,只要市场有需求,自身有优势,就是他们努力的方向;一旦判断某条路走不通,就马上调整方向,发挥决策灵活的优势,重新寻找机会;无数的民营企业家和能人,为改变自己的命运投入了市场经济的大潮,这是民营企业成为市场经济活力之源的根本原因。

第二节　民营经济发展促进国企效率提升

经济学家保罗·萨缪尔森曾分析认为，在经济发展模式的选择上，纯粹的自由市场经济是一个极端，另一个极端则是指令经济，纯粹的私营经济和纯粹的国有经济在现实中都是难以存在的，混合经济是迄今为止最为有效的经济组织形式。

一、为什么纯国有制经济难以保持活力

苏联作为实行全面计划经济的一个样本，可以反映出单纯的国有制会给经济带来怎样的影响和后果。1926年，苏联经济刚刚在"新经济政策"的作用下有所恢复，苏联政府就因为担心私人资本过度膨胀导致走向资本主义，开始收紧私营工商业，到1928年正式废止了新经济政策，逐渐形成了被后人称为"斯大林体制"的苏式计划经济模式。直到解体，苏联都没有允许私营经济成规模地发展。20世纪80年代以后，允许出现小私营经济的也主要是修理业、餐饮业等手工业和服务行业，苏联29个个体劳动项目中，属于手工业的有服装加工等9个，属于生活服务业的有住宅修建等14个，属于社会文化业的有编织、医疗等6个。[①]

"斯大林体制"的"纯粹的公有制+完全的计划经济"，从功能上来说可以最大限度地从农业部门汲取剩余，同时最大限度地

---

① 陶竹安.苏联东欧国家私营小经济及其收入调节的比较[J].世界经济，1987.

第十章 民企与国企：互相依存、互相促进的经济生态

压制消费，全力推进重工业化，在苏联从一个农业国转变为工业国中发挥了很大的作用。

但"纯粹的公有制＋完全的计划经济"也让经济逐渐失去活力。首先，"企业"几乎没有任何自主权，生产什么、生产多少、资源和产品如何分配都是由国家计划委员会决定的。其次，"企业"从正反两个方面来看都缺乏足够的激励，既没有创新的动力，也没有生存的压力，国家决定引进哪些技术或者开发什么新产品，也无须考虑市场的反应，所有的风险都由国家来承担。再次，工人只是一部大机器上的螺丝钉，也缺乏正反两方面的激励。最后，作为资源分配者的计划委员会，既不可能掌握所有的信息，又没有能力和动力在未知的领域进行探索。由于缺乏自发的、有活力的增量民营经济，苏联消费品一直处于短缺状态，轻工业在全部工业中的比重长期维持在25%左右的低水平，达到30%以上仅有3年，人民生活水平从革命前的居欧洲第5位下降到20世纪80年代的世界第88位，百姓对于为了购买消费品而"排长队"的现象已经习以为常。[1]

实际上，国有企业并不是苏联或者中国独有的现象，很多市场经济国家也有自己的国有经济部门。从全球经济学界对国有企业的研究成果来看，管理不善的国有经济部门往往成为整个经济的"成本负担"，而非效率提升部门。例如，在20世纪70年代，英国国有企业的平均成本比私人企业高40%，联邦德国高100%，法国国有企业每年亏损总额达300亿法郎。法国1985年对国有

---

[1] 马焕明.苏联"短缺经济"的运行机制［J］.历史教学，2008（02）.

企业的总支出占财政赤字的 50%，英国在同一年对煤炭、铁路、钢铁三部门的补贴就占当年财政赤字的 20%。[①]

二、缺乏民企竞争压力，国企将陷入"低效陷阱"

改革开放之前，在完全没有民营经济的情况下，国营工业实行由国家统包的管理体制：基础建设由国家拨款，生产的产品种类、规格和数量按照国家计划执行，产品由国家收购，职工按月领取工资，利润全部上缴，亏损则由财政弥补。在这样的环境下，国有企业的业绩越来越差。

有数据显示，从 1966 年到 1976 年，全民所有制独立核算的工业企业每百元固定资产原值实现的利润由 20.9 元下降到 12.1 元，每百元资金实现的利润税金由 34.5 元下降到 19.3 元，每百元产值实现的利润由 21.3 元下降到 12.6 元，[②] 均出现大幅下滑。其根本原因就是当时的企业都是计划部门的"生产车间"，按照国家指令获得原料，按照计划生产，产品交给计委调拨，或者给国有商业部门销售，市场竞争根本不存在。

在改革开放以后相当长的时间内，国有企业也是以国家的"亲儿子"自居，亏损由财政弥补，发不出工资有银行贷款，感受不到已经逼近的市场竞争，在某些情况下，甚至可以通过行政手段来限制民营企业的发展和竞争。1985 年左右，国家计委、经

---

① 赵振强. 论西方私有化浪潮 [J]. 世界经济，1987（10）.
② 杨忠虎，敖海波. 中华人民共和国经济史 1949.10–1993 [M]. 西安：陕西旅游出版社，1994：224.

第十章 民企与国企：互相依存、互相促进的经济生态

委和轻工业部等单位曾经出台过一个文件，将国内20个省市的42家厂家作为电冰箱生产的"定点企业"，优先保证进口压缩机等关键零部件的供应，其中绝大多数是国有企业，那些没有上榜的企业就面临着停产乃至关闭的命运。①

无论是财政补贴还是行政"小灶"，对于提升国有企业的竞争力都有害无益。在相当长的时间内，尽管实行了利润留成制和承包责任制等一系列改革措施，但国有企业的业绩表现也相对较差，其中一个很重要的原因就是国有企业已经开始面临民营企业的竞争压力，但是在"保护伞"的庇护下，国有企业尚未形成有效的竞争机制和竞争能力。例如脱胎于苏联吉斯150汽车的解放汽车，1956年下线时还不算落后，但这款车一生产就是32年，到了20世纪80年代，"老解放"146马力的输出功率与国外先进水平相比已经是"老牛破车"。1978年美国彼得比尔特公司推出的389型卡车，输出功率超过600马力，而这只是美国众多卡车产品中的一款而已。

缺乏民企竞争压力的国有企业，其低效的表现不仅是产品品种单一，更为严重的是投入产出效率的低下。1993—1995年，国有独立核算工业企业净盈利分别为365亿元、347亿元、151亿元，如果剔除物价因素，下降幅度则更大。从1994年末开始，国有工业企业出现了前所未有的大面积亏损，1995年亏损面为40%左右，亏损额在450亿元上下，国有工业企业的亏损率（亏损企业亏损额占赢利企业盈利额的比重）高达39.5%。②

---

① 吴晓波.激荡三十年：中国企业1978-2008［M］.北京：中信出版社，2017.
② 李朴民.加快国资重组，提高国资运营效率［J］.集团经济研究，1996（11）.

1999年末，工行、农行、中行、建行四大国有银行面临着严重的不良贷款问题，据当时的央行行长周小川回忆："当时，大型商业银行报告的不良资产率是25%，市场的估计基本在35%~40%。还有一些人指出，如果按照贷款的科学分类，大型商业银行的不良资产比例可能超过50%。"①

根据周小川的分析，大型商业银行的不良贷款，约30%是对国有企业的信贷支持所形成的。② 20世纪90年代，除了银行面临严重的坏账，大量国有企业陷入困境，甚至出现了职工大范围下岗、失业率飙升的情况，其中有重工业企业因为计划订单减少、竞争不过国外产品等因素而衰败的，但更多的是轻工业国企由于不适应市场竞争而退出市场。

历史的经验表明，民营企业成规模地发展起来之后，国有企业真切地感受到来自民营企业的竞争压力，才开始转型、改革，并发展壮大；如果未来中国民营企业发展不足，缺少竞争压力的国有企业也有可能再次陷入"低效陷阱"。

三、中国民营经济发展壮大，激发国企焕发活力

数据显示，1980年以后民营经济的工业企业数量缓慢上升，在1992年后进入快速增长期，1998年开始第二个快速增长的阶段；同时，1998年以前，国有企业中亏损企业的亏损总额一直在

---

① 周小川.大型商业银行改革的回顾与展望[J].中国金融，2012（06）.
② 同②。

第十章 民企与国企：互相依存、互相促进的经济生态

上升，相应的利润总额则低位震荡，徘徊不前；而 1998 年前后，国有企业中亏损企业的亏损总额开始下降，利润总额开始飙升（见图 10-2、图 10-3）。①

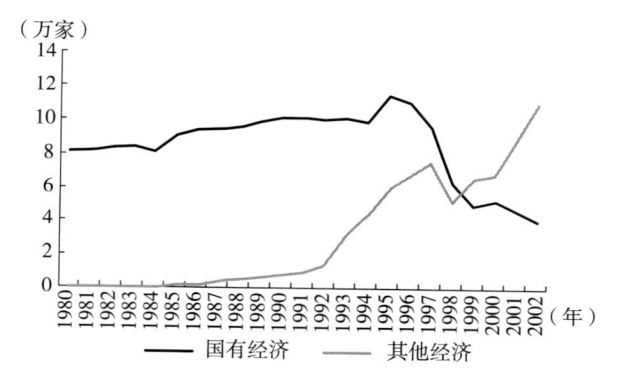

图 10-2　1980 年以来不同类型经济工业企业和生产单位数量变化

资料来源：中信建投证券，万博新经济研究院

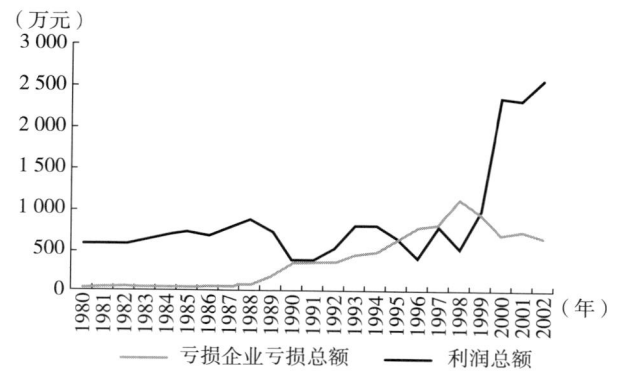

图 10-3　1980 年以来国有工业企业亏损总额和利润总额变化

资料来源：中信建投证券，万博新经济研究院

---

① 黄文涛，王大林.国有企业改革的历史脉络与成效［R/OL］.（2023-04-12）［2023-12-22］.https://baijiahao.baidu.com/s?id=1762980919659904230&wfr=spider&for=pc.

显然，1998年以后，中国民营企业数量的增长与国有企业的利润总额增长体现出明显的正相关关系，当民营经济等其他经济类型的企业开始蓬勃发展时，国有企业的效益才不断好转。

当然，从国有企业效益的直接原因分析，最根本的原因当然是中国国企国资管理体制进行了深刻的改革：国有企业逐步建立了现代企业制度，实施了央企兼并重组与主辅分离辅业改制，以及国有资本管理体制等市场化改革。但是在这个过程中，民营企业的发展所带来的竞争压力，毫无疑问也对激发国有企业的活力产生了正面的推动和影响。

例如，中国的民营钢铁企业已经摆脱了以往"高能耗、高污染、低技术含量"的刻板印象，在成本、效率、管理方面表现出明显的优势。如图10-4所示，2018—2022年，同处于钢铁行业下行趋势下，民企的赢利状况好于国企。[1]

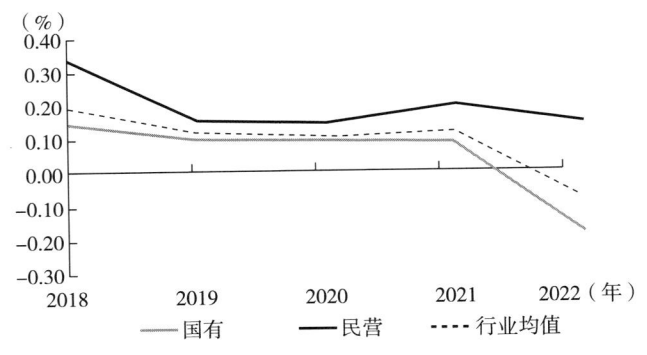

图10-4　2018—2022年钢铁行业上市公司净资产收益率变化情况

资料来源：郑志刚，万博新经济研究院

---

[1] 郑志刚.从钢铁行业看国企混改走过的这十年[Z/OL].（2023-8-30）[2023-12-23].https://mp.weixin.qq.com/s/1m8Y_V7qpsiMoaurLo3lTw

民营钢铁企业在经营理念、管理思路和方法工具上的先进经验迅速引起国有钢铁企业的高度重视，宝钢股份、陕钢集团等国有钢铁企业时时关注民营钢铁企业的动态，甚至开始向石横特钢、普阳钢铁、方大特钢等民营钢铁企业学习、对标。民营企业带来的竞争压力也在推动国有企业不断提质增效，升级发展。

第三节　民企与国企相互提供更好的发展条件

民营企业的发展给国有企业带来的正面影响，除了外部竞争压力和激励的示范效应之外，还为国企创造了更好的发展条件，形成了互相依存、互相促进的良好生态。

一、民企发展为国企提供了更好的发展条件

随着民营企业在房地产、家居建材、家用电器、纺织服装和其他日用品行业的蓬勃发展，处于上游的原材料、能源等基础行业的国有企业的需求增长，市场打开，企业效益随之好转。例如民企发展带动了对油气、电力等能源的需求，也带动了对乙烯、钢铁、水泥等原材料的需求，给炼化行业、电力、钢铁、建材行业以及相关建设单位的需求带来很大的增长空间。

同样，民营企业作为上游的零部件供应商，可以实现专业化程度极高的分工，大大提升生产效率，降低成本，为国有企业提供更加高效的配套。有研究显示，在上海进行整车生产时，可

以从民营经济发达的长三角地区获得90%以上的配套设备，而在民营经济较不发达的某地进行整车生产时，本地企业配套能力只有30%，其他零部件需从外地调运，效率和成本都有较大差异。

民营企业的发展，为社会提供了更多的就业岗位，使得国有企业"减员增效"的可行性和效果都大大提升。在特定的条件下，曾经实行过"两个人的饭三个人吃""国企职工子女接班"等政策，造成国有企业吸收了过多的劳动力，导致大量冗员，这也是国企效益不佳的一个重要原因。1996年，时任国务院总理朱镕基强调，国有企业解困首先要减员增效。民企发展为国企下岗分流、减员增效提供了通畅的吸纳渠道，也化解了一度造成很大隐患的"下岗潮"等社会风险。

随着大量民营服务业企业发展，原本属于国企负担的"三产"部门可以由社会承接，国有企业可以轻装上阵。改革开放之初，为了解决职工的生活需要和子女就业等问题，大量国企内部开设很多附属企业和部门，如配件厂、销售公司、生活服务公司、商店、食堂、学校、医院等，这些"大集体""小集体"企业往往赢利能力很差但又不能及时关闭，成为国有企业的负担甚至失血点。民营经济的发展为这些"三产"部门找到了出路，除了学校、医院等交给地方政府之外，凡是能够市场化运营的基本转化为民营企业，让这些原来靠国有企业输血生存的附属部门独立生存，国有企业就可以轻装上阵投入市场竞争。

在商业和物流等流通领域，民营企业的发展大大提升了效率，国有企业的发展也因此受益。改革开放前后，中国的商业部门和物流部门是经济当中的短板,国营商业公司和运输公司远远不能满足市场需要。民营商业和物流企业的发展,大大扩展了商业渠道,提升了物流和仓储能力,同时降低了流通成本。数据显示,从2004年到2022年,中国社会物流总费用与GDP的比率从18.8%降低到14.7%,国有企业也因此受益匪浅。[①]

二、民企与国企的互补和互相促进作用

实践证明,中国民营企业有着非常强的生命力、学习能力和竞争力,无论是在消费品行业、数字经济领域还是在重化工业,只要提供宽松的市场环境和公平的要素供给,民营企业都能茁壮成长,发展壮大。

例如,民营企业不仅在消费品行业和互联网新经济领域表现出了很强的竞争力,也在相当多的重工业领域表现出色。以PX(对二甲苯)行业为例,2015年以后,民营企业原油进口业务逐渐放开,加上技术突破和社会公众认知对PX产业"解毒"等因素,催生了2019年开始的新一轮PX产能扩张周期。以恒力石化、荣盛股份、桐昆股份等为代表的下游民营石化企业发挥了主力军的作用,从2018年的1 247万吨/年增长至2021年的2 967万吨/年,PX产能年均复合增速达到33.5%。目前中国已经成为PX全球第一大产能国,保障了下游化纤、服装、包装等行业

[①] 数据参考自:《关于2005年全国物流运行基本情况的通报》和《2022年全国物流运行情况通报》。

的原料供给。在工程机械领域的三一重工，新能源领域的隆基绿能和宁德时代，新能源汽车领域的比亚迪、蔚来、理想和小鹏汽车，石油化工领域的恒力集团、荣盛集团和恒逸集团等，都已经成为具有国际竞争力的领先企业。行业专家指出："石油和化学工业的发展已经形成了国企、民企、外企三足鼎立，三分天下，各居其一的全新产业结构"。①

而国有企业在投资大、周期长、利润薄、见效慢以及关系国家安全的基础设施建设、重大技术创新、军工装备研发生产等方面，发挥着不可替代的作用。以国企为主建设的高速通信网络、高速公路网络、高速铁路网络、特高压输电网络、西气东输管线等基础设施，以及高铁装备、第三代核电装备、超超临界燃煤发电机组、长征系列运载火箭、天宫空间站、盾构机、大飞机、造桥机等重大技术装备，还有我国完全自主设计建造的航空母舰、歼-20、运-20等重大武器装备，为中国经济提供了坚实的物质、技术基础，保障了包括民营企业在内的各类市场主体能够持续稳定地开展各种生产经营和创新活动。

总之，在一个经济体中，国企和民企如果能在各自擅长的领域中发挥好各自的所长，相互协作，共同发展，就能创造一个良好的经济生态。

---

① 曹雅丽.首届中国石油化工央企、国企、民营企业高层合作座谈会召开［EB/OL］.（2023-10-18）［2023-12-1］. https://www.cinn.cn/gongjing/202310/t20231018_275095.shtml

第四节 国企与民企健康发展需要"热带雨林"式的经济生态

无论是北方的草原,还是南方的热带雨林,生物的多样性都是保持生态循环和健康活力的基础。一个经济体也是这样,如果只有大企业,而没有中小企业和个体工商户,或只有国企而没有民企,都是不健康的。只有不同类型和大小的企业和市场主体共同发展,形成一个"热带雨林"式的经济生态,经济的韧性和活力才有保证。

一、不同类型和大小的企业才能充分满足消费者的多层次需求

消费者的需求是多层次的,既需要高铁、飞机,也需要街角的便利店和社区的菜市场,只有不同类型和大小的企业甚至个体户的广泛存在,才能充分满足多层次的需求。

改革开放以来,中国民营企业从小到大逐渐发展,已经形成了大中小微企业和个体户全面发展的格局。目前来看,中国企业的数量和规模结构形成了如下特征:中央企业基本向大型企业集中,数量比较平稳,地方国企以大中型企业为主,数量增长明显,民营企业以中小微企业为主,少数企业向大型化发展,数量增长较快。

2002—2020年,国企汇编户数总体上先降后升,2008年经济危机后实现逆势增长。其中前期地方国企数量下降,央企数量

稳中有升，后期地方国企数量企稳回升，央企数量增长趋势不变。①

与此同时，民营企业的数量增长更为迅猛，截至2023年3月底，全国登记在册的民营企业数量超过4 900万户，民营企业在企业总量中的占比达到92.3%，与2000年的170万家相比，增长了28倍；截至2023年6月底，全国登记在册个体工商户达1.19亿户，较2000年的2 571万户，增长了3.58倍。

在超过企业总数90%的民营企业中，绝大多数是中小微企业，同时还有接近1.2亿户的个体工商户，②它们就像是热带雨林中不起眼但是必不可少的灌木、花草甚至苔藓，对经济生态的形成和维护发挥了至关重要的作用。

首先，普通中小微民营企业和个体工商户是提供就业岗位和居民收入的最重要力量。越是规模巨大、技术先进的企业，资本的密集度就越高，对于劳动的需求量相对反而较低，就业岗位的创造能力也相对有限；而越是规模有限、技术水平较低的企业和个体户，资本密集度相对较低，对于劳动的需求量反而较高，就业岗位的创造能力也更强。例如，1.2亿个体工商户在国家没有投资一分钱，也几乎不占用社会融资资源的情况下，提供了2亿以上的就业岗位；我国中小微企业吸纳就业占全部企业就业人数

---

① 黄文涛，王大林.国有企业改革的历史脉络与成效［Z/OL］.（2023-04-12）［2023-12-23］.https://baijiahao.baidu.com/s?id=1762980919659904230&wfr=spider&for=pc.

② 赵文君.全国登记在册个体工商户已达1.19亿户 占经营主体总量67.4%［Z/OL］.（2023-07-12）［2023-12-23］.https://www.gov.cn/yaowen/liebiao/202307/content_6891530.htm.

第十章　民企与国企：互相依存、互相促进的经济生态

的80%，对于中国经济的发展和社会的稳定至关重要。

其次，"成长型"中小微企业是创新的温床，孕育着未来的巨头企业。"合抱之木，起于毫末，九层之台，起于累土。"任何一家伟大的企业，都是从中小微企业发展起来的。在创立之初，微软诞生于比尔·盖茨的一间小办公室中，苹果公司诞生于乔布斯家的车库中，华为诞生于深圳市的一户单元房内，比亚迪是个只有二十多人的作坊小厂。如果我们想要在未来拥有更多的"华为"和"比亚迪"，就必须重视这种"成长型"中小民营企业，为它们提供更好的成长环境。

最后，"专业型"中小民营企业是产业链的重要环节。在很多的产业链上有不少关键环节掌握在规模不大但能力很强的中小企业手中，这些企业并不寻求产业链上下游的一体化，而是选择聚焦高价值环节做到全产业领先地位，成为产业链上不可替代的一环，它们往往被称为"小巨人"或者"隐形冠军"企业。2017年，全球"隐形冠军"企业的一半左右是德国企业，这是德国经济实力的重要标志。数据显示，截至2023年7月，我国已经培育专精特新中小企业9.8万家、"小巨人"企业1.2万家，[①]但从全球来看，中国的"隐形冠军"企业无论是从技术水平、品牌培育，还是从产业链影响力和全球化程度等维度考察，都还有很大的发展空间。

---

① 梁睿.目前全国已培育9.8万家——专精特新企业发展势头强劲［N］.经济日报，2003（08）.

二、研发创新：大企业实力也要与小微企业的灵活相结合

国有大企业财大气粗，或许能够给研发投入更多的资金和人力，很多人就将研发创新的希望寄托在大企业身上，但中小微民营企业在创新中也扮演着非常重要的角色。

小微企业尽管没有强大的资源支持，但是具有极强的进取心。创新的成败也决定着它们的生死存亡，必须对技术缝隙和市场空白具备高度的敏感性，才能获得成功。改革开放以后，很多成功的民营企业是从创业阶段的中小微企业发展而来的。

例如，腾讯在创业之初，是四个喜爱电脑技术的大学生，借用了写字楼里的一间办公室；张一鸣在北京知春路的一套居民单元房里写出了今后一系列创业的核心技术——"个性推荐算法"；刘强东创办京东时只是在中关村经营一家销售光盘等耗材的小商铺；而汪韬和两个同学一起创办大疆时，只有家里资助的20万元启动资金和舅舅提供的20平方米的库房。

而有些时候，国有大企业已经具备的优势可以使他们轻松赚取利润，反而降低了创新的动力。同时，在创新方面，国有大企业还要与内部的官僚主义、烦琐程序和问责机制作斗争，这些也都降低了国有大企业的创新活力。中国移动开发的"飞信"软件原本有望成为社交媒体平台的创新巨头，但过于保守的行事风格使它未能抓住移动互联网发展的机遇，被微信取代而退出了市场。近年来更是可以看到，除了比亚迪，传统燃油汽车的成功企业中，基本没有能够开发出像样的新能源汽车的企业，电动汽车行业的成功者，如美国的特斯拉及中国的蔚来、理想和小鹏等，

都是从零开始进入这个全新的领域,成为创新的成功者。

根据欧盟委员会发布的《2022年欧盟工业研发投资记分牌》,ALPHABET（谷歌母公司）、META（脸书母公司）、微软、华为、苹果、三星电子、大众、英特尔、罗氏（ROCHE）、强生等10家企业在2022全球研发投入百强企业排名前十,它们合计投入了1 822亿欧元,[①] 对全球技术创新起到的引领和带动作用不容否认。从全国工商联发布的《2023研发投入前1 000家民营企业创新状况报告》来看,前1 000家民营企业的研发投入总额占全国研发经费的四成,民企已经成为创新的顶梁柱。

因此,在未来的全球研发赛道上,大企业的实力要与小微企业的灵活相结合,才能形成有效互补的中国研发力量。

三、将集中力量办大事与灵活创新结合起来

国有企业的优势是能够集中力量办大事,可以为了社会利益和公众利益不考虑短期市场回报,但从全球各国的经验来看,在竞争和创新领域,国有部门的效率一般都低于民营部门,主要有以下几个方面的原因。

第一,国有企业的激励机制是以上级部门考核为导向,不能做到完全根据市场信号进行决策,本质上来说,国有企业具备企业和政府部门的双重属性;第二,国有企业资产面临保值增值的

---

① 数据参考自：https://iri.jrc.ec.europa.eu/scoreboard/2022-eu-industrial-rd-investment-scoreboard。

要求，对于风险较高的创新业务有限制，导致国有企业承担风险的意愿和动力不足，创新的能力较弱；第三，国有企业往往能够获得来自国有金融系统和财政系统的支持，加上"所有者缺位"和政府的无限责任，出现预算"软约束"的可能性较大；第四，国有企业承担了很多社会职能和社会义务，导致非市场化的负担较重；第五，国有企业的委托－代理成本也较高，那些自然垄断领域、行政垄断领域和上游原材料领域，内部容易形成利益团体。

而民营企业最大的特点就是对市场信号敏感，对消费者的需求很敏感，还会努力创造新的需求。这一特点同样可以一分为二来看：从长期来看，民营企业能够以最快的速度、最低的成本填补市场空白、满足消费者需求，推动经济增长；但从短期来看，对于市场信号过于敏感也可能导致民营企业在经营决策上体现出较强的顺周期性，对长期基础研发投入不足。因此，国有部门和民营经济，有一定互补的关系。

在国有经济和民营经济的互补发展问题上，2010年5月发布的"新36条"实际上已经做出了全面、科学的论述——"鼓励和引导民间资本进入法律法规未明确禁止准入的行业和领域。规范设置投资准入门槛，创造公平竞争、平等准入的市场环境。市场准入标准和优惠扶持政策要公开透明，对各类投资主体同等对待，不得单对民间资本设置附加条件。

"明确界定政府投资范围。政府投资主要用于关系国家安全、市场不能有效配置资源的经济和社会领域。对于可以实行市场化运作的基础设施、市政工程和其他公共服务领域，应鼓励和支持民间资本进入。

"进一步调整国有经济布局和结构。国有资本要把投资重点放在不断加强和巩固关系国民经济命脉的重要行业和关键领域，在一般竞争性领域，要为民间资本营造更广阔的市场空间。

"将民办社会事业作为社会公共事业发展的重要补充，统筹规划，合理布局，加快培育形成政府投入为主、民间投资为辅的公共服务体系。"

如果能够将这些政策落到实处，就能够将国企集中力量办大事的优势和民企对市场信号灵敏、活力足、创新能力强的优势结合起来，实现国企和民企发挥各自优势的互补关系。

四、国企民企共同构建自主可控、安全高效的产业链

在产业链上，处于龙头地位的企业在很大程度上拥有产业链利益分配者的话语权，能力较强的领头企业，能够用高附加值、高毛利率的最终产品做大整个产业链的"利润蛋糕"，同时通过自身的产品研发和工艺要求带动产业链上下游的技术进步和产品升级。

例如在汽车产业链上，整车厂往往处于龙头地位，在建筑建设产业链上，总包企业处于龙头地位，在消费电子产业链上，终端商品的生产商处于龙头地位，等等。处于龙头地位的，可能是国有企业，也可能是民营企业。同样地，无论是国有企业还是民营企业，都有可能处在配套厂商的位置上。

习近平总书记指出，"要把增强产业链韧性和竞争力放在更加重要的位置，着力构建自主可控、安全高效的产业链供应

链",①这就需要参与产业链的上下游企业,无论是民企还是国企,共同尊重市场经济的"游戏规则",处于强势地位的参与方要做好利益的分配者,处于弱势的参与方要努力提升自身能力,才能共同构建自主可控、安全高效的产业链。

首先,产业链上下游要遵守共同的市场规则,强势企业更应当尊重规则。无论是国企还是民企,凭借产业链上的强势地位,强迫其他参与方接受不公平条件,都是不可持续的。中国企业应当借鉴国际先进企业的经验,以遵守诚信公平的市场交易规则为底线,尊重产业链上下游合作伙伴,可以比技术、比管理、比创新,但要给产业链上的其他企业留下合理的利润空间。

其次,龙头企业是按照产业发展规律,在市场竞争中自然涌现出来的,由行政权力指定的"牵头"企业越少越好。在近些年的经济实践中,有些领域出现了必须由国企出面担任"牵头"企业的现象,例如在工程建设领域,必须由国企来担任总包方,具体建设任务则由分包企业承担,说起来是为了加强管理,但实际上是增加了一个收取管理却不承担具体工程量,也不承担质量责任的"管理者"。如果任由这种现象蔓延的话,只会增加经济活动中的毫无价值的行政成本,养肥了一批不创造价值的"食利"企业,对经济增长有弊无益。因此,应当减少、杜绝经济活动中由"看得见的手"设置的这种"牵头"企业。哪个企业有能力,就让哪个企业中标,国企、民企公平竞争,谁能创造价值,就把

---

① 习近平.新发展阶段贯彻新发展理念必然,要求构建新发展格局[J].求是,2022(17).

机会交给谁。

最后,实行政府引导基金、"链长制"等新举措,更要尊重市场规律。近年来,政府引导基金、"链长制"等新的经济促进和管理方式开始试点甚至铺开,这些措施在一些项目上取得了成功,但如果不能尊重市场规律,就可能形成新的行政干预,导致经济效率下降。

例如从有关主管部门到地方政府,都提出要通过实施"链长制"来推进相关产业链发展。"链长制"的本质是由当地的党政负责人出任相关产业链的"链长",负责"聚焦产业链,积极推进'延链、补链、强链',加快促进产业链上下游、产供销、大中小企业协同发展,畅通产业循环、市场循环、经济社会循环,打造产业集群、推动产业迈向中高端",如果"链长"超出了为产业服务的定位,对产业链上的企业如何发展提出种种"指导",面对"链长"和地方党政负责人的双重身份,这些企业很难拒绝,由此就可能导致对企业正常经营的干预,造成"链长"的越位。

而政府引导基金的本质是政府资金下场开展风险投资,无论出资的是国企还是财政,都对国有资本的保值增值有严格要求;而风险投资业务的本质就在于高风险、高回报,与在保值增值方面有严格要求的国有资金是天然不相容的。"合肥模式"的成功可能有一定的偶然性,我们已经看到投资界关于"国资保值增值要求"与"风险投资的风险偏好特性"出现矛盾的一些意见,依靠国有资本承担更多的风投出资人角色,从长期看可能不利于形成良好的投资生态和创新氛围。因此,无论是政府引导基金还是

"链长制"等新举措,都要将"市场在资源配置中发挥决定性作用"的原则放在首位,更加尊重市场规律。

第五节 消除不公平竞争,真正实现"竞争中性"

由于"隐性信用背书"长期存在,在要素获得、市场机会等方面,民企处于天然的相对弱势地位,这种情况如果得不到改变,将会导致民企、国企的不公平竞争加剧。简单的"一碗水端平"并不能保证"竞争中性"原则的落实,真正实现"竞争中性"还需要强力纠偏。

一、国企与民企的不公平竞争亟待纠正

某家专门从事弱电工程的民营企业,获得了一项国有事业单位办公楼工程招标的信息,在详细了解后发现,这项工程的总包单位是一家央企,而分包是各行各业的专业化公司,基本都是民营企业。通过招标,这家民企获得了网络和弱电项目的合同,并且与总包的央企签订了合同。按照行业的一般惯例,分包商都需要不同程度地垫资开展建设,总包方从甲方获得的工程款会根据进度与专业分包商结算,但令这家企业的老板苦恼的是,总包方的结算进度总是落后很多,自己的垫资规模已经超过了负债率的警戒线,通过了解也知道甲方早已按进度将工程款结算给总包

方,但找总包方结算时总是被告知"账上没钱"。如果说这家总包单位是按照 EPC 项目管理模式下的工程总承办单位,但这个总包方既不是设计单位,也不是施工单位和监理单位,只是一家纯粹的"管理单位",这在以往的工程建设环节中是不多见的,但这已经成为目前国内工程建设领域的普遍现象,而国企与民企之间存在的不公平现象,还不止于此。

首先,国企可以低成本获取资金、土地等要素。我国资金和土地等基本生产要素供给,很大程度上掌握在政府和国资机构手中,在要素供给的过程中,政府和国资背景的金融机构,出于防范业务风险考虑,也会自然地将要素供给更多向国企倾斜,因此在没有额外干预的情况下,竞争中性原则很难实行,民营企业难免面临不公平环境。

以贷款为例,有金融研究者指出,大部分商业银行普遍认为国有企业相较于民营企业存在天然的体制性优势,国有企业、地方性融资平台具有当地地方政府的隐性担保和信用背书,存在政府信用"软约束"机制,对其发放贷款至少不会出现政治性错误,甚至出现问题也不会被严重追责,直接导致融资呈现出"马太效应",国有企业融资门槛越来越低,民营企业特别是初创期的企业、小微企业持续存在融资难、融资贵的现实问题。[①]

从获得融资的价格来看,民企可能要比国企贵很多。据北大国发院有关研究,2021 年我国中小企业的平均贷款利率为 5.6%,

---

① 郭映江."竞争中性"原则下的国企与民企融资差异[J].金融市场研究,2021(04).

国企的为 3.8%（以 LPR 为准）。① 如果看真实利率即名义贷款利率扣除通货膨胀率，两者的差距就更大。一些实施了挂靠在国企旗下的民营企业家表示，戴上"红帽子"以后，"融资成本至少低 3~4 个百分点，而且很多时候还不是成本高低的问题，而是有没有的问题。"

其次，国有企业更容易获得财政项目、政府采购等机会。研究发现，中国的大中型企业多为国有企业，从计划经济的体制中转型而来，与地方政府间保持着良好的关系和密切的联系，部分国有企业的高管有着很长时间的从政经历，这使得他们在竞争当中得心应手。国有企业多为大中型企业，其规模、产业能力对于政府而言是更为优质的合作对象，政府在同等条件之下更倾向与大企业的合作。而中小企业在竞争中就处于弱势地位。②

这种能力差异的具体表现，就是国企更容易获得建设项目、采购合同等市场机会。近年来，很多民营企业重新通过引入国资来戴上"红帽子"，有了国企做股东背景，不仅便于融资，还可以在项目和采购投标中彰显实力、增加企业诚信评级（基本能拿到双 A 级以上），获得政策倾斜和政策扶持的便利，等等。

最后，国企利用上下游优势地位转嫁成本、转嫁风险，侵害了民企利益。国企或地方政府作为强势一方拖欠弱势民营企业的款项，是最常见的问题。2019 年，工信部部长苗圩说："中小企业在市场上处于弱势地位，许多中小企业为了能够保持和政府部

---

① 数据参考自：https://mp.weixin.qq.com/s/sqV7rFAwDxTD8sFmVyPyGw。
② 陈向阳，李想.企业寻租竞争对企业绩效的影响——企业寻租的囚徒困境［J］.中国市场，2023（09）.

第十章 民企与国企：互相依存、互相促进的经济生态

门、大型企业长期的业务往来，不得不接受一些不合理的条件，甚至被拖欠账款资金，陷入了经营的困境。很多中小企业对此敢怒不敢言，他们说有时候一把赢，今后是把把输。"[1] 这里说的中小企业，基本上都是民营企业，而大型企业中则国企居多。

早在 2009 年，时任全国政协经济委员会副主任厉以宁在带领该委员会调研组赴广州、珠海、深圳、大连、鞍山、沈阳调研后就发现，当时国企就已经成为民企的最大欠款人。随着大型国企库存压力的减小，承接它们业务的小型企业（主要是民企）不得不扩建厂房、仓库以备不时之需，结果是国企把危机也转嫁给这些仰仗它们订单的民企。另外，国企经常是货到一个季度甚至半年一年才结账，给小企业带来了巨大风险和现金压力。[2]

2020 年，全国政协经济委员会副主任、中财办原副主任杨伟民在一次会议中又提到："国有企业和地方政府通过拖欠民营企业的款项，给自己降了杠杆，但增加了民营企业的杠杆，增加了民营企业的财务成本。"

2023 年全国两会期间，一位央企董事长、全国政协委员在发言中说，部分国有龙头企业对如何发挥平台引擎和辐射作用尚未形成清晰的认识和路径，部分国有企业受"甲方思维"主导，主动作为的责任意识和服务意识不强，与上下游企业还未形成协同

---

[1] 王峰. 国务院喊话给中小企业还钱，目前各地进展如何？能否完成目标？[N/OL]. 21 世纪经济报道, 2019-06-28 [2023-12-10]. https://m.21jingji.com/article/20190628/herald/6c04ce4f9243bb3d70e7933c7f46481b.html?from=weibo.

[2] 陈丽伟. 国企成拖欠民企最大欠款人 [J]. 共产党员, 2009（10）.

效应。①尽管表达得比较委婉，但作为央企董事长，揭示出的问题非常值得重视。

在制造业中，作为甲方的龙头企业在定价中利用其优势地位不断压价，来侵害弱势乙方的现象也很常见。一些国企作为强势的甲方，缺乏带领产业链上下游协调发展的意识，而是将自己的利益建立在其他参与方的利益之上，通过过度压价来提升自己的毛利率，而供应商为了获得订单只好接受低价合同，生产中在成本上"想办法"消化，最终导致产品质量无法保证，产业链上下游没有合理的利润，也无法开展研发和实现技术进步，长期来看上下游的竞争力都会下降。

还有一种现象是，处于在基础性行业占优势地位的国企所具有的成本传导和议价能力优势，也对民营企业的发展形成了不同程度的"挤压"，甚至造成财富转移。以2016年的一轮原材料价格上涨为例，当时焦炭、焦煤、螺纹钢、铁矿石等原材料价格均出现了100%~200%的上涨，导致2016年上半年采矿业实现利润总额同比增长13.4倍；制造业实现利润总额仅增长18.5%；规模以上工业企业中，国有控股企业实现利润总额同比增长45.8%，私营企业实现利润总额仅增长14.8%。②

民企不能与国企展开公平竞争，短期来看，将会导致民营企业获取市场机会的能力降低，竞争力下降，经营效益下降，创造

---

① 茅冠隽，顾杰."甲方思维"让部分国企缺乏服务意识？委员建议建立产业链利益共享机制[Z/OL].（2023-03-07）[2023-12-23］. https://export.shobserver.com/baijiahao/html/590132.html.

② 数据参考自：同花顺 iFinD 数据库。

就业岗位和税收的能力都出现萎缩；中期来看，将会导致民营企业家投资信心下降，减少企业扩张和创新投资，导致经济增长动能不足；而长期来看，国有企业通过不公平竞争获得的优势也不能转化为真正的产业竞争力。

二、必须以强力纠偏实现竞争中性原则

从以上分析可以看出，民营企业在市场经济环境中正面临着"天然弱势"的竞争地位，在这种情况下，简单强调"一碗水端平"难以保证"竞争中性"原则的落实，就像一个少年业余拳击手面对强大的成年专业选手，如果不考虑双方在体重、体力、技术、经验等方面的差距，只是强调双方要按照同样的竞赛规则打拳比武，是不公平的。

实现民企与国企的共同待遇和平等竞争，就是要落实党的十八大报告提出的"保证各种所有制经济依法平等使用生产要素、公平参与市场竞争、同等受到法律保护"，这三个方面已经将民营企业生存、发展、壮大所需要的条件总结得非常到位，真正做到这三个方面，就实现了完整的"竞争中性原则"。而在现实中，仍然存在不少观念的问题、机制的问题和考核的问题，妨碍这三个方面的落实。

为了保证"竞争中性"原则的有效贯彻，应当在我们上文所分析的体制性、机制性竞争力差异上，进行有效的纠偏，才能为民营企业尤其是中小民营企业创造真正公平的竞争环境。这种"强力纠偏"应当主要从以下几个方面实施。

第一，在平等使用各种生产要素方面，通过保证一定份额的制度性建设，增强民营企业平等获得要素的机会和能力。国企的"隐性担保和信用背书"优势短时间内难以完全消除，就应当在政策制定上正视这一因素，可以考虑在充分评估风险的前提下，为民企提供确定份额的信贷资源、土地资源，适当降低民企和中小企业社保缴费负担等办法，实现国企民企要素成本负担的平衡。

第二，在公平竞争方面，重点加强对大型国有企业的规范，防止强势企业滥用市场优势地位，破坏公平竞争。应当在反垄断监管部门设立专门的投诉渠道和相应机构，接受民营企业和中小企业关于不正当竞争、侵犯合法权益的相关投诉、举报，对于证据确凿的应当从重从快查处，涉及违法甚至犯罪的应当及时移交执法、司法部门追究相关责任。

第三，财产保护方面，重点加强对民营企业尤其是中小民营企业的财产保护。尤其是在市场监管、环保监管等方面，尽量做到"无事不扰、有求必应"；严格限制"一律停业""全部停产"等"群杀式"执法的现象；坚决杜绝"靠企业吃企业"，以行政权力牟取部门和个人私利的行为；在民营企业与政府部门、国有企业的经济纠纷中，要排除不正当影响，秉公办理，切实保护民营企业合法权益。

第四，在初级商品和重要原材料的成本传导和价格形成方面，对处于优势地位的国有企业要进行符合市场规律的限制。应当积极有序地提升初级商品和重要原材料的市场化水平，对于上游原材料行业和金融垄断部门应适当限制其利润水平，在"石油特别收益金"制度的基础上,对金融、能源、上游原材料等垄断行业开征"收入调节基金",其收入可以用来补贴中小企业的社保支出。

第五,要用法律的手段促进公平竞争,保证民营企业获得公平市场机会。目前已经有企业家和学者提出,是否可以出台促进民营经济发展相关法案,我们认为这是一个值得探索的方向。该法案就应当以"依法平等使用生产要素、公平参与市场竞争、同等受到法律保护"为主要的立法初衷,对妨碍民营企业平等使用生产要素、公平参与市场竞争、同等受到法律保护的行为做出相应的惩罚性规定,以促进这三大原则的贯彻,切实落实"竞争中性原则"。

总之,国企与民企,大企业与小企业,不同性质、不同规模的企业能力有差别,性格也各异,但都是为国家的兴旺发达出力奉献。在贯彻"两个毫不动摇"的过程中,既要巩固和发展公有制经济,又要鼓励、支持、引导非公有制经济发展,还要形成公有制经济和非公有制经济、国有企业和民营企业之间互相支持、互相竞争,共同发展、共同繁荣的良好生态,为中国经济的高质量发展共同做出更大的贡献!

第十一章
民营经济是实现共同富裕和中华民族伟大复兴的重要力量

作为市场经济中财富的主要创造者，民营企业的发展壮大对于提高居民收入和实现共同富裕有着重要意义，在中国式现代化和中华民族伟大复兴中的作用不可忽视，不可低估，不可替代。

第一节　发展壮大民营经济，走中国特色的共同富裕道路

消除两极分化，实现共同富裕，不仅是社会主义制度的本质要求，也是中国式现代化的重要特征，更是实现长期可持续发展的必然选择。中国民营经济发展壮大的过程本身，就是增加民间财富、社会财富的过程，"先富带动后富"是民营企业和民营经济人士推动共同富裕的主要途径。中国改革开放40多年的伟大实践，为全国人民实现共同富裕奠定了良好的基础，因而要旗帜鲜明地反对不劳而获、盲目仇富的思想，坚决不走共同贫困的老

路，多渠道培育和壮大中等收入群体。

一、先富带动后富是实现共同富裕的必经之路

苏联和中国改革开放之前的经济实践都已经证明，通过"一大二公"的方式实现均贫富，最终会使经济失去活力和效率，要实现共同富裕，需要探索新的道路。

改革开放以后，以邓小平同志为核心的第二代领导集体清醒地认识到，"贫穷不是社会主义"，但让全体人民同步地实现富裕也是不现实的，"一部分地区、一部分人可以先富起来，带动和帮助其他地区、其他的人，逐步达到共同富裕"[①]的道路更加具有可实现性。

"让一部分人先富起来"，极大地解放了蕴藏在人民群众当中的创富力量。农村的联产承包责任制使得困扰中国数千年的粮食问题在较短的时间内就得到了解决，包括民营经济在内的非公有制经济也以火山喷发般的速度和规模发展起来。在企业家、专业户、专业技术人员等群体"先富起来"的同时，也创造了大量的就业岗位，创造了巨大的社会财富，让中国老百姓的生活水平有了稳步的提高。

改革开放 40 多年，中国经济从 1978 年占全球 GDP 的 1.73%，发展到 2020 年占全球 GDP 的 17.4%，各行各业、各地区、各阶层的生活水平都有了巨大的改善。可以说，中国改革开放 40 多年的

---

① 邓小平. 邓小平文选：第三卷［M］. 北京：人民出版社，1993：149.

第十一章　民营经济是实现共同富裕和中华民族伟大复兴的重要力量

历程，是全人类历史上最伟大的共同富裕探索，为实现全国人民共同富裕奠定了良好的基础，其发展的普惠性程度是世所罕见的。

首先，从城乡发展的角度来看，虽然阶段性发展节奏不同步，但是改革开放40多年来无论是城镇还是农村居民，收入和生活水平都大幅提高。1978年，中国城镇居民可支配收入仅有343.4元，2020年已经达到43 833.76元，增长了127倍；农村居民可支配收入从133.6元增长到2020年的17 131.47元，也增长了127倍。无论是城镇还是农村居民，生活水平都有了天翻地覆的变化。1978年，中国的城镇化率是17.92%，到2020年已经达到63.89%，7亿多人口实现了城镇化。[1] 2020年全国实现了全面脱贫，全面建成了小康社会。

其次，从区域来看，虽然有东西和南北发展的不平衡，但是全国各地区都获得了长足的发展。东部、中部、西部、东北地区的居民收入也都在工业化的带动下持续增长。例如，地处东部沿海地区的广东省，在1978年到2017年的整整40年中，地区生产总值可比价格计算增长了101倍，城镇居民家庭人均可支配收入增加了99倍，农村居民人均可支配收入增长了80倍；同期作为老工业地区代表的辽宁省，地区生产总值增长了30.3倍，城镇居民和农村居民人均可支配收入分别增长95倍和73倍；西藏生产总值40年实际增长48.3倍，城镇居民人均可支配收入增长52.3倍，农村居民人均可支配收入增长58.4倍。由于地理位置、资源和要素禀赋的不同，各地区经济增长不可能保持同步，但是

---

[1] 数据参考自：同花顺iFinD数据库。

总体来看，过去40多年中国各地区的经济都获得了长足的发展，人民生活水平都有了大幅度提高。

最后，从产业来看，各行各业都是改革开放和经济发展的受益者。1978年工业增加值仅有1 622亿元，2017年工业增加值接近28万亿元，按可比价计算增长53倍，已经连续多年稳居世界第一。1978—2017年，中国服务业增加值从905亿元增长到427 032亿元，占GDP的比重从24.6%上升至51.6%；对国民经济增长的贡献率从28.4%上升至58.8%。不仅新信息产业、金融业等人群收入增长迅速，快递小哥、外卖骑手、电商客服等普通人群也享受了持续的收入增长的机会。2009—2020年，城镇私营单位制造业员工收入增长了2.36倍，传统服务业员工（以餐饮住宿为代表）收入增长了1.70倍，而新经济产业（以信息传输、软件和信息服务业为代表）员工收入增长了2.59倍。[①]

中国改革开放以来的普惠性增长模式，与美国1990年以来严重不均衡、缺乏普惠性的增长模式形成鲜明对比。从行业上看，美国在高科技企业引领全球的同时，很多传统产业逐渐萎缩，工作岗位成批消失，加剧了收入分化的严重程度。从地区分布来看，美国过去30年的增长主要是加州、大波士顿、纽约-新泽西等地区引领的增长，很多中西部地区经济止步不前。正因为过去30年美国的经济增长主要是少数新经济产业、少数地区、少数人口主导的增长，让大量人口成为增长的旁观者，才使美国的中产阶级占比从高峰时的70%下降到如今的50%。

---

① 根据同花顺iFinD数据库数据计算。

所以，必须继续坚持改革开放以来的普惠式增长模式，正确引导社会舆论，保持社会和谐发展，才能引领中国人民真正实现共同富裕。

二、如何让"分蛋糕"不影响"做蛋糕"的积极性

有学者把新时期的共同富裕形象地概括为既要"做大蛋糕"，也要"分好蛋糕"。所谓"做大蛋糕"，关键就是要继续坚持中国改革开放40年的普惠性发展道路，重视民营企业在实现共同富裕过程中的重要作用。而要"分好蛋糕"，关键是确保不伤害"做蛋糕"的积极性——如果"分蛋糕"的方法不伤害"做蛋糕"的积极性，就是共同富裕；如果"分蛋糕"的方法伤害了"做蛋糕"的积极性，共同富裕就难以实现。

虽然最高决策层不断重申对民营企业的政策没有变，以后也不会变，但近期关于"分蛋糕"的各种似是而非的解释、有误导性的社会舆论仍然给民营企业家带来了困惑。真正要让民营企业吃下定心丸，必须在"做蛋糕"之前就把初次分配、二次分配的原则和方法通过宪法和法律的形式予以明确。

首先，必须深化要素市场化改革，进一步提高初次分配的公平性。通过生产要素参与财富创造并取得合理的要素报酬，是通过初次分配实现共同富裕的主要方式。要做到"分蛋糕"不影响"做蛋糕"的积极性，在初次分配中，要遵循按劳分配为主体，多种分配方式并存的原则，让劳动、知识、资本、管理、技术、土地等每种要素的提供者都能按照其实际贡献获得合理的要

素报酬。

改革开放 40 多年来所逐步建立起来的产权市场、土地、劳动、资本、技术等生产要素市场，是确保初次分配环节相对公平的基础。但前些年也出现了土地、金融等部门通过垄断地位来获得不合理"超额要素报酬"的情况，因而要继续深化要素市场化改革，减少土地和金融等部门的"超额要素报酬"，确保让劳动者、管理工作者、技术工作者按照其实际贡献获得合理的要素收入。过去几十年来，初次分配领域的改革，本身就是公开、透明、市场化、法治化的改革，只要讲清楚，就不会影响民营企业"做蛋糕"的积极性。

其次，深化财税体制改革，建立健全社会保障机制，提高二次分配的公平性。改革开放以来，我们不断深化财税体制改革，不但为社会的基本建设提供了巨额的社会资金，同时也基本建立了覆盖城乡的社会保障体制。但是在住房、医疗、教育等领域，的确也存在着不公平的现象，下一步围绕中央和地方的财政收入分配、企业所得税和个人所得税的改革、房产税和遗产税等试点、进一步深化教育和医疗体制改革、增加城市保障房和公租房供给等二次分配领域的改革，都是实现共同富裕的重要途径。所有这些领域的改革，都应该是公开、透明、市场化、法制化的，不会影响"做蛋糕"的积极性。

三、弘扬张謇精神，鼓励民营经济人士自愿参与公益慈善事业

2020 年 11 月在江苏调研时，习近平总书记以张謇为例引导、

第十一章　民营经济是实现共同富裕和中华民族伟大复兴的重要力量

鼓励民营企业家积极参与社会公益事业："张謇在兴办实业的同时，积极兴办教育和社会公益事业，造福乡梓，帮助群众，影响深远，是中国民营企业家的先贤和楷模。"①"民营企业家富起来以后，要见贤思齐，增强家国情怀、担当社会责任，发挥先富帮后富的作用，积极参与和兴办社会公益事业。"②

张謇作为"状元"，并没有像当时的一般读书人那样热衷做官而鄙薄实业，而是认为"国非富不强，富非实业不张"，他回到家乡南通构建了以棉纺织业为核心的产业链条，并进一步发展了运输、金融等产业，取得了商业上的成功。"先富起来"之后，张謇始终怀揣济世理想，创办了中国第一所民办师范院校，第一个公共博物馆，为南通教育事业投资白银250余万两，独自创办或参与创办师范、纺织、医学、农业等高等学校和职业、专科学校近400所，成为近代中国以商业反哺公益事业的成功企业家。

在中国传统文化中，以儒家为主流的社会价值观形成了"仁者爱人"的慈善伦理观念，"穷则独善其身，达则兼济天下"成为中国人普遍的立身道德要求。作为社会价值观补充的佛教和道家也都提倡"慈悲为怀，普度众生"和"天之道，损有余而补不足"的平等慈善思想，中国自古以来就有周济他人、扶危济困的传统美德。

改革开放以来，中国民营企业家继承中华民族的优良传统，

---

① 张晓松，朱基钗.习近平赞扬张謇：民营企业家的先贤和楷模［Z/OL］.（2020-11-13）［2023-12-24］.https://baijiahao.baidu.com/s?id=1683204939905227186&wfr=spider&for=pc.

② 习近平在江苏考察时强调 贯彻新发展理念 构建新发展格局 推动经济社会高质量发展 可持续发展［N］.人民日报，2020-11-15（01）.

很多人在自己的生活改善以后都开始积极投身公益慈善事业，通过"中国光彩事业""万企帮万村"等形式，积极践行"义利兼顾、以义为先"核心理念，坚持"产业+公益"双轮驱动，在配合三峡库区移民、国土绿化和生态治理、振兴东北等老工业基地、社会主义新农村建设、打赢脱贫攻坚战等方面做了大量工作。习近平总书记指出："万企帮万村、万企兴万村，从扶贫到振兴，城乡一体化、工农一体化，民营企业在这方面的潜力是巨大的。"[①] 2021年6月，"万企帮万村"行动升级为"万企兴万村"行动，发挥民营企业优势，促进乡村产业振兴、生态振兴、文化振兴、人才振兴和组织振兴。

阿里巴巴发起了包括"扶持欠发达地区数字化建设；扶持中小微企业成长；助推农业产业化建设；支持中小企业出海；助力高质量就业"等举措在内的助力共同富裕的十大行动。腾讯将公益平台与企业社会责任部进行了整合升级，设立可持续社会价值事业部（SSV），而其牵引的核心业务就是"可持续社会价值创新"项目，首期投入和当年追加投入达到1 000亿元。

需要注意的是，民营经济人士将自己的一部分财富拿出来用于社会公益事业，是社会经济整体水平发展到一定阶段后的自然诉求和自觉行动，不能超越社会发展水平急于引导，不能强行催化，更不应当通过道德绑架甚至行政命令的方式来推动，避免"逼捐""道德绑架"甚至变相的"劫富济贫"。

当前《宪法》《民法典》等法律明确规定"公民的合法的

---

① "放下包袱，大胆发展"（两会现场观察）[N].人民日报，2023-03-07.

私有财产不受侵犯""私人的合法财产受法律保护";《慈善法》也明确规定,开展慈善活动,应当遵循合法、自愿、诚信、非营利的原则,任何人都不能打着"第三次分配"的旗号要求民营企业和民营企业家参与捐赠,确保社会捐赠都是基于自觉和自愿的原则。否则就将在民营企业家等先富群体和社会上形成"第三次分配等于劫富济贫"的错误认知和舆论,不仅不利于第三次分配和共同富裕的推进,还将对民营企业创造财富的积极性造成伤害。

只要我们把上述原则都明确了,机制、机构都建立健全了,以社会捐赠为主的第三次分配必然会越来越壮大,这不仅是社会发展的必然规律,也是人性的规律。只要不揠苗助长,第三次分配不但不会伤害"做蛋糕"的积极性,反而会极大地增强民营企业家"做蛋糕"的荣誉感,进一步激发"做蛋糕"的积极性。

四、走中国特色的共同富裕道路

中国作为后发的和平崛起的市场经济国家,不但过去40多年的富裕之路与早期资本主义国家追求富裕的道路截然不同,而且未来追求共同富裕的道路也只能是中国特色的共同富裕之路。

首先,共同富裕追求普惠而非平均,追求共富而非共贫。应旗帜鲜明地反对不劳而获、盲目仇富的思想,坚决不走共同贫困的老路。邓小平同志曾指出:"我们坚持走社会主义道路,根本目标是实现共同富裕，然而平均发展是不可能的。过去搞平均主义，吃'大锅饭'，实际上是共同落后，共同贫穷，我们就是吃了这个亏。"① 中国过去 40 多年的共同富裕之路，虽然也难免出现了贫富差距扩大、阶层固化、要素占有不公平等现象，但是并没有出现早期资本主义社会遍地的城市贫民窟等严重社会分化现象，而且在很大程度上实现了各行各业、各阶层各地区都受益的普惠式增长，今后应继续追求普惠而非平均，追求共富而非共贫。

其次，要结合新时期经济高质量发展的特点，多重渠道培育和壮大中国的中等收入群体。改革开放 40 多年的未来历程，把中国城市和乡村的居民都变成了有产者，除了劳动所得，农民有土地流转和种粮补贴所得，城市居民很多有房屋出租所得，个体工商户有经营所得，有车、有其他生产和运输化工具者也有经营所得，知识、艺术、信息产业的从业者有知识产权所得、创作所得，全国储蓄者都有储蓄利息所得，近 2 亿的股票和基金持有人都有资本市场投资所得……劳动致富永远是中华民族的优秀传统，但是重视居民财产性收入、通过多种方式培育和壮大中等收入群体，必然使新时期通向共同富裕的道路越来越宽广。

总之，新时期的中国特色共同富裕之路，是后发的和平发展道路，必须在普遍地提升本国人民生活水平的同时，为全球创造巨大财富。为此，我们必须坚持改革开放以来的普惠式增长模式，必须保持中国民营企业家的创业和发展积极性，无论是初次分配、二次分配还是三次分配，"分蛋糕"都不能伤害"做蛋糕"的积极

---

① 邓小平. 邓小平文选：第三卷 [M]. 北京：人民出版社，1993：155.

性，而要在保护企业家精神和居民财产权利的前提下，鼓励继续"做大蛋糕"，并通过社会组织的发育和社会捐赠机制的建立健全，水到渠成地引发和引导自愿的社会捐赠，最终实现共同富裕。

第二节 实现中华民族伟大复兴，民营经济是不可替代的重要力量

推动中国式现代化，实现中华民族伟大复兴，中国民营企业将从经济增长、税收支持、创新活力、就业组织等各个方面，提供强有力的支持。

一、民营经济是新质生产力的重要组成部分，是推动中国式现代化的重要引擎

从经济的角度来看，实现工业化和建立现代市场经济体制，是现代化的一般规律和各国现代化的共同特征。从一般意义的现代化的角度而言，民营经济对推动中国工业化进程功不可没，贡献了大部分的新增产能、技术创新和市场拓展；作为最为活跃和重要的市场主体，民营经济推动了商品市场、要素市场、技术市场、人才市场的规则建设和实践运行，为中国的现代化进程做出了自己的贡献。

从中国的基本国情出发，"中国式现代化"是人口规模巨大的现代化、全体人民共同富裕的现代化、物质文明和精神文明相

协调的现代化、人与自然和谐共生的现代化、走和平发展道路的现代化，这是一个人类历史上前所未有的伟大工程。实现这个伟大工程，需要强大的经济基础，需要雄厚的国家实力，需要充沛的创新动力，需要组织全体人民共同参与的方式和渠道，还需要强大的国防来保卫和保障。这一切都离不开民营经济的参与和贡献，民营经济是以中国式现代化全面推进中华民族伟大复兴不可或缺的重要力量。

第一，民营经济是组织人民群众参与发展，分享成果的主要途径，只有不断发展壮大民营经济，才能实现十四亿人共同的现代化。

让十四亿人在物质和精神两方面实现现代化，最基本的一点就是让九亿劳动人口中的大多数人在现代化的经济体系中实现就业。目前，民营经济已经为中国经济提供了80%的就业岗位，大部分地区的新增就业岗位中民营经济占比接近90%，展望未来，每年新增的1 500万以上新增劳动人口，其中包含1 000万高校毕业生，他们所需要的绝大多数新增就业岗位仍然会由民营经济提供，只有将发展壮大民营经济作为长期目标，才能让广大民营企业安心发展，敢于投资，在不断创新的过程中创造出更多的就业岗位，为广大劳动者提供参与和分享现代化的机会。因此，发展壮大民营经济，将是十几亿中国人民和九亿中国劳动者推动、参与和分享中国式现代化的最主要途径。

第二，民营经济作为经济增长的主要贡献者和新质生产力的重要组成部分，是推动中国式现代化的重要引擎。

"分好蛋糕"的前提是"做大蛋糕"。如果没有经济的持续增长，财富的不断增加，中国十四亿人要实现共同富裕是不可能的。民营经济对 GDP 贡献占比已经超过 60%，离开民营经济的发展壮大，经济的持续增长和财富的不断增加也是不可想象的。只有发展壮大民营经济，才能为中国经济持续增长提供充足动力，为实现中国式现代化提供必需的物质条件和经济基础。

民营经济能够为中国经济奇迹做出巨大贡献的根本原因，是民营企业家的不断涌现。实现中国式现代化，需要更多的华为、比亚迪、腾讯、京东和阿里巴巴，以及无数的中小微民营企业。只有将发展壮大民营经济作为长期目标，才能充分释放十几亿人口中的企业家和创业人才的企业家精神，创造出比前 40 多年更为辉煌的创新成果和财富增长，支撑中国式现代化进程顺利实现。因此，任何怀疑、贬低和排斥民营经济的提法和做法，都不利于中国式现代化事业的推进。

2023 年，习近平总书记提出的新质生产力概念，是在新的技术革命不断萌生发展的大背景下，针对颠覆性技术带来的生产要素创新配置、价值创造规律的全新升级、产业供需结构的大规模重构等深层次变化，要求政府、企业和全社会积极行动起来，加快培育新质生产力，提升中国的全要素生产率，而民营企业家、民营企业和民营经济正是新质生产力不可替代的重要组成部分。

从人的因素来看，民营企业家本身就是生产要素创新配置的主体，是创造各种新技术、新产品、新业态、新模式的领头人，民营企业也是使用、培养和输出掌握各种新技术、新技能的人才的主要组织，因此，民营经济是"打造新型劳动者队伍"的最重要的培训基地。

从技术的因素来看，民营企业已经成为迎接新技术革命核心产业革命的主要力量，例如在人工智能大模型的国际竞争中，代表中国参赛的文心一言、盘古、混元、星火认知、通义千问等也来自百度、华为、腾讯、科大讯飞、阿里巴巴等民营企业，华为在通信技术、芯片、操作系统、数据库等领域的基础创新为中国掌握关键领域核心技术做出了重要贡献。

从组织形态的因素来看，民营经济正在尝试各种新的要素组合方式，华为尝试的全员持股模式已经取得了明显的激励效果，腾讯、京东等新经济企业根据产业和市场形势变化不断调整企业组织架构，OKR等新的管理思想和工具也是由民营企业率先引进并付诸实践，民营企业正在成为促使生产要素实现创新配置，形成新质生产力的主要渠道。

毫无疑问，民营经济是新质生产力发展的重要组成部分，是中国迎接新技术革命的主力军，是实现高质量发展不可或缺的重要力量。

中国十四亿人要实现物质富足、精神富有，必须有源源不断的物质产品和精神产品供给，离开民营经济的发展壮大，这同样是难以实现的。只有发展壮大民营经济，才能为中国人民提供越来越丰富的物质产品和精神产品。改革开放的前40多年，中国民营企业已经为中国消费者提供了高度丰富的物质产品和服务，显著提升了中国人民的物质生活水平。近年来，民营企业在提供精神产品方面也发挥了主力军的作用，《你好，李焕英》《流浪地球》等电影作品，《甄嬛传》《漫长的季节》《狂飙》等电视剧集，《王者荣耀》《原神》等网游作品，长隆海洋王国、"千古情"系列演出、欢乐谷等都出自民营企业。随着中国特色社会主义进入新时代，我国社会主要矛盾已经转化为人民日益增长的美好生活需要和不平衡不充分的发展之间的矛盾。只有发展壮大民营经济，才能为中国人民提供更加丰富的物质产品和精神产品，满足人民对美好生活的需要，实现物质文明和精神文明协调发展。

第三，民营经济是绿色发展的主要力量，必然要为中国式现代化做出更大的贡献。

要实现人与自然和谐共生，必须减少能源、原材料消耗，减少污染，减少碳排放，这就意味着传统的生产方式和生活方式必须转型升级，采取更加清洁、环保、绿色的生产和生活方式。经过几十年创新发展，民营经济已经成为推进绿色生产的重要力量。光伏产业、风电产业中的民营企业已经占据了一半以上的份额，隆基绿能、阳光电源、通威股份、晶科能源、TCL中环、远景能源、明阳智能等光伏、风电企业为中国能源生产过程中的碳排放减少做出了重要贡献。在中下游制造行业，民营企业也在越来越主动地参与和推动绿色生产，只有不断发展壮大民营经济，才能继续提升中国绿色制造的比重和水平，在供给侧实现高水平的绿色生产。

通过不断创新，中国民营企业也为居民提供了越来越多的绿色消费和服务。目前比亚迪、蔚来、理想和小鹏已经成为新能源汽车的主要生产商，民营企业占新能源汽车产业比例接近90%，在民营企业占据绝对多数的商贸、餐饮、住宿、物流等行业，绿色发展的理念也正在得到越来越多的重视和践行。例如，菜鸟网络开发的电子面单、装箱算法、智能路径规划等技术面向全行业开放，已经成为绿色物流基础设施，电子面单5年累计服务1 000亿个包裹，节约纸张4 000亿张。

第四，民营经济是和平发展的最坚定拥护者和践行者。

无论是国际还是国内，动荡不安只能带来损失和衰退，和平稳定才是财富和繁荣的土壤。因此，民营经济发展壮大，最需要的就是和平稳定的发展环境，民营企业和民营经济是和平发展的最坚定拥护者和践行者。

走和平发展的道路实现现代化，首先就需要不断推动经济的强劲增长。和平发展道路，意味着不能像资本主义发达国家历史上做的那样，为争夺市场和原材料产地展开殖民、掠夺和战争，而是通过贸易、投资等经济方式不断扩大市场范围，获得生产要素，同时带动世界上的一部分发展中国家逐步实现工业化来增加需求，实现共赢。只有大力发展民营经济，鼓励更多的中国民营企业走出去，中国通过和平道路实现现代化的构想才能实现。

当前，民营经济贡献了全部进出口总额的53.1%（2023年前三季度数据），成为中国经济参与全球化的主要力量。从2014开始截至2022年的八年中，民营企业对"一带一路"国家的投资比重快速上升，2022年民企在"一带一路"国家的投资项目数量与金额占比分别为73.15%和76.07%，均创历史新高，已经成为"一带一路"共建投资活动中名副其实的主力军。[①]

走和平发展的道路实现现代化，也需要中国承担更多的全球

---

① 郭松峤，赵相锋，董巍."一带一路"十周年观察丨南开大学经济学院教授薛军：中国民营企业是共建"一带一路"的主力军［Z/OL］.（2023-10-18）［2023-12-24］ https://new.qq.com/rain/a/20231018A089UO00.

第十一章　民营经济是实现共同富裕和中华民族伟大复兴的重要力量

责任，为世界提供更多的和平、秩序等公共产品，这都需要中国政府有强大的财政支付能力。目前民营企业已经贡献了六成税收，成为主要的财政收入来源。只有大力发展民营经济，才能为中国的国防力量和全球公共产品供给提供足够的财政支持，因此走和平发展的道路实现现代化，也必须以经济建设为中心，大力发展民营经济。

和平发展必须有强大的国防力量作为后盾。民营经济不仅在财政税收上为国防建设提供支持，而且随着军民融合发展战略的不断深入推进，民营企业对中国国防建设事业的参与也在不断深入，在国产航母、歼-20、C919、量子通信、北斗卫星、载人航天、蛟龙深潜装备等领域，民营企业均有不同程度的贡献。

几十年来，民营经济为中国的现代化进程贡献了自己的力量，现在已经成为中国式现代化的中坚，将来还要为实现中国式现代化承担自己的责任，做出自己的贡献。

二、民营经济是实现中华民族伟大复兴不可替代的重要力量

中华民族勤劳勇敢，又富有创造力，在历史上创造了光辉灿烂的文明，为人类做出了巨大的贡献。近代以来，由于各方面的原因，中国经历了百年衰落，但在各领域仁人志士的不懈努力下，中国人民终于找到了正确道路，就是在中国共产党的领导下，走社会主义道路，实现中华民族伟大复兴。实现中华民族伟大复兴，是实现包括经济、技术、文化等各方面综合国力的全面复兴，民营经济是其中不可忽视、不可替代、不可或缺的重要

力量。

华为是第一家从产品到技术、专利、标准都实现全球领先的中国企业，5G专利数长期居于全球榜首，研发投入位列全球第四，代表了中国民营企业在全球产业竞争中的实力。2019年以来，在美国政府的三轮严厉制裁下，华为并没有被打倒，反而在芯片、操作系统、数据库和工业软件领域拿出了替代产品，以Mate 60 Pro智能手机的上市为标志，华为公司不仅挺过了暴风骤雨般的制裁，而且拉动了上下游的大量企业，明显提振了国内相关产业投资和发展信心。

除了华为，还有隆基绿能、宁德时代、比亚迪、吉利、沙钢、德龙、恒力、荣盛、魏桥等中国民营企业和民营企业家，已经开始在全球产业竞争的舞台上居于前列，甚至站到"C"位，不仅代表了中国经济、中国民营经济的不凡实力，也大大提升了全国人民的信心和士气，充分证明民营经济在中华民族伟大复兴道路上的重要作用。

同时，向全球各国传播和介绍中国文化，提升对中国文化的了解和认同，也是实现中华民族伟大复兴的重要方面，而民营企业和民营经济在传播中华文化方面，也发挥着不可替代的作用。

民营文化企业创作的文化产品和文艺作品已经开始批量走向海外，产生了广泛的影响，实现了经济效益和社会效益的双丰收，对中国文化的海外传播做出了重大的贡献。正午阳光、爱奇艺、腾讯视频等民营企业担任主力或参与的《甄嬛传》《琅琊榜》《隐秘的角落》等剧作在海外受到好评，上海米哈游出品的《原神》不仅收入位列全球第三，而且在全球游戏讨论度中排名第

第十一章　民营经济是实现共同富裕和中华民族伟大复兴的重要力量

一，激发了各国玩家对中国文化的强烈兴趣。

值得一提的是，《原神》在游戏中设置的《流光拾遗之旅》项目，在国内寻访和邀请木版年画、鼻烟壶内画、皮影戏等非物质文化遗产的传承人，请他们用非遗作品的形式展现《原神》游戏中"璃月"地区的仙家传说与市井生活，并通过15种语言字幕的版本向分布在全球200多个国家和地区的玩家展现中国文化的魅力，充分体现出民营企业在传播中国文化方面的担当。

在电子商务、社交媒体等数字经济领域，中国民营企业在竞争中脱颖而出，打破了欧美企业在全球的垄断优势地位，为中国制造、中国品牌、中国文化和中国声音打开了传播通道。在电商领域，速卖通、SHEIN（希音）、Temu等中国跨境电商平台在全球迅速扩张，SHEIN在美国快时尚服饰市场中占据了75%的市场份额，Temu已经在全球47个国家上线，9%的美国人在Temu上进行了购物；社交软件方面，Tik Tok美国用户已经超过1.2亿人，近50%的用户是24岁以下的青少年，近40%的用户是25—44岁的中青年群体，成为少见的能在美国打开市场的国外社交软件。

另外，中国民营企业运用中国文化元素生产的潮流玩具、美妆用品、流行服饰、电子数码产品，以完全不同于传统"欧美风"或"日韩风"的"中国风"视觉审美和文化内涵受到海外消费者的欢迎。李宁、安踏、泡泡玛特等民营企业正在致力于"商文互促"，在将中国产品销往全球的同时，也将中国文化传播到世界各地。在中国IP的海外输出过程中，民营企业是毫无疑问的主力军。

最后，大大小小的民营企业走向海外，从事贸易，投资兴业，本身就是一个将中国诚信、互敬、义利兼顾的商业文化传播到全球，推进民心相通的过程。例如华坚集团在埃塞俄比亚不仅取得了商业上的成功，而且注重在当地建设中国内涵的企业文化和商业文化，而且在当地也积极履行社会责任，华坚公司6 000多名中非职工同唱《团结就是力量》的场景，已经成为促进中非民心相通的佳话。

正如习近平总书记所指出的："民营经济是推动社会主义市场经济发展的重要力量，是推动高质量发展的重要主体，也是我们党长期执政、团结带领全国人民实现'两个一百年'奋斗目标和中华民族伟大复兴中国梦的重要力量。"[1]

到21世纪中叶，我们需要完成以中国式现代化全面推进中华民族伟大复兴的历史重任，时间紧迫，时不我待。民营经济作为国家经济社会发展的重要臂膀，只能发展壮大，不能怀疑动摇。只要我们及时完成民营经济发展的理论创新，更新社会认知，净化社会氛围，大力促进民营经济发展，中国民营经济必将为中国式现代化和中华民族伟大复兴的伟大事业贡献更大的力量！

---

[1] 习近平.习近平：在民营企业座谈会上的讲话［Z/OL］(2018-11-01)［2023-12-25］. http://www.xinhuanet.com/politics/leaders/2018-11/01/c_1123649488.htm.

跋

澄清错误言论，为民营经济发展创造良好的环境

改革开放之后，中国民营经济从无到有，从小到大逐步发展起来，它的主要成分是民营企业、个体工商户和农民专业合作社。其中，民营企业和个体工商户在民营经济中又占据了绝大部分。2023年，全国登记在册的民营企业数量超过5 200万户（截至9月底），解决了80%以上的城镇劳动力就业，个体工商户达1.24亿户（截至年底），支撑了近3亿人就业，民营经济涵盖了从夫妻店、早餐摊，到大型公司、平台企业的所有经济组织形式。面对社会上每一次错误言论的干扰，党中央都坚定支持民营经济发展壮大，为民营经济提供了越来越广阔的发展环境。

一、个体经营打破坚冰，思想解放开启中国百姓致富进程

党的十一届三中全会以后，"以经济建设为中心"逐渐成为

全党、全社会的共识，僵化的计划经济体制开始松动，从农村到城市，不同形式的个体私营经济逐渐发展起来，但改革开放初期的民营经济发展面临着很多理论、观念、舆论和体制方面的障碍。面对困难，中国共产党通过不断解放思想，推动理论创新和认识转变，为民营经济开拓了广阔的生长空间，也为中国经济铸就了新的增长引擎。

1978年以后，个体私营经济从逐渐萌发到行列成苗发展的推动力，既有当时人们对温饱和富裕生活的追求，也有单纯公有制经济无法解决待业青年就业等问题的因素，但是每向前一步，都会遇到不得不突破的理论禁区和观念束缚。

1981年5月29日，《人民日报》刊登了题为《一场关于承包鱼塘的争论》的报道，围绕广东省高要区个体户承包鱼塘的事件，提出了雇工是否等于剥削的问题，由此引发了一场影响广泛的理论争鸣。很多人认为，允许"雇佣劳动"就是发展资本主义，有学者以《资本论》为依据，认为雇工人数少于8人可以归为个体经济，超过8人就会产生资本家，必须禁止。类似的争论，在全国各地普遍存在。

对于上述认识带来的干扰，1982年，中央提出雇工问题可以"等一等，看一看"；1984年，邓小平也就雇工问题谈过他的意见："前些时候那个雇工问题，相当震动呀，大家担心得不得了。我的意见是放两年再看。"这种态度实际上是保护了刚刚起步的个体私营经济，同时用发展的实际成果向全社会说明，雇工即使超过8人也没有危害社会主义制度，相反还解决了待业青年和农村剩余劳动力的就业问题，增加了居民收入，改善了人民生活，

跋　澄清错误言论，为民营经济发展创造良好的环境

是一件各方都得益的好事。

1987年8月，国务院发布的《城乡个体工商户管理条例》规定，个体工商户的合法权益受国家法律保护，任何单位和个人不得侵害。除有法律和政策规定的以外，任何单位和个人不得再向个体工商户收取费用；个体工商户生产经营所需场地以及原材料、燃料和货源等，经政府批准的要统筹安排，由国营批发单位供货的要合理安排，不得歧视。个体工商户可以凭营业执照在银行或其他金融机构开立账户，申请贷款。

1987年召开的党的第十三次代表大会明确指出："必须以公有制为主体，大力发展有计划的商品经济。目前全民所有制以外的其他经济成分，不是发展得太多了，而是还很不够。对于城乡合作经济、个体经济和私营经济，都要继续鼓励它们发展。"

1988年4月，七届全国人大一次会议通过的宪法修正案规定："国家允许私营经济在法律规定的范围内存在和发展，私营经济是社会主义公有制的补充，国家保护私营经济合法的权利和利益，对私营经济实行引导、监督和管理。"

以上一次次在民营经济地位的认识上实现的重大飞跃，不仅具有重大的理论和改革实践意义，而且逐渐结束了关于个体私营经济发展合理性和合法性的争论，为中国民营经济打开了起飞的空间。

二、从"南方谈话"到"三个代表"：在怀疑和争论中破除各种错误思潮

20世纪90年代，出现了所谓姓"社"还是姓"资"的争

论。1990年,《当代思潮》杂志发表了题为《用四项基本原则指导和规范改革开放》的文章,提出"私营经济和个体经济……如果任其自由发展,就会冲击社会主义经济",文章还进一步提出,有些人正是想通过发展私营经济妄图把我国的社会主义制度和平演变为资本主义制度。同一时期出现了一批类似观点的文章,如"中产阶级、私营企业和个体户就是资产阶级自由化的经济根源",等等。

这场火药味十足的争论严重影响了个体私营经济的发展势头。1990年6月底,全国登记注册的私营企业从1989年底的9.1万户下降到了8.8万户,直到1990年底才回升到9.8万户。在这个关键时刻,邓小平同志南下视察了武汉、深圳、珠海、上海等地,其间发表讲话指出:"改革开放迈不开步子,不敢闯,说来说去就是怕资本主义的东西多了,走了资本主义道路。要害是姓'资'还是姓'社'的问题。判断的标准,应该主要看是否有利于发展社会主义社会的生产力,是否有利于增强社会主义国家的综合国力,是否有利于提高人民的生活水平。"[①]

"南方谈话"和"三个有利于"的标准,结束了姓"社"还是姓"资"的争论,再次全面提振并鼓舞了中国民营经济的信心,越来越多的人开始加入下海、创办民营企业的大潮。

1992年10月,党的十四大召开,确立了建立社会主义市场经济体制的改革目标。1993年3月召开的全国人大八届一次会议将"实行社会主义市场经济"写入宪法,也是在这一年的两会

---

① 邓小平.邓小平文选:第三卷[M].北京:人民出版社,1994:372.

跋　澄清错误言论，为民营经济发展创造良好的环境

上，23名民营企业家作为全国政协委员第一次走进人民大会堂，出席了全国政协八届一次会议。

在十五大之前的1995年，一方面民企发展取得了很大的成绩，另一方面国企面临着转型脱困的艰巨任务，理论界又出现了一些极"左"声音。针对这种观点和言论，1997年5月29日，在十五大召开之前，江泽民总书记在中共中央党校省部级干部进修班上发表重要讲话明确指出："完善以公有制为主体、多种所有制经济共同发展的所有制结构，具有重大意义。要坚持生产关系一定要适应生产力发展水平的马克思主义基本观点，以是否有利于发展社会主义生产力、有利于增强社会主义国家的综合国力、有利于提高人民的生活水平为标准，努力寻找能够极大促进生产力发展的公有制实现形式，一切反映社会化生产规律的经营方式和组织形式都可以大胆利用。"① 江泽民强调："实践证明，我们这样做，没有离开社会主义，而是在脚踏实地地建设社会主义，使社会主义在中国真正活跃和兴旺起来了。"②

2000年2月和5月，江泽民先后在广东、江苏、浙江、上海等地考察，提出了"三个代表"重要思想，即中国共产党始终代表中国先进生产力的发展要求、始终代表中国先进文化的前进方向、始终代表中国最广大人民的根本利益。

2001年，江泽民同志在庆祝中国共产党成立80周年大会上发表了著名的"七一讲话"。他在讲话中明确指出："改革开放以

---

① 江泽民.高举邓小平建设有中国特色社会主义理论伟大旗帜抓住机遇开拓进取，把我们的事业全面推向二十一世纪［N］.人民日报，1997-05-30（01）.
② 同上。

来，我国社会阶层构成发生了新的变化，出现了民营科技企业的创业人员和技术人员，受聘于外资企业的管理技术人员、个体户、私营业主、中介组织的从业人员、自由职业人员等社会新阶层。"他还指出："在党的路线方针政策指引下，这些新的社会阶层中的广大人员，通过诚实劳动和工作，通过合法经营，为发展社会主义的生产力和其他事业做出了贡献。他们与工人、农民、知识分子、干部和解放军指战员团结在一起，他们也是中国特色社会主义事业的建设者。"[1]有人这样评价"七一讲话"对社会新阶层和社会主义事业建设者的相关论述："他们不是'资本家'，更不是革命、改造的对象，而是社会主义的一分子，是我们党执政的群众基础。"[2]

三、民营企业家走进党的十六大，两个"非公36条"出台

2002年召开的党的十六大修改的党章中明确规定："年满18岁的中国工人、农民、军人、知识分子和其他社会阶层的先进分子，承认党的纲领和章程，愿意参加党的一个组织并在其中积极工作、执行党的决议和按期交纳党费的，可以申请加入中国共产党。"其中的"其他社会阶层"，就包括了民营企业家等新的社会阶层人士。

十六大上，江苏沙钢集团公司董事长、党委书记沈文荣，江

---

[1] 江泽民.江泽民文选：第三卷［M］.北京：人民出版社，2006：286.
[2] 郭钆杉.民营企业家登上全国党代会舞台［N］.中华工商时报，2019-01-07.

跋　澄清错误言论，为民营经济发展创造良好的环境

苏远东集团总裁、党委书记蒋锡培，广东金潮集团有限公司董事长刘思荣，重庆南方集团董事长孙甚林，江苏综艺集团董事长昝圣达5名民营企业家第一次被选为党代表出席了这次大会。

关于民营经济发展，十六大报告提出了"两个毫不动摇"，即"毫不动摇地巩固和发展公有制经济""毫不动摇地鼓励、支持和引导非公有制经济发展"。

十六大报告还提出，"充分发挥个体、私营等非公有制经济在促进经济增长、扩大就业和活跃市场等方面的重要作用。放宽国内民间资本的市场准入领域，在投融资、税收、土地使用和对外贸易等方面采取措施，实现公平竞争。依法加强监督和管理，促进非公有制经济健康发展""完善保护私人财产的法律制度"。①

在十六大召开之前，理论界出现了关于按劳分配与按要素分配是否存在矛盾的争论，有人认为，按劳分配的原则同按生产要素分配的原则之间存在着对立和冲突，反对将按要素分配作为社会主义市场经济体制的分配原则。十六大报告提出，"创造各类市场主体平等使用生产要素的环境""确立劳动、资本、技术和管理等生产要素按贡献参与分配的原则，完善按劳分配为主体、多种分配方式并存的分配制度"。②

清华大学政治经济学研究中心主任蔡继明教授回忆："围绕按生产要素贡献分配理论争论的焦点是非劳动要素是否创造价

---

① 江泽民.江泽民文选：第三卷[M].北京：人民出版社，2006：549.
② 同上。

值，这关系到如何看待非劳动要素参与分配以及如何认识剥削和非公经济的属性。"①

北京大学原经济学院院长晏智杰教授当时指出，十六大第一次提出要肯定劳动、知识、经营管理、科学技术和资本等各种要素在创造财富中的贡献，特别是肯定了"资本"在价值创造中的贡献，这是个巨大的认识上的飞跃。②此后历届党的代表大会和中央全会关于分配制度的论述，基本都是在十六大精神基础上的完善和补充，例如十七大提出"健全劳动、资本、技术、管理等生产要素按贡献参与分配的制度"，党的十八届三中全会首次将"知识"纳入按贡献参与分配的生产要素范畴，提出"健全资本、知识、技术、管理等由要素市场决定的报酬机制"；党的十九届四中全会则进一步将数据、土地与劳动、资本、知识、技术、管理并列为按贡献参与分配的七大生产要素，提出"健全劳动、资本、土地、知识、技术、管理、数据等生产要素由市场评价贡献、按贡献决定报酬的机制"。

2003年前后，关于民营企业在发展初期的一些不规范现象应当如何看待的问题，又出现了一次严重的舆论风波。

2005年2月，国务院下发《关于鼓励支持和引导个体私营等非公有制经济发展的若干意见》（简称"非公36条"），这是"建国50多年来第一部以促进非公有制经济发展为主题的中央政府文件"（时任全国工商联主席黄孟复语）。

---

① 蔡继明.按生产要素贡献分配理论是这样提出的［Z/OL］.（2018-09-28）［2023-10-21］. http://finance.china.com.cn/news/20180928/4771857.shtml.

② 访晏智杰——超越传统劳动价值论为何重要［J］.南风窗，2002（11）.

2007年《中华人民共和国物权法》(以下简称《物权法》)的实施,是中国财产保护法律历史上的一个重要事件,也对中国民营经济的发展有着重要意义。《物权法》明确规定私有财产和公有财产一样受到法律保护,提出"国家、集体、私人的物权和其他权利人的物权受法律保护,任何单位和个人不得侵犯"。有研究成果显示,《物权法》的出台强化了对民营企业产权的保护,有利于民营企业的外部融资,改善了企业面临的融资约束,进而促进了民营企业创新。[1]

2007年10月,胡锦涛总书记在中共十七大报告中提出"毫不动摇地巩固和发展公有制经济,毫不动摇地鼓励、支持、引导非公有制经济发展",并在此基础上,提出"要坚持平等保护物权,形成各种所有制经济平等竞争、相互促进新格局",由此提出对非公经济"两个平等",即法律上的"平等"保护和经济上的"平等"竞争,成为非公经济发展的新视角,民营经济腾飞的新契机。十七大报告还专门强调,要"推进公平准入,改善融资条件,破除体制障碍,促进个体、私营经济和中小企业发展"。[2]

2009年,国务院发布《关于进一步促进中小企业发展的若干意见》,从营造良好环境、缓解融资困难、加大财税扶持力度、加快技术进步和结构调整、支持开拓市场、改进政府服务、提升经营管理水平、加强工作领导方面制定了29条促进中小企业发

---

[1] 金岳,等.产权保护、政治关联与民营企业创新——基于《物权法》出台的研究[J].产业经济研究,2022(5).
[2] 胡锦涛.胡锦涛文选:第二卷[M].北京:人民出版社,2016:632-633.

展的政策措施。

为落实十七大精神，2010年5月，国务院发布《关于鼓励和引导民间投资健康发展的若干意见》（即"新36条"），明确允许非公有资本进入垄断行业和领域、公用事业和基础设施领域、社会事业领域、金融服务业和国防科技工业建设领域，鼓励非公有制经济参与国有经济结构调整和国有企业重组，进一步拓宽了民营经济的投资空间。

四、澄清错误言论，激发和保护企业家精神

2013年11月，党的十八届三中全会通过的《中共中央关于全面深化改革若干重大问题的决定》（以下简称《决定》）强调："公有制经济和非公有制经济都是社会主义市场经济的重要组成部分，都是我国经济社会发展的重要基础。"

《决定》还强调："要坚持权利平等、机会平等、规则平等，废除对非公有制经济各种形式的不合理规定，消除各种隐性壁垒，制定非公有制企业进入特许经营领域具体办法。"

《决定》还专门提出，要"支持非公有制经济健康发展"。《决定》指出："非公有制经济在支撑增长、促进创新、扩大就业、增加税收等方面具有重要作用。"《决定》还"鼓励非公有制企业参与国有企业改革，鼓励发展非公有资本控股的混合所有制企业，鼓励有条件的私营企业建立现代企业制度"。

党的十八届三中全会号召，"让一切劳动、知识、技术、管理、资本的活力竞相迸发，让一切创造社会财富的源泉充分涌

跋　澄清错误言论，为民营经济发展创造良好的环境

流，让发展成果更多更公平惠及全体人民"，进一步肯定了除劳动创造价值之外，知识、技术、管理、资本等生产要素也都是财富创造的源泉。

2017年10月，在十九大报告中，习近平总书记第一次明确提出"支持民营企业发展，激发各类市场主体活力"，既表明党对民营企业认识的逐步深化，又对民营企业为改革开放和经济社会建设做出的贡献给予充分肯定。[①]十九大报告还提出，"激发和保护企业家精神，鼓励更多社会主体投身创新创业""构建亲清新型政商关系，促进非公有制经济健康发展和非公有制经济人士健康成长"。[②]

2018年，社会上又出现了民企"退场论"等错误言论，这些言论利用了个别民企因为高杠杆、高负债经营等问题面临困难，和中美贸易争端不断升级的背景，宣扬用富有迷惑性的"公私混合制经济"来取代民营经济，在社会上产生了很大的负面影响。针对这些现象，2018年11月，中共中央总书记习近平同志亲自召开民营企业家座谈会，充分肯定民营经济的地位和作用。

习近平指出："一段时间以来，社会上有的人发表了一些否定、怀疑民营经济的言论。比如，有的人提出所谓'民营经济离场论'，说民营经济已经完成使命，要退出历史舞台；有的人提出所谓'新公私合营论'，把现在的混合所有制改革曲解为新一轮'公私合营'；有的人说加强企业党建和工会工作是要对民营

[①] 庄聪生.中国民营经济四十年——从零到"五六七八九"[M].北京：民主与建设出版社，2018：349.

[②] 习近平.习近平著作选读：第二卷[M].北京：人民出版社，2023：25-33.

323

企业进行控制，等等。这些说法是完全错误的，不符合党的大政方针。"

2023年7月，党中央、国务院及时发布《关于促进民营经济发展壮大的意见》，明确提出"坚决抵制、及时批驳澄清质疑社会主义基本经济制度、否定和弱化民营经济的错误言论与做法，及时回应关切、打消顾虑"，围绕"持续营造关心促进民营经济发展壮大社会氛围"，提出多方面举措。

2024年2月，司法部、国家发展改革委、全国人大常委会法工委组织召开"《民营经济促进法》立法座谈会"，标志着《民营经济促进法》起草工作已经启动。随着《民营经济促进法》的出台，以及全社会对民营经济认识的不断提升，中国民营经济的发展将进入一个新的发展阶段。